나눔의집 **사회복지사1급**

강의로 복습하는
기출회독

2영역

사회복지조사론

사회복지교육연구센터 편저

사회복지
전문출판 **나눔의집**

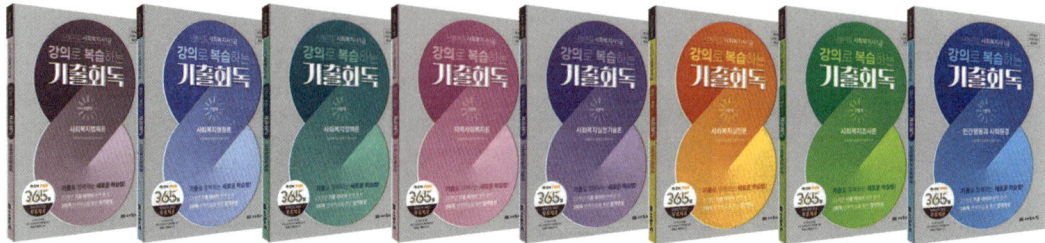

사회복지사1급, 이보다 완벽한 기출문제 분석은 없다!

1회 시험부터 함께해온 도서출판 나눔의집에서는 23회 시험까지의 기출문제를 모두 분석, 그동안 출제된 키워드를 정리하여 키워드별로 복습할 수 있도록 『기출회독』을 마련하였다.

최근 10년간 출제빈도를 중심으로 자주 출제된 키워드는 좀 더 집중력 있게 공부할 수 있도록 '**빈출**' 표시를 하였으며, 자주 출제되지는 않지만 언제든 출제될 가능성이 있는 키워드도 놓치지 않고 공부할 수 있도록 하였다.

10년간 출제되지 않았더라도 향후 출제가능성이 있다고 판단되거나 다른 키워드와 연계하여 봐둘 필요가 있다고 생각되는 경우에는 본 책에 포함하여 소개하였다.

기출문제를 풀어보는 것으로 그치는 것이 아니라 기출문제를 통해 24회 합격이 가능한 학습이 될 것이다.

키워드별 '3단계 복습'으로 효율적으로 공부하자!

『기출회독』은 키워드별 **3단계 복습** 과정을 제시하여 1회독만으로도 3회독의 효과를 누릴 수 있도록 구성하였다.

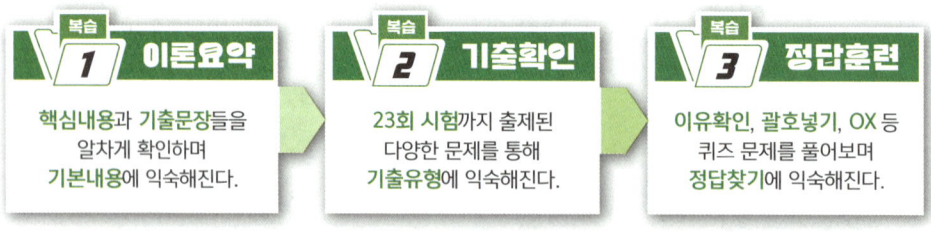

복습 1 이론요약	복습 2 기출확인	복습 3 정답훈련
핵심내용과 기출문장들을 알차게 확인하며 **기본내용**에 익숙해진다.	23회 시험까지 출제된 다양한 문제를 통해 **기출유형**에 익숙해진다.	이유확인, 괄호넣기, OX 등 퀴즈 문제를 풀어보며 **정답찾기**에 익숙해진다.

알림

• 이 책은 '나눔의집'에서 발간한 2026년 24회 대비 『기본개념』(2025년 3월 31일 펴냄)을 바탕으로 한다.

• 8회 이전 기출문제는 공개되지 않은 관계로 당시 응시생들의 기억을 바탕으로 검수 과정을 거쳐 기출문제를 복원하였다.

• <사회복지법제론>을 비롯해 법·제도의 변화와 관련된 기출문제의 경우 현재의 법·제도 내용이 반영될 수 있도록 수정하였다.

• 이 책에서 발생할 수 있는 오류 및 정정사항은 아임패스 내 '정오표' 게시판을 통해 확인할 수 있도록 게시할 예정이다.

강의로 복습하는 **기출회독** **사회복지조사론**

10년간 데이터로 찾아낸 핵심키워드

여기에서 **99.6%** 출제

■ 빈출

장		키워드	출제문항수	23회 기출	3회독 체크
1장	027	과학적 방법의 특징 및 필요성	7	🏆	✓ ✓ ✓
	028	사회과학에서의 윤리	6		✓ ✓ ✓
	029	과학철학 및 패러다임	9		✓ ✓ ✓
	030	연역법과 귀납법	0		✓ ✓ ✓
	031	사회복지조사	3	🏆	✓ ✓ ✓
2장	032	조사의 유형	18	🏆	✓ ✓ ✓
	033	조사의 절차	3	🏆	✓ ✓ ✓
	034	분석단위	3		✓ ✓ ✓
3장	035	조사문제	5	🏆	✓ ✓ ✓
	036	가설	11	🏆	✓ ✓ ✓
	037	변수	11	🏆	✓ ✓ ✓
4장	038	조사설계의 타당도	14	🏆	✓ ✓ ✓
	039	인과관계의 논리	2		✓ ✓ ✓
5장	040	실험설계의 유형별 특징	17	🏆	✓ ✓ ✓
	041	실험설계의 특성	1		✓ ✓ ✓
6장	042	단일사례설계의 특성	6	🏆	✓ ✓ ✓
	043	단일사례설계의 유형별 특징	3		✓ ✓ ✓
7장	044	측정수준	11	🏆	✓ ✓ ✓
	045	측정의 신뢰도와 타당도	23	🏆	✓ ✓ ✓
	046	측정의 오류	6		✓ ✓ ✓
8장	047	척도화의 유형	7	🏆	✓ ✓ ✓
9장	048	표집방법	19	🏆	✓ ✓ ✓
	049	표본의 크기와 표본오차	9	🏆	✓ ✓ ✓
10장	050	서베이 방법의 특징	8		✓ ✓ ✓
	051	서베이의 유형	8	🏆	✓ ✓ ✓
11장	052	내용분석법	8	🏆	✓ ✓ ✓
	053	관찰법	2		✓ ✓ ✓
12장	054	욕구조사	6	🏆	✓ ✓ ✓
	055	평가조사	2		✓ ✓ ✓
13장	056	질적 연구의 특성	9		✓ ✓ ✓
	057	질적 연구의 유형과 방법	12	🏆	✓ ✓ ✓

※ 14장 조사계획서 및 조사보고서는 6회 시험 이후 출제되지 않아 기출회독 키워드에서 제외되었습니다.

들어가기 전에

이 장에서는
각 장마다 학습할 내용을 간략히 소개하였다.

10년간 출제분포도
이 책에서 키워드에 따라 분석한 기출문제 중 10년간 출제문항 수를 그래프로 구성하여 각 장의 출제비중이 얼마나 되는지, 어떻게 변화하고 있는지 등을 확인할 수 있다.

기출 키워드 확인

이 책은 기출 키워드에 따라 학습하도록 구성하였다. 특히 자주 출제된 키워드나 앞으로도 출제 가능성이 높은 키워드는 따로 '빈출' 표시를 하여 우선 배치하였다. 빈출 키워드는 전체 출제율과 최근 10개년간의 출제율을 중심으로 하되 내용 자체의 어려움, 다른 과목과의 연계성 등을 고려하여 선정하였다.

강의 QR코드
모바일을 통해 해당 키워드의 동영상 강의를 바로 볼 수 있다.

10년간 출제문항수
각 키워드에서 최근 10년간 출제된 문항수를 안내하여 출제빈도를 확인할 수 있도록 하였다.

5개년 기출회차
최근 5개년 기출회차를 표시하였다.

복습 1. 이론요약

요약 내용과 기출문장을 함께 담아 이론을 정답으로 연결하도록 구성하였다.

이론요약
주요 내용을 간략히 정리하였으며 부족한 내용을 보충할 수 있도록 기본개념서의 쪽수를 표시하였다.

기출문장 CHECK
그동안 출제되었던 기출문제의 문장들 중 꼭 알아두어야 할 문장들을 선별하여 제시하였다.

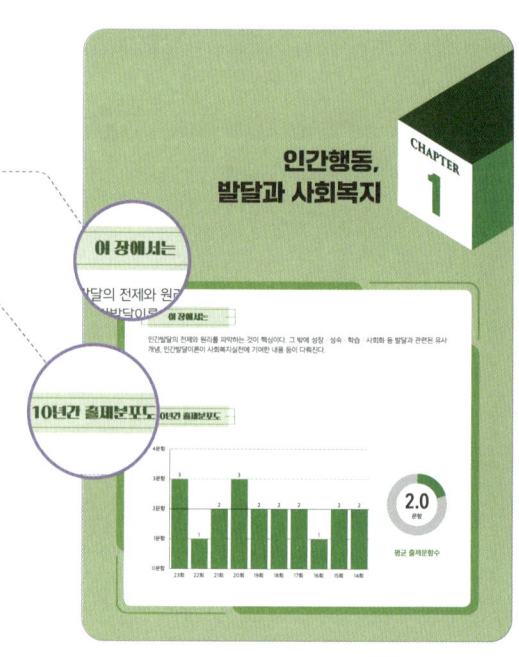

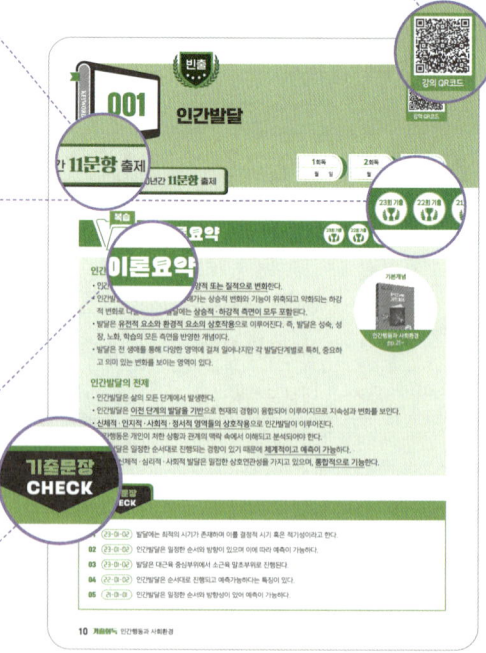

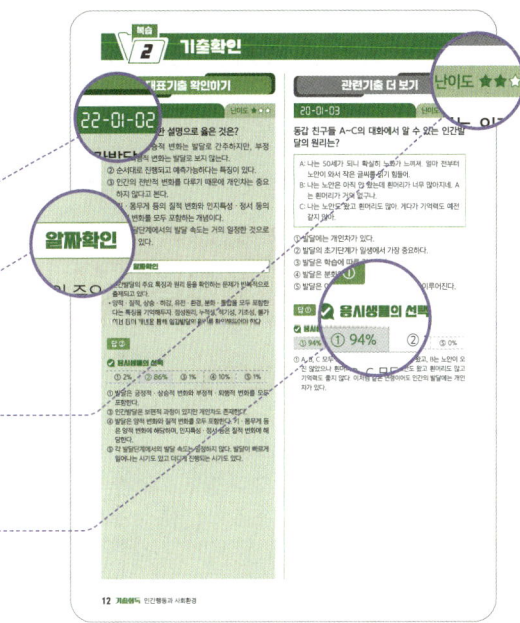
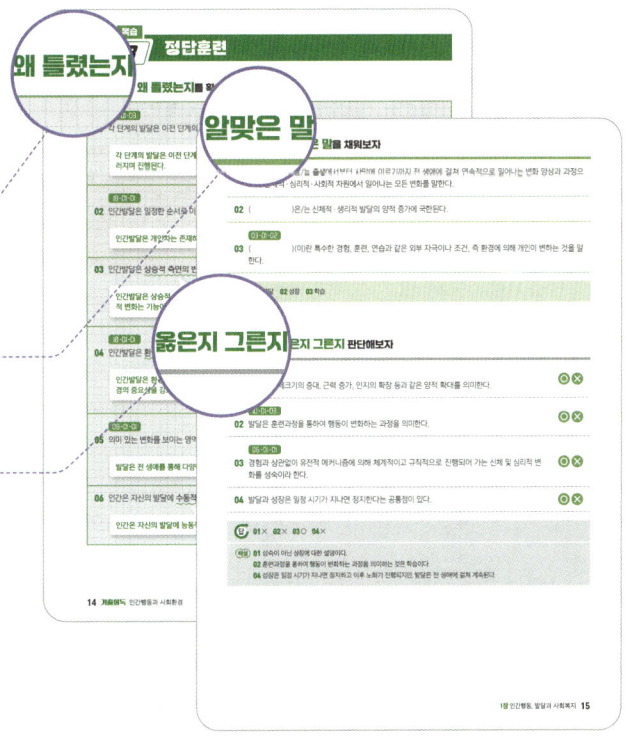

아임패스와 함께하는 **4단계 합격전략**

나눔의집은 '진심'을 다해 오직 사회복지사1급 시험만을 연구한다.
나눔의집의 온라인 강의 사이트인 아임패스를 통해 단계별로 전문적이고 체계적인 학습을 시작해 보자. 아임패스는 강의 제공뿐만 아니라 문제은행, 학습자료, 보충자료, 과목별 질문 등 사회복지사1급 시험에 관한 다양한 자료를 제공하고 있다.

1단계   기본개념 과정

강의로 쌓는 **기본개념**

다양한 유형의 문제에서 명확하게 답을 찾기 위해서는 기본개념이 탄탄하게 잡혀있어야 한다. 기본개념 학습은 말 그대로 1급 시험에 출제되는 총 8영역의 기본적인 개념들을 정리하는 학습이다. 즉, 1급 시험을 위해 가장 기초적이고 중요한 첫 단계로서 집을 짓기 위해 바닥을 단단하게 다지는 과정이다. 그만큼 학습해야 할 양도 많고 오랜 시간이 걸리는 과정이지만 바닥이 단단하지 않으면 그 위에 아무리 멋진 집을 쌓아도 무너질 수 있듯이 기본개념 학습은 반드시 탄탄하게 학습해야 한다.

핵심을 바로 체크하는 **개념노트**

개념노트 왼쪽 페이지에는 장별로 학습한 기본개념을 바로바로 확인할 수 있는 빈칸 넣기 퀴즈가 수록되어 있고, 오른쪽 페이지에는 학습한 내용을 정리할 수 있는 노트 형태로 구성되어 있다.
장별로 표시된 학습 중요도와 기출포인트를 통해 핵심요약집과 연계하여 학습할 수 있으며, QR코드를 통해 기출회독과도 연계하여 학습할 수 있다.

2단계   기출회독 과정

강의로 복습하는 **기출회독**

기출문제는 결국 또다시 기출문제가 된다. 따라서 기출문제를 분석하고 반복하여 풀어보는 것은 합격을 위한 가장 기본적이고 필수적인 과정이다. 기출회독은 1회 시험부터 가장 최근 시험까지 모든 기출문제를 분석하여 가장 출제가 많이 된 총 250개의 기출 키워드를 '1단계 이론요약 정리', '2단계 기출문제 풀이', '3단계 정답훈련 퀴즈 풀이'라는 3단계의 복습 시스템으로 학습한다. '데이터 기반 학습법'과 '3단계 복습 시스템'의 결합을 통해 기출 개념들을 힘들게 노력하여 외우지 않아도 저절로 이해할 수 있는 마법을 경험하게 된다.

3단계   핵심요약 과정

사회복지사1급 핵심요약집

반드시 출제되는 핵심내용을 '데이터 기반 학습전략'으로 공부한다.
최근 5개년 기출데이터 분석을 통해 8개 영역의 각 장을 목표 점수별로 구분(130점 목표 빨간색, 160점 목표 파란색, 200점 목표 초록색)하여 효율적이고 전략적으로 학습할 수 있다. QR코드를 통해 기출회독과 연계하여 학습할 수 있으며, 아임패스의 다양한 문제와 퀴즈도 풀 수 있다.

4단계   실전대비 과정

강의로 잡는 장별 기출문제집

최근 5개년 기출문제를 기본개념서에서 제시된 장별로 구성하였다. 기출문제를 장별 내용에 따라 구성하였기 때문에 문제를 풀다가 모르는 개념이 나오면 기본개념서에서 바로 해당 장의 내용을 찾아서 보다 쉽게 다시 정리할 수 있다. 또한 모든 문제에 해당 기출회독 키워드를 표시하였기에 기출회독과도 연계하여 학습할 수 있다.

강의로 풀이하는 합격예상문제집

최근 시험에서는 새로운 유형의 문제가 출제되는 비중이 점점 높아지고 있다. 따라서 기출문제를 기반으로 한 다양한 유형의 응용문제를 풀어보는 것이 매우 중요하다. 최신 기출문제의 내용과 유형을 분석하여 출제한 2,000개의 예상문제를 풀어봄으로써 어떠한 유형의 문제가 출제되어도 자신 있게 해결할 수 있는 훈련을 한다.

강의로 완성하는 FINAL 모의고사

길고 길었던 학습을 마무리하면서 자신의 실력을 최종 점검해 볼 수 있다. 모의고사는 총 3회분으로 구성되어 있는데, 난이도를 구분하여 1회가 가장 쉽고 3회가 가장 어렵다. 실제 시험지 구성과 동일하게 제작되었기 때문에 실전처럼 시간을 정해놓고 함께 들어 있는 답안카드에 직접 마킹을 해보면서 자신의 실력을 최종적으로 확인할 수 있다.

아임패스 앱 출시

당신이 있는 곳이 바로 강의실입니다.

아임패스 앱을 지금 **다운로드** 받으세요.

※ QR스캔 기능제공

 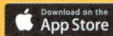

사회복지사1급 **출제경향**

23회 시험 결과

23회 필기시험의 합격률은 지난 22회 합격률 29.7%보다 10%가량 상승한 39.4%로 나타났다. 2교시 4영역 사회복지실천기술론의 난이도가 높게 출제되었으나, 많은 수험생들이 어려워하는 1교시 2영역 사회복지조사론과 3교시 8영역 사회복지법제론이 평이하게 출제되어 전반적인 점수가 상승하였고, 이로 인해 합격률이 높게 나타난 것으로 보인다.

23회 기출 분석 및 24회 합격 대책

23회   기출 분석

각 장별 출제분포에 있어서 예년과 비슷한 패턴을 보였으며, 난이도도 높지 않게 출제되었다. 사례제시형 문제가 다수 출제되었으며, 측정수준이나 가설검증에 관한 문제에서 통계적 지식을 요구하는 문제가 지속적으로 출제되고 있다. 예년의 시험과 유사하게 7장 측정, 9장 표집에 관한 문제의 출제비중이 높았으며, 개념적 정의와 조작적 정의에 관한 문제가 오랜만에 등장하였다. 그동안 출제비중이 높았던 13장 질적 연구방법론에서는 1문제만 출제되었다.

24회   합격 대책

사회복지조사론은 매년 출제되는 내용과 영역은 크게 변하지 않는 안정된 패턴을 나타낸다. 다만, 이 내용을 토대로 새롭게 변형된 문제가 지속적으로 출제되고 있으며, 다수의 문제가 사례를 접목시킨 형태로 출제되기 때문에 기출문제와 다양한 유형의 응용문제를 많이 접하는 것이 중요하다. 특히, 사례가 접목된 문제들을 많이 접해야 하고, 서로 상반되거나 비슷한 주요 개념들은 비교하여 정리할 필요가 있다.

23회 출제 문항수 및 키워드

장	23회	키워드
1	2	사회복지 조사연구의 필요성, 과학적 연구방법의 특징
2	3	종단조사의 유형, 사회복지조사 과정, 양적 연구방법의 특징
3	3	개념적 정의와 조작적 정의, 변수의 유형, 통계적 가설검증
4	1	내적 타당도 저해요인
5	3	솔로몬 4집단 설계, 단순시계열 설계, 전실험설계
6	1	단일사례설계의 특징
7	3	타당도와 신뢰도의 비교, 내용타당도, 비율변수의 사례
8	1	보가더스의 사회적 거리 척도
9	3	표본 연구의 특징, 체계적 표집법, 표본의 크기
10	2	온라인 설문의 특징, 자료수집방법의 비교
11	1	내용분석과 내러티브 탐구의 비교
12	1	델파이기법의 특징
13	1	질적 연구방법의 유형
14	0	–

과학적 방법과 조사연구

과학적 방법의 특징, 과학적 조사의 논리인 연역법과 귀납법의 비교, 사회과학에서 발생할 수 있는 윤리적 문제 및 원칙, 사회복지조사의 유용성 및 한계 등을 다룬다.

10년간 출제분포도

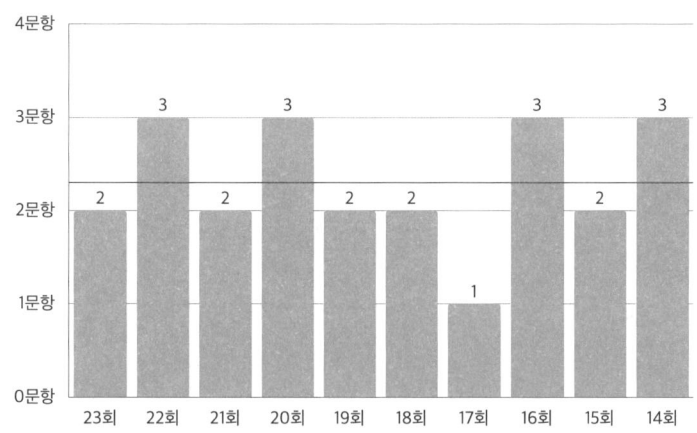

2.3
문항

평균 출제문항수

KEYWORD

027

과학적 방법의
특징 및 필요성

강의 QR코드

1회독
월 일

2회독
월 일

3회독
월 일

최근 10년간 **7문항** 출제

복습 1 이론요약

 23회 기출 22회 기출 19회 기출

과학적 방법의 특징

- 과학은 인간의 논리적 사고에 기반한 활동이기 때문에 **논리적 추론을 거쳐 타당성이 입증**되어야 한다.
- 과학에서의 결정론은 **확률적 결정론**으로서 어떠한 결과에 대해 그 원인을 100% 확실하게 단정하기는 어렵다.
- 과학은 비교적 **일반적이며 보편적**으로 적용될 수 있는 지식을 추구한다.
- 과학적 지식은 **경험적으로 검증 가능**해야 한다.
- 이해관계, 선입견이나 편견의 영향을 최소화할 수 있도록 **객관성을 추구**하는 것을 강조한다.
- 연구자가 각기 다른 주관적인 동기가 있더라도 동일한 연구과정과 방법을 적용하였다면 **동일한 연구결과에 도달**해야 한다.
- 과학은 동일한 근거를 바탕으로 동일한 결과가 산출되는지를 확인하기 위해 연구를 반복하는 것, 즉 **반복 또는 재현이 가능**해야 한다.
- 과학은 어떤 현상이 발생하게 된 **원인을 탐구하여 현상을 설명**하기 위해 노력한다.
- 과학에서 추구하는 것은 영구불변한 절대적 진리가 아니라, 과학적 이론은 **반증되고 수정가능**하며 상대적인 것이다.

과학적 조사 연구의 필요성

- **실천현장에서의 문제 해결**을 위한 지식을 탐색할 수 있다.
- **사회복지서비스 질의 향상**을 위한 지식과 기술을 개발할 수 있다.
- 새롭고 효과적인 **사회복지실천 개입방법을 개발**할 수 있다.
- 지역주민의 **복지욕구 분석 및 클라이언트에 관한 임상적 자료의 체계적 수집**이 가능하다.
- 조사대상에 대한 **비윤리적 행위를 예방**할 수 있다.
- 서비스 프로그램의 **효과성을 평가**할 수 있다.

기본개념

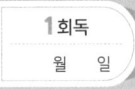

사회복지조사론
pp.26~

01 (23-02-02) 조사를 통해 검증된 인과관계에 입각하여 문제의 발생을 확률적 결정론으로 예측하였다.

02 (22-02-03) 과학적 지식은 같은 절차를 다른 대상에 반복적으로 적용하여 같은 결과가 나오는지 검토할 수 있다.

03 (19-02-01) 사회과학은 자연과학에 비해 인과관계에 대한 명확한 결론을 내리기 어렵다.

04 (16-02-04) 사회복지사는 지역주민의 복지적 욕구를 파악할 때 과학적 조사연구방법을 활용한다.

05 (15-02-22) 과학적 방법은 경험적인 증거에 기반하여 지식을 탐구한다.

06 (14-02-06) 서비스의 질을 높일 수 있는 실천기술 개발을 위해서 사회복지사에게는 과학적 조사방법론이 필요하다.

07 (12-02-15) 과학적 방법은 모든 지식은 잠정적이라는 태도에 기반한다.

08 (12-02-17) 주민대표자의 응답이 전체 주민의 의견을 대표하는지 알고 싶을 때 과학적 조사가 필요하다.

09 (11-02-01) 과학적 방법은 객관성의 추구를 강조한다.

10 (09-02-01) 과학적 조사는 일정한 규칙과 절차를 통해 이루어진다.

11 (05-02-01) 과학적 방법은 경험적 검증이 가능해야 한다.

12 (04-02-01) 조사연구는 과학성, 합리성, 객관성, 경험가능성 등의 특성을 갖는다.

13 (03-02-04) 과학적 연구방법은 연구목적상 필요한 자료수집과 분석의 기준과 방향을 제시한다.

대표기출 확인하기

22-02-03　난이도 ★★☆

과학적 지식의 특성에 관한 설명으로 옳은 것을 모두 고른 것은?

ㄱ. 경험적으로 검증 가능하여야 한다.
ㄴ. 연구결과는 잠정적이며 수정될 수 있다.
ㄷ. 연구자의 주관적 가치 판단이 연구과정이나 결론에 작용하지 않도록 객관성을 추구한다.
ㄹ. 같은 절차를 다른 대상에 반복적으로 적용하여 같은 결과가 나오는지 검토할 수 있다.

① ㄱ, ㄷ　　　　② ㄴ, ㄹ
③ ㄱ, ㄴ, ㄷ　　④ ㄴ, ㄷ, ㄹ
⑤ ㄱ, ㄴ, ㄷ, ㄹ

▶ 알짜확인

• 과학 또는 과학적 방법의 주요 특징을 이해해야 한다.
• 과학적 조사 연구의 필요성을 이해해야 한다.

답 ⑤

✔ 응시생들의 선택

① 6%	② 2%	③ 4%	④ 7%	⑤ 81%

ㄱ. 과학적 지식은 경험적으로 검증 가능해야 한다. 즉, 과학은 이론적 논리나 가정의 현실적 타당성을 경험적으로 입증할 수 있을 때 성립한다.
ㄴ. 과학적 지식은 잠정적이며, 새롭게 교체될 수 있고, 끊임없는 검증과 재평가를 통해 오류를 수정하면서 발전하는 과정을 거치게 된다.
ㄷ. 과학적 지식은 이해관계, 선입견이나 편견의 영향을 최소화할 수 있도록 객관성을 추구하는 것을 강조한다.
ㄹ. 동일한 근거를 바탕으로 동일한 결과가 산출되는지를 확인하기 위해 연구를 반복하는 재현가능성이 있어야 한다.

➕ 덧붙임

과학적 방법의 특징을 묻는 문제가 가장 많이 출제되고 있다. 과학적 조사가 필요한 사례를 고르는 유형도 넓은 맥락에서는 유사한 유형이라고 할 수 있다. 과학적 방법의 특징을 묻는 문제뿐만 아니라 사회과학과 자연과학의 특징을 비교하는 문제도 출제된다. 사회과학과 자연과학의 주요 특징의 비교는 물론, 이후에 학습할 질적 방법과 양적 방법의 특징, 해석주의와 실증주의의 특징도 함께 비교하며 정리하면 더욱 효과적일 것이다.

관련기출 더 보기

23-02-02　난이도 ★☆☆

사회복지 조사연구에서 과학적 연구방법으로 옳은 것은?

① 기술(description)연구에서 문제발생의 원인을 설명하고자 하였다.
② 연구결과의 일반화를 위해 모집단의 속성이 반영된 충분한 표본을 조사하였다.
③ 가설 검증 결과가 연구자의 기대와 달라서 가설을 연구결과에 맞추어 수정하였다.
④ 연구자의 주관적 판단에 입각하여 연구결과를 해석하였다.
⑤ 조사를 통해 검증된 인과관계에 입각하여 문제의 발생을 단정적 결정론으로 예측하였다.

답 ②

✔ 응시생들의 선택

① 17%	② 76%	③ 2%	④ 2%	⑤ 3%

① 기술적 연구는 조사대상의 현황을 전체적으로 나타내고, 영향요인 간에 어떠한 관계가 있는지를 파악하기 위해 실시하는 조사로서 현상의 모양이나 분포, 크기, 비율 등 단순 통계적인 것에 대한 조사이다.
③ 연구자가 미리 생각하고 있었던 결론에 맞추어 자료를 가감, 조작한다거나 연구자의 의도와 다른 결과가 나왔다고 해서 이 부분을 고의적으로 제외하고 결과를 발표해서는 안 된다.
④ 연구결과는 객관적이고 논리적으로 해석되어야 한다.
⑤ 연구에서 결정론적이라는 것은 어떤 현상의 원인을 A라고 단정 짓는 단정적 결정론이 아니라 개연성을 가지고 A가 원인일 확률이 높다고 보는 확률적 결정론을 의미한다.

사회과학의 특성에 관한 설명으로 옳지 않은 것은?

① 자연과학에 비해 인과관계에 대한 명확한 결론을 내리기 어렵다.
② 끊임없이 변화하는 사회현상을 규명한다.
③ 관찰대상물과 관찰자가 분명히 구분된다.
④ 인간의 행위를 연구대상으로 한다.
⑤ 사회문화적 특성의 영향을 받는다.

답 ③

✅ 응시생들의 선택

① 18%	② 1%	③ 74%	④ 6%	⑤ 1%

③ 자연과학에서는 관찰대상물과 관찰자가 분명히 구별될 수 있지만, 사회과학에서는 이들 양자가 대부분 혼연일체가 되는 경우가 많다. 이를 피란델로효과(pirandello effect)라고 한다. 사회과학에서는 관찰의 대상이 관찰자 자신이 되기도 하므로, 사회현상을 분석하는 과정에서 객관성이 결여될 가능성이 그만큼 크다.

과학적 방법에 관한 설명으로 옳지 않은 것은?

① 잠정적이지 않은 지식을 추구한다.
② 철학이나 신념보다는 이론에 기반한다.
③ 경험적인 증거에 기반하여 지식을 탐구한다.
④ 현상의 규칙성에 대한 관심이 높다.
⑤ 허위화(falsification)의 가능성에 대해 개방적이어야 한다.

답 ①

✅ 응시생들의 선택

① 51%	② 3%	③ 12%	④ 4%	⑤ 30%

① 과학적 지식은 잠정적이다. 과학에서 추구하는 것은 영구불변한 절대적 진리가 아니라, 과학적 이론은 반증되고 수정가능하며 상대적인 것이다.

과학적 방법에 관한 설명으로 옳은 것은?

① 연역법적 논리의 상대적 우월성을 지지한다.
② 윤리적 실천을 수행할 수 있게 한다.
③ 모든 지식은 잠정적이라는 태도에 기반한다.
④ 연구의 반복을 요구하지 않는다.
⑤ 선별적 관찰에 근거한다.

답 ③

✅ 응시생들의 선택

① 13%	② 9%	③ 66%	④ 3%	⑤ 9%

① 대표적인 과학적 조사의 논리인 연역법과 귀납법은 어느 한 가지 접근방법이 상대적으로 우월성을 가지고 있다기보다는 서로 순환적인 과정이며 상호보완적인 관계라고 볼 수 있다.
② 과학적으로 충분히 실험이 가능한 연구라고 하더라도 실험 대상인 인간에게 피해를 미칠 수 있다면 윤리적으로 수행할 수 없는 경우도 발생할 수 있다.
④ 과학적 방법은 반복적인 검증과정을 필요로 한다.
⑤ 선별적 관찰이란 과도한 일반화(소수의 사례를 관찰해서 얻은 결과를 일반적인 사실로 받아들이거나 다수에게 확대 적용하는 오류)에서 비롯되는 경우가 많으며, 어떤 현상을 관찰할 때 자신의 선입관에 들어맞는 경우들만을 선택하고, 이에 맞지 않은 경우에는 무시하거나 의미를 부여하지 않는 것을 의미한다. 선별적 관찰은 비과학적인 방법으로 인해 생겨날 수 있는 오류에 해당한다. 과학적 방법은 체계적이고 포괄적인 관찰에 근거한다.

과학적 조사가 필요한 사례에 해당하지 않는 것은?

① 사회복지사의 윤리적 갈등을 해소할 필요가 있을 때
② 결혼이주민 조사 시 연구자의 문화적 편견을 검토하고 싶을 때
③ 주민대표자의 응답이 전체 주민의 의견을 대표하는지 알고 싶을 때
④ 정량평가 외에 정성평가를 체계화하고 싶을 때
⑤ 선임사회복지사의 경험적 지식이 타당한지 알고 싶을 때

답 ①

✅ 응시생들의 선택

① 57%	② 5%	③ 6%	④ 11%	⑤ 21%

① 사회복지사의 윤리적 갈등은 '윤리'의 성격상 가시적으로 측정 또는 계량화하기 어려우며 과학적 조사나 통계방법을 적용하는 것이 적절하지 않을 수 있다.

다음 내용이 **왜 틀렸는지**를 확인해보자

01 `19-02-01`
사회과학은 자연과학에 비해 인과관계에 대한 명확한 결론을 내릴 수 있다.

사회과학은 자연과학에 비해 인과관계에 대한 명확한 결론을 내리기 어렵다.

02 `12-02-15`
과학적 방법은 연구의 반복을 요구하지 않는다.

과학적 방법은 반복적인 검증과정을 필요로 한다.

03 `22-02-03`
과학은 경험적 관찰을 통해서 곧바로 지식이 형성된다.

과학은 경험적 관찰을 통해서 곧바로 지식이 형성되는 것이 아니라 논리적 추론을 거쳐 타당성이 입증되어야 한다.

04 과학이 결정론적이라는 것은 확률적 결정론이 아니라 단정적 결정론을 의미한다.

과학이 결정론적이라는 것은 단정적 결정론이 아니라 확률적 결정론을 의미한다.

05 `11-02-01`
과학은 다양한 이론과 의견을 수렴하기 위해 주관성을 추구한다.

과학은 이해관계, 선입견이나 편견의 영향을 최소화할 수 있도록 객관성을 추구하는 것을 강조한다.

06 과학에서 절대불변의 진리는 존재하며, 모든 지식은 확정적이라는 태도에 기반한다.

과학에서 절대불변의 진리는 없으며, 모든 지식은 잠정적이라는 태도에 기반한다.

빈칸에 들어갈 알맞은 말을 채워보자

15-02-22
01 과학적 방법은 철학이나 신념보다는 (　　　　)에 기반한다.

02 과학적 이론은 반증되고 수정가능하며 (　　　　)인 것이다.

14-02-06
03 과학적 조사방법론은 현장에서 서비스의 질을 높일 수 있는 (　　　　)을/를 위해 필요하다.

04 과학은 인간의 (　　　　) 사고에 기반한 활동이다.

09-02-01
05 과학적 조사는 원인과 결과의 관계, 즉 (　　　　)의 규명을 추구한다.

06 과학은 특수한 현상이 아닌 (　　　　)인 현상에 대한 일반적인 이해와 설명을 목표로 한다는 특징이 있다.

07 과학은 자연현상이나 사회현상 속에 존재하는 논리적이고 지속적인 패턴, 즉 규칙을 (　　　　)한다.

19-02-01
08 자연과학에서는 관찰대상물과 관찰자가 분명히 구별될 수 있지만, 사회과학에서는 이들 양자가 대부분 혼연일체가 되는 경우가 많은데, 이를 (　　　　)(이)라고 한다.

답 **01** 이론　**02** 상대적　**03** 실천기술 개발　**04** 논리적　**05** 인과관계　**06** 보편적　**07** 일반화　**08** 피란델로효과

다음 내용이 옳은지 그른지 판단해보자

14-02-06
01 과학적 조사방법론은 사회복지사가 제공하는 서비스에 대한 평가를 위해 필요하다. ◎ ⊗

12-02-15
02 과학적 방법은 선별적 관찰에 근거한다. ◎ ⊗

03 과학은 이론적 논리나 가정의 현실적 타당성을 경험적으로 입증할 수 있을 때 성립한다. ◎ ⊗

04 과학은 끊임없는 검증과 재평가를 통해 오류를 수정하면서 발전하는 과정을 거친다. ◎ ⊗

07-02-01
05 사회과학은 사회문화적 특성의 영향을 받는다. ◎ ⊗

06 과학은 관심의 대상이 되는 경험적 사건이나 형태를 모두 포괄하여 설명할 수 있는 일반 법칙을 개발하고 예측하는 것이다. ◎ ⊗

07 과학은 어떤 현상이 발생하게 된 원인을 탐구하여 그 현상을 설명하기 위해 노력한다. ◎ ⊗

22-02-03
08 과학적 지식은 연구자의 주관적 가치 판단이 연구과정이나 결론에 작용해야 한다. ◎ ⊗

(답) **01** ○ **02** × **03** ○ **04** ○ **05** ○ **06** ○ **07** ○ **08** ×

(해설) **02** 선별적 관찰은 비과학적인 방법으로 인해 생겨날 수 있는 오류에 해당한다. 과학적 방법은 체계적이고 포괄적인 관찰에 근거한다.
08 과학적 지식은 연구자의 주관적 가치 판단이 연구과정이나 결론에 작용하지 않도록 객관성을 추구해야 한다.

KEYWORD

028

사회과학에서의 윤리

강의 QR코드

1회독 월 일
2회독 월 일
3회독 월 일

최근 10년간 **6문항** 출제

복습

이론요약

22회기출 21회기출

사회과학에서의 윤리성 문제

- 익명성 및 비밀보장: 조사대상자의 사생활을 보호하고 **익명성 및 비밀을 보장**해야 한다.
- 연구주제와 내용: **사회적 윤리를 고려**하여 연구주제와 내용을 선정해야 한다.
- 연구대상자에게 미치는 피해: 대부분의 연구대상이 인간이므로 연구과정이나 결과가 **대상자에게 피해를 끼칠 가능성**이 있는지를 확인해야 한다.
- 고지된 동의와 자발적 참여: 연구의 목적과 내용, 참여자에게 주어지는 혜택 또는 위험과 피해, 연구 참여가 가져올 수 있는 결과 등을 **미리 잠정적 조사대상자에게 알려준 후**에 조사대상자로 하여금 조사에 참여할 것인가 아닌가를 결정하게 해야 한다.
- 연구대상자를 속이는 것: **조사대상자를 속이는 행위**는 도덕적으로 바람직하지 않으며, 특정 답변을 유도해서는 안 된다.
- 연구대상자에게 필요한 서비스를 제공하지 않는 것: 통제집단으로 할당된 대상자들은 **필요한 서비스를 받지 못하여** 권익이 침해되는 문제기 발생할 수 있다.
- 연구결과의 분석과 보고: 연구결과는 객관적으로 해석되어야 하며, 정적인 결과뿐만 아니라 **부정적인 결과도 반드시 보고**해야 한다.

기본개념

사회복지조사론
pp.36~

01 (22-02-02) 사회복지조사에서는 비밀유지가 엄격히 지켜질 수 없는 상황이 발생할 수 있다.

02 (21-02-01) 참여자가 연구에 참여하여 얻을 수 있는 혜택은 사전에 고지한다.

03 (18-02-06) 연구참여자에게 연구과정에서 발생할 수 있는 고통을 미리 알리고 사전 동의를 구하였다.

04 (16-02-07) 수업시간에 조사하는 설문지도 응답자의 동의와 자발적 참여가 필요하다.

05 (15-02-24) 조사과정에서 드러난 문제점과 실패도 모두 보고해야 한다.

06 (14-02-05) 아동 대상 연구에서 보호자에게 연구 참여 동의를 얻어야 한다.

07 (13-02-24) 조사 과정 중 본인이 원하면 언제라도 중단할 수 있음을 알려주었다.

08 (12-02-09) 고지된 동의는 조사자를 보호하기 위해 활용될 수 있다.

09 (11-02-11) 조사 참여에 대한 개별 동의서를 사전에 받아야 한다.

10 (10-02-20) 차량통행량을 측정하고자 할 때, 운전자에게 고지에 입각한 동의를 구할 필요는 없다.

11 (09-02-08) 동료집단 조언을 통해 편견을 방지해야 한다.

12 (06-02-03) 조사가 진행될 때 조사대상자의 사생활보호는 지켜져야 한다.

13 (03-02-01) 조사연구자는 응답자의 비밀을 보장해야 한다.

대표기출 확인하기

난이도 ★★★

과학적 탐구에서 제기되는 윤리적 문제에 관한 설명으로 옳지 않은 것은?

① 어떤 경우라도 연구참여자 속이기는 허용되지 않는다.
② 고지된 동의는 조사대상자의 판단능력을 고려하여야 한다.
③ 연구자는 기대했던 연구결과와 다르더라도 그 결과를 사실대로 보고해야 한다.
④ 사회복지조사에서는 비밀유지가 엄격히 지켜질 수 없는 상황이 발생할 수 있다.
⑤ 연구자는 개인정보 유출 등으로 인해 연구참여자에게 피해를 주지 않도록 신중을 기해야 한다.

▶ 알짜확인

• 사회과학 또는 사회조사의 윤리적 원칙을 이해하고 이에 해당하는 사례를 파악해야 한다.

답 ①

✓ 응시생들의 선택

① 38%	② 30%	③ 2%	④ 29%	⑤ 1%

① 연구대상자를 속이는 행위가 바람직하지 않다는 것은 반론의 여지가 없지만, 연구목적상 연구의 자세한 내용을 모두 밝히지 않고 숨겨야 하는 경우도 있을 수 있다. 특히 실험의 경우 연구대상자가 연구목적, 내용 등을 자세히 알게 되면 반응성 문제가 나타날 수 있어 어느 정도 대상자를 속이는 것이 불가피할 때가 많다. 관찰의 경우도 누군가가 자신을 관찰하고 있다는 사실을 알면 평소와 다른 행동을 보일 가능성이 있다.

➕ 덧붙임

연구윤리를 묻는 문제는 사회조사연구의 윤리적 원칙을 고르는 형태나 윤리적으로 문제가 있는 사례를 고르는 형태로 출제되고 있다. 고지된 동의, 익명성, 비밀보장 등의 원칙과 함께 예외가 되는 경우를 함께 기억해둘 필요가 있다.

관련기출 더 보기

난이도 ★☆☆

연구윤리에 부합하는 사회복지조사로 옳은 것은?

① 연구참여자가 평소와 다른 행동을 하지 않도록 연구자의 신분을 숨기고 자료를 수집하였다.
② 연구결과의 확산을 위해 연구참여자의 신분을 다른 연구기관에 동의 없이 공개하였다.
③ 연구결과에 영향을 미치지 않도록 연구참여자에게 일어날 수 있는 이익을 미리 알리지 않았다.
④ 연구 참여여부를 성적평가와 연계하여 연구침여자의 참여동기를 높였다.
⑤ 연구참여자에게 연구과정에서 발생할 수 있는 고통을 미리 알리고 사전 동의를 구하였다.

답 ⑤

✓ 응시생들의 선택

① 2%	② 0%	③ 2%	④ 2%	⑤ 94%

① 연구참여자의 반응성 문제가 연구 결과에 영향을 미칠 수 있겠으나, 연구참여자를 속이는 행위는 도덕적으로 바람직하지 않다.
② 연구참여자의 신분은 연구참여자의 동의를 반드시 구한 뒤에 활용하여야 한다.
③ 연구참여자에게 일어날 수 있는 이익뿐만 아니라 연구에 수반될 위험과 피해 등도 미리 고지하여야 한다.
④ 연구 참여여부를 성적평가와 연계하는 것은 자발적 참여의 윤리원칙에 위배된다.

사회과학의 연구윤리에 관한 설명으로 옳지 않은 것은?

① 수업시간에 조사하는 설문지도 응답자의 동의와 자발적 참여가 필요하다.
② 연구자는 연구대상자에게 피해를 줘서는 안 된다.
③ 응답자의 익명성과 비밀을 보장해야 한다.
④ 연구의 공익적 가치는 일반적으로 연구윤리보다 우선해야 한다.
⑤ 타인의 연구결과를 인용 없이 사용하는 경우를 표절이라 한다.

답 ④

응시생들의 선택

① 2%	② 1%	③ 1%	④ 95%	⑤ 1%

④ 연구의 공익적 가치는 일반적으로 연구윤리보다 우선해야 한다고 볼 수 없다. 연구의 공익적 가치나 장기적 이익이 윤리적으로 문제를 가진 실천으로 인한 해악보다 더 중요한지 반드시 판단해야 한다.

연구윤리에 관한 설명으로 옳지 않은 것은?

① 아동 대상 연구에서 보호자에게 연구 참여 동의를 얻어야 한다.
② 연구결과의 분석과 보고단계에서도 연구윤리가 준수되어야 한다.
③ 기관생명윤리위원회의 심사를 통과한 경우 사전에 연구 참여자에게 연구목적을 밝히지 않을 수 있다.
④ 사회복지사인 연구자가 연구참여자의 아동학대행위를 알게 되었더라도 비밀보장의 원칙을 준수해야 한다.
⑤ 설문조사 참여자에게 자발적 참여를 보장하는 것은 연구윤리의 기본원칙이다.

답 ④

응시생들의 선택

① 1%	② 0%	③ 23%	④ 76%	⑤ 0%

④ 우리나라와 미국의 사회복지사 윤리강령에서는 클라이언트에 대해서 지켜야 할 일반적 윤리기준과는 별도로 '사회복지관련 연구의 연구대상자는 신체적, 정신적 불편이나 위험, 위해로부터 보호되어야 한다'고 규정하고 있다.

사회복지조사의 연구윤리에 관한 설명으로 옳은 것을 모두 고른 것은?

> ㄱ. 연구대상을 관찰하기에 앞서 그들의 동의를 구해야 한다.
> ㄴ. 연구로부터 얻을 수 있는 사회적 이익이 비용을 초과해야만 한다.
> ㄷ. 조사과정에서 드러난 문제점과 실패도 모두 보고해야 한다.
> ㄹ. 비밀성이 보장되면 익명성도 보장된다.

① ㄱ	② ㄴ
③ ㄱ, ㄷ	④ ㄱ, ㄷ, ㄹ
⑤ ㄱ, ㄴ, ㄷ, ㄹ	

답 ③

응시생들의 선택

① 3%	② 1%	③ 47%	④ 43%	⑤ 6%

ㄴ. 연구로부터 얻을 수 있는 사회적 이익은 상황에 따라 달라질 수 있으며, 반드시 비용을 초과해야 하는 것은 아니다.
ㄹ. 비밀성이 보장된다고 무조건 익명성이 보장되는 것은 아니다.

사회조사의 윤리적 원칙으로 옳지 않은 것은?

① 윤리적 원칙은 연구결과의 보고에도 적용된다.
② 고지된 동의는 조사자를 보호하기 위해 활용될 수 있다.
③ 연구 참여에 따른 위험과 더불어 혜택도 고지되어야 한다.
④ 조사대상자의 익명성이 유지되어야만 조사내용의 비밀유지가 가능하다.
⑤ 아동 대상 연구에서는 부모 등 후견인에게 고지된 동의를 받아야 한다.

답 ④

응시생들의 선택

① 8%	② 15%	③ 11%	④ 61%	⑤ 5%

④ 익명성을 유지할 수 없더라도 연구자가 연구대상자의 신원과 개인정보를 알고 있지만 이를 공개하거나 외부에 알리지 않는 방법을 통해 비밀을 보장하도록 한다.

다음 내용이 왜 틀렸는지를 확인해보자

21-02-01

01 조사가 진행되면 조사대상자가 원하더라도 조사의 객관적인 결과를 위해 어떠한 경우에도 중단할 수 없음을 알려주어야 한다.

> 조사대상자가 원하면 조사는 중단될 수 있으며, 또한 조사 과정 중 본인이 원하면 언제라도 중단할 수 있음을 알려주어야 한다.

02 자발적으로 참여하는 사람만 연구에 포함시킬 경우 연구목적을 달성하는 데 효과적이다.

> 자발적으로 참여하는 사람만 연구에 포함시킬 경우에 연구결과를 일반화하기가 어렵다.

15-02-24

03 익명성이란 연구의 목적과 내용, 소요시간, 참여자에게 주어지는 혜택과 위험 등을 잠정적 조사대상자에게 알려준 후 조사의 참여여부를 결정하게 하는 것이다.

> 고지된 동의란 연구의 목적과 내용, 소요시간, 참여자에게 주어지는 혜택과 위험 등을 잠정적 조사대상자에게 알려 준 후 조사의 참여여부를 결정하게 하는 것이다.

12-02-09

04 조사대상자의 익명성이 유지되어야만 조사내용의 비밀유지가 가능하다.

> 익명성을 유지할 수 없더라도 연구자가 연구대상자의 신원과 개인정보를 알고 있지만 이를 공개하거나 외부에 알리지 않는 방법을 통해 비밀을 보장하도록 한다.

05 '인종에 따른 지능 차이'와 같은 연구주제는 사회과학에서의 연구윤리에 위반되지 않는다.

> '인종에 따른 지능 차이'와 같은 연구는 조사결과를 수용하는 데 논란의 여지가 있을 수 있으므로 사회적 윤리를 고려하여 연구주제를 선정해야 한다.

빈칸에 들어갈 알맞은 말을 채워보자

13-02-24
01 조사윤리를 준수하기 위해서는 조사 참여자의 익명성과 ( )을/를 보장하여야 한다.

12-02-09
02 연구 참여에 따른 위험과 더불어 ( )도 함께 고지되어야 한다.

03 연구결과는 반드시 ( )(으)로 해석되어야 한다.

09-02-08
04 조사연구를 진행하면서 동료집단의 조언을 통해 ( )을/를 방지한다.

05 ( )(이)란 조사대상자들이 자신의 신원을 밝히지 않고 응답할 수 있도록 하는 것을 의미한다.

 답 **01** 비밀 **02** 혜택 **03** 객관적 **04** 편견 **05** 익명성

다음 내용이 옳은지 그른지 판단해보자

16-02-07
01 수업시간에 조사하는 설문지도 응답자의 동의와 자발적 참여가 필요하다.

02 부모가 아동이 조사연구에 참여하는 데 동의한 경우라도 아동은 참여를 거부할 수 있다.

03 연구목적을 대상자가 자세히 알게 될 경우에 목적에 맞춰서 반응하는 반응성의 문제가 생겨날 수도 있다.

04 사회과학은 연구대상이 인간이기 때문에 연구과정이나 결과가 대상자에게 피해를 끼칠 가능성이 있는지를 따지는 것이 매우 중요하다.

09-02-08
05 조사연구는 긍정적인 연구결과를 유도하는 질문 문항으로 구성해야 한다.

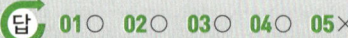 **답** **01**○ **02**○ **03**○ **04**○ **05**×

해설 **05** 연구자가 미리 생각하고 있었던 결론에 맞추어 자료를 가감, 조작해서는 안 되며, 긍정적인 결과뿐만 아니라 부정적인 결과도 보고해야 한다.

029

과학철학 및 패러다임

강의 QR코드

최근 10년간 **9문항** 출제

1회독	2회독	3회독
월 일	월 일	월 일

이론요약

복습 1

과학철학

- **귀납주의**: 16세기에 귀납주의의 선구자라고 볼 수 있는 베이컨은 경험, 즉 현상에 대한 반복적인 실험과 관찰을 통해 과학적인 지식을 얻을 수 있다고 주장했다.
- **연역주의**: 17세기에 연역주의는 데카르트에 의해 발전했는데, 일반적인 전제로부터 특별한 사례들에 대한 결론을 도출하는 연역적 사고에 바탕을 두고 있다.
- **논리실증주의**: 고전적인 실증주의와 경험주의, 그리고 논리학 등의 영향이 결합되어 발전한 과학철학이다. 경험적으로 검증될 수 있는 명제만이 유의미하다고 주장하며, 형이상학적인 명제를 배제한다.
- **포퍼의 반증주의**: 과학의 발전은 기존 이론과 상충되는 현상을 관찰하는 데서 출발하며, 기존 이론의 모순에 대한 **계속적인 반증과정을 통해** 이뤄진다고 본다. 진리로 끝없이 접근하는 과정을 과학의 목적으로 설정하고, 추측과 반박을 통해 오류를 제거함으로써 가장 효과적으로 과학의 목적을 이룰 수 있다고 본다.
- **쿤의 과학적 혁명론(패러다임론)**: 패러다임의 우열을 비교할 수 있는 객관적 기준은 존재하지 않는다고 보았으며, 과학의 변화와 발전은 지식이 축적되는 누적적인 과정이 아니라 **혁명적인 과정을 통해 성취**된다고 보았다.

기본개념

사회복지조사론
pp.29~

사회과학의 3대 패러다임

▶ **실증주의**
- 사회현상은 우연히 일어나는 것이 아니라 일정한 질서와 규칙에 의해 일어난다고 보며, 사회 내의 법칙, 규칙 등을 찾아내고자 한다.
- 대규모의 표본에 대한 **양적 연구방법을 사용**하는 경향이 강하다.
- **객관성, 정확성, 일반화(혹은 법칙화) 등을 강조**한다.
- 연구의 가치중립성을 중시하며, 경험적 관찰을 통해 이론을 재검증한다.
- 관찰자의 존재나 인식과는 무관하게 객관적 실재가 독립적으로 존재한다고 본다.

▶ **해석주의**
- 외형적으로 유형화된 어떤 행동을 관찰하는 것이 아니라, 행동 깊숙이 자리 잡고 있는 **행위자 입장에서의 의미**를 찾는 데 초점을 둔다.
- 인간의 **주관적 의식을 중요시**하며, 사회적 행위의 주관적 의미에 대한 이해를 강조한다.

- 현장연구, 참여관찰 등과 같은 **질적 연구방법을 주로 활용**한다.
- 모든 사람에게 동일하게 사용되는 객관적인 측정도구에만 의존해서는 사람들을 올바르게 이해할 수 없다고 믿는다.

▶ 비판적 사회과학

- 사회 변화의 본질적이고 구조적인 측면을 파악하는 것이 중요하다고 생각한다.
- 억압에 초점을 맞추며, 억압받는 집단의 임파워먼트를 위해 연구 절차를 활용한다.

기출문장 CHECK

01 (22-02-01) 포퍼(K. Popper)는 이론이란 증명되는 것이 아니라 반증되는 것이라고 하였다.

02 (21-02-02) 후기실증주의는 객관적인 지식에 대한 직접적 확증은 불가능하다고 본다.

03 (20-02-02) 논리적 경험주의는 과학의 이론들이 확률적으로 검증되는 관찰에 의해서만 정당화될 수 있다고 주장한다.

04 (20-02-03) 실증주의는 보편적이고 적용가능한 통계적 분석도구를 사용한다.

05 (18-02-04) 후기실증주의 과학철학은 지식의 본질을 잠정적, 확률적으로 본다.

06 (17-02-01) 실증주의는 인간행위를 예측할 수 있는 확률적 법칙을 강조한다.

07 (16-02-01) 해석주의적 패러다임은 삶에 대한 주관적 의미에 관해 깊이 있게 탐구한다.

08 (16-02-05) 쿤에 의하면 과학의 변화와 발전은 지식이 축적되는 누적적인 과정이 아니라 혁명적인 과정을 통해 성취된다.

09 (14-02-03) 쿤(T. Kuhn)은 패러다임의 우열을 비교할 수 있는 객관적 기준은 존재하지 않는다고 보았다.

10 (13-02-04) 실증주의는 적은 수의 표본으로 결과를 일반화하는 것은 무리라고 주장한다.

11 (11-02-03) 해석주의는 현상에 대한 직접적 이해가 가능하지 않다고 본다.

12 (11-02-10) 쿤(T. Kuhn)의 과학철학에 의하면 과학적 진리는 사회의 성격에 영향을 받는다.

13 (10-02-18) 해석주의는 개인의 일상경험을 해석하고 이해하는 것이 목적이다.

14 (06-02-02) 교통사고는 공단지역에서 많이 발생한다는 명제는 실증주의 사회과학의 특성을 가진 명제이다.

15 (03-02-03) 논리실증주의는 연역적 논리를 사용한다.

대표기출 확인하기

22-02-01 난이도 ★★★

과학철학에 관한 설명으로 옳지 않은 것은?

① 쿤(T. Kuhn)은 과학적 혁명에서 패러다임 전환을 제시하였다.
② 쿤(T. Kuhn)은 당대의 지배적 패러다임에서 벗어나지 않는 것을 정상과학이라고 지칭하였다.
③ 포퍼(K. Popper)는 쿤의 과학적 인식에 내재된 문제점을 극복하기 위하여 반증주의를 제시하였다.
④ 포퍼(K. Popper)의 반증주의는 연역법에 의존한다.
⑤ 포퍼(K. Popper)는 이론이란 증명되는 것이 아니라 반증되는 것이라고 하였다.

 알짜확인

• 다양한 과학철학(귀납주의, 연역주의, 논리실증주의, 포퍼의 반증주의, 쿤의 과학적 혁명론)의 주요 내용을 이해한다.
• 사회과학의 3대 주류 패러다임(실증주의, 해석주의, 비판적 사회과학)의 주요 내용을 이해한다.

답 ③

✔ **응시생들의 선택**

① 4%	② 43%	③ 23%	④ 27%	⑤ 3%

③ 포퍼의 반증주의가 쿤의 과학적 혁명론(패러다임론)보다 시대적으로 먼저 제시되었으며, 쿤이 포퍼의 반증주의에 대하여 문제점을 제시하였다.

➕ **덧붙임**

과학철학의 경우 포퍼의 반증주의와 쿤의 과학적 혁명론에 관한 문제가 주로 출제되고 있다. 전반적인 과학철학의 흐름과 각각의 철학을 비교하여 어떠한 차이점이 있는지를 파악해야 한다. 패러다임의 경우 실증주의와 해석주의의 특성을 비교하는 문제가 주로 출제되고 있는데, 실증주의와 해석주의는 양적 연구와 질적 연구의 개념을 비교하는 문제에서도 자주 다루어지는 내용이므로 반드시 명확하게 정리해둘 필요가 있다.

관련기출 더 보기

21-02-02 난이도 ★★☆

사회과학의 패러다임에 관한 설명으로 옳지 않은 것은?

① 실증주의는 연구결과를 해석할 때 정치적 가치나 이데올로기의 영향을 적극적으로 고려한다.
② 해석주의는 삶에 관한 심층적이고 주관적인 이해를 얻고자 한다.
③ 비판주의는 사회변화를 목적으로 사회의 본질적이고 구조직 측면의 파악에 주목한디.
④ 후기실증주의는 객관적인 지식에 대한 직접적 확증은 불가능하다고 본다.
⑤ 포스트모더니즘은 객관적 실재와 진리의 보편적 기준을 거부한다.

답 ①

✔ **응시생들의 선택**

① 42%	② 4%	③ 7%	④ 37%	⑤ 10%

① 실증주의는 관찰자의 존재나 인식과는 무관하게 객관적 실재가 독립적으로 존재한다고 보며, 객관성, 정확성, 일반화(혹은 법칙화) 등을 강조한다.

17-02-01 난이도 ★★☆

실증주의에 관한 설명으로 옳지 않은 것은?

① 인간행위를 예측할 수 있는 확률적 법칙을 강조한다.
② 과학과 비과학을 철저히 구분하려 한다.
③ 관찰결과의 일반화 가능성을 강조한다.
④ 연구결과를 잠정적인 지식으로 간주한다.
⑤ 사회적 행동을 행위자의 입장에서 이해하려 한다.

답 ⑤

✔ **응시생들의 선택**

① 5%	② 16%	③ 6%	④ 13%	⑤ 60%

⑤ 사회적 행동을 행위자의 입장에서 이해하려 하는 것은 해석주의이다.

쿤(T. Kuhn)의 과학적 패러다임에 관한 설명으로 옳지 않은 것은?

① 현상에 대한 우리의 관점을 조직하는 근본적인 도식을 패러다임이라 한다.
② 과학은 지식의 누적에 의해 점진적으로 진보한다고 본다.
③ 학문 공동체의 사회적 성격이 과학이론 선택에 중요한 역할을 한다.
④ 상이한 과학적 패러다임은 실재의 본질에 대한 다른 입장을 반영한다.
⑤ 기존 패러다임의 위기가 명백해지면 새로운 패러다임으로 전환된다.

답 ②

✔ **응시생들의 선택**

① 3%	② 44%	③ 17%	④ 20%	⑤ 16%

② 쿤에 의하면 과학의 변화와 발전은 지식이 축적되는 누적적인 과정이 아니라 혁명적인 과정을 통해 성취된다. 즉, 과학적 진보에 불연속성을 강조하였다.

사회과학 패러다임에 관한 설명으로 옳은 것을 모두 고른 것은?

> ㄱ. 사회과학의 패러다임이 폐기되는 경우는 자연과학의 패러다임에 비해 흔하지 않다.
> ㄴ. 한 시기에 여러 개의 패러다임이 공존할 수 있다.
> ㄷ. 쿤(T. Kuhn)은 패러다임의 변화를 점진적인 것이 아니라 혁신적인 것으로 봤다.
> ㄹ. 일반적으로 패러다임의 우열을 가릴 수 있는 객관적 기준이 존재한다.

① ㄱ, ㄴ, ㄷ　　　　② ㄱ, ㄷ
③ ㄴ, ㄹ　　　　　　④ ㄹ
⑤ ㄱ, ㄴ, ㄷ, ㄹ

답 ①

✔ **응시생들의 선택**

① 62%	② 14%	③ 18%	④ 1%	⑤ 5%

ㄹ. 쿤(T. Kuhn)은 패러다임의 우열을 비교할 수 있는 객관적 기준은 존재하지 않는다고 보았다. 새로운 패러다임이 옛 패러다임보다 더 좋다고 말할 수 없으며, 두 패러다임을 비교할 수 있는 객관적인 언어도 존재하지 않는다고 보았다.

인식론에 관한 설명으로 옳지 않은 것은?

① 실증주의는 경험적 관찰을 통해 이론을 재검증한다.
② 해석주의는 사회적 행위의 주관적 의미에 대한 이해를 강조한다.
③ 실증주의는 적은 수의 표본으로 결과를 일반화하는 것은 무리라고 주장한다.
④ 해석주의는 주로 언어를 분석대상으로 활용한다.
⑤ 실증주의는 연구자의 가치나 태도 활용을 강조한다.

답 ⑤

✔ **응시생들의 선택**

① 15%	② 9%	③ 12%	④ 6%	⑤ 58%

⑤ 연구자의 가치나 태도 활용을 강조하는 것은 해석주의에 해당하는 설명이다.

실증주의와 해석주의에 관한 설명으로 옳지 않은 것은?

① 해석주의는 주로 언어를 분석대상으로 활용한다.
② 실증주의는 흔히 경험주의라고도 불린다.
③ 해석주의는 현상에 대한 직접적 이해가 가능하지 않다고 본다.
④ 실증주의는 객관적 실재가 독립적으로 존재한다고 본다.
⑤ 해석주의는 보편적으로 적용가능한 분석도구가 존재한다고 본다.

답 ⑤

✔ **응시생들의 선택**

① 6%	② 7%	③ 38%	④ 9%	⑤ 39%

⑤ 보편적으로 적용가능한 분석도구가 존재한다고 보는 입장은 실증주의. 실증주의를 토대로 하는 양적 조사에서는 보통 표준화된 측정도구를 사용하여 자료를 수집하고 분석한다.

다음 내용이 왜 틀렸는지를 확인해보자

16-02-05

01 쿤에 의하면 과학은 **지식의 누적에 의해 점진적으로 진보**한다고 본다.

> 쿤에 의하면 과학의 변화와 발전은 지식이 축적되는 누적적인 과정이 아니라 혁명적인 과정을 통해 성취된다. 즉, 과학적 진보에 불연속성을 강조하였다.

13-02-04

02 **해석주의**는 적은 수의 표본으로 결과를 일반화하는 것은 무리라고 주장한다.

> 적은 수의 표본으로 결과를 일반화하는 것은 무리라고 주장하는 것은 실증주의에 해당하는 설명이다.

11-02-10

03 쿤의 과학적 혁명론에 의하면 과학의 진보에는 **특정한 패턴이나 구조가 존재하지 않는다**.

> 쿤은 과학의 진보를 패러다임의 이동 과정으로 설명하면서 특정한 패턴이나 구조가 존재한다고 보았다.

---

04 **패러다임**이란 어떠한 법칙이나 이론이 참이 아닌 것을 증명하는 특수명제를 찾아 보여주는 작업이다.

> 반증이란 어떠한 법칙이나 이론이 참이 아닌 것을 증명하는 특수명제를 찾아 보여주는 작업이다.

---

05 해석주의는 **서베이와 같은 양석 연구방법**을 주로 활용한다.

> 해석주의는 현장연구, 참여관찰 등과 같은 질적 연구방법을 주로 활용한다.

---

06 **실증주의 연구자들**은 사람들을 알 수 있는 최선의 방법은 유연하고 주관적인 접근 방법을 택하여 연구대상의 세계를 연구대상의 관점에서 바라보는 것이라고 주장한다.

> 해석주의 연구자들은 사람들을 알 수 있는 최선의 방법은 유연하고 주관적인 접근 방법을 택하여 연구대상의 세계를 연구대상의 관점에서 바라보는 것이라고 주장한다.

빈칸에 들어갈 알맞은 말을 채워보자

20-02-03
01 해석주의는 사회현상의 (   ) 의미에 대한 해석을 중요시한다.

13-02-04
02 (   )은/는 경험적 관찰을 통해 이론을 재검증한다.

22-02-01
03 포퍼(K. Popper)에 의하면 과학의 발전은 기존 이론과 상충되는 현상을 관찰하는 데서 출발하며, 기존 이론의 모순에 대한 계속적인 (   )과정을 통해 이뤄진다고 본다.

04 (   )은/는 외형적으로 유형화된 어떤 행동을 관찰하는 것이 아니라, 행동 깊숙이 자리잡고 있는 행위자 입장에서의 의미를 찾는 데 초점을 둔다.

05 (   )은/는 특정 시기에 특정 공동체의 구성원들이 공유하고 있는 신념, 가치, 기술 등의 총체를 지칭하는 개념이다.

답 **01** 주관적 **02** 실증주의 **03** 반증 **04** 해석주의 **05** 패러다임

다음 내용이 옳은지 그른지 판단해보자

17-02-01

01 실증주의는 사회적 행동을 행위자의 입장에서 이해하려 한다.

16-02-01

02 비판사회과학적 패러다임은 억압받는 집단의 권한을 강화하는 데에 관심을 둔다.

14-02-03

03 쿤(T. Kuhn)에 의하면 일반적으로 패러다임의 우열을 가릴 수 있는 객관적 기준이 존재한다.

04 해석주의에 의하면 사회적 현실은 사람들이 그것을 경험하고 의미를 부여함으로써 의식 속에 존재한다.

05 논리실증주의는 경험적으로 검증될 수 있는 명제만이 유의미하다고 주장하며, 형이상학적인 명제를 배제한다.

06 후기실증주의는 과학을 절대적인 것이 아닌 확률적인 관점에서 본다.

07 쿤에 의하면 서로 다른 패러다임을 가진 연구자들은 같은 문제를 바라보더라도 해당 문제를 다른 방식으로 인식할 수 있다.

08 실증주의 연구자들은 사람들의 일상적인 경험, 심층적 의미와 감정 등을 해석할 수 있는 자연스러운 환경에서 사람들을 관찰한다.

답 **01** × **02** ○ **03** × **04** ○ **05** ○ **06** ○ **07** ○ **08** ×

해설 **01** 사회적 행동을 행위자의 입장에서 이해하려 하는 것은 해석주의이다.
03 쿤(T. Kuhn)은 패러다임의 우열을 비교할 수 있는 객관적 기준은 존재하지 않는다고 보았다.
08 해석주의 연구자들은 사람들의 일상적인 경험, 심층적 의미와 감정 등을 해석할 수 있는 자연스러운 환경에서 사람들을 관찰한다.

1회독	2회독	3회독
월 일	월 일	월 일

최근 10년간 **0문항** 출제

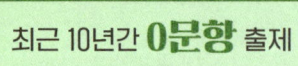

복습
1
이론요약

연역법

- 전통적인 과학적 조사의 접근방법이다.
- 일반적(general) 사실이나 법칙으로부터 특수한(specific) 사실이나 법칙을 추론해내는 접근방법이다.
- 연구주제를 '가설'의 형태로 만들어 실증적으로 증명할 수 있다는 가정에서 출발한다.
- 연역법의 대표적인 예는 삼단논법이다.
- 논리 전개과정: 이론 → 가설 → 조작화(가설의 구체화) → 관찰 → 검증(가설 채택 또는 기각)

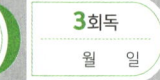
기본개념
사회복지조사론
pp.27~

귀납법

- 개별적인 사실들로부터 일반적인 원리나 이론으로 전개해 나가는 논리적 과정이다.
- 경험의 세계에서 관찰된 사실들이 공통적인 유형으로 전개되는 것을 객관적인 수준에서 증명하는 것이다.
- 논리 전개과정: 주제선정 → 관찰 → 유형발견(경험적 일반화) → 이론(임시결론)

기출문장
CHECK

01 (11-02-20) 경험적 관찰에서 보편적 유형을 찾는 것은 귀납법이다.

02 (10-02-17) 연구질문에 대한 연역적 탐구방법의 과정은 '이론적 이해 – 가설 – 조작화 – 측정 – 가설검증'이다.

03 (07-02-03) 귀납법의 순서는 '주제선정 – 관찰 – 유형발견 – 임시결론'이다.

04 (06-02-01) 귀납적 방법은 개별 사실에서 이론을 유추해가는 과정이다.

05 (04-02-02) 연역적 방법은 이론에 의해 가설을 세우고 이를 경험적으로 검증한다.

대표기출 확인하기

11-02-20 　난이도 ★☆☆

귀납법과 연역법에 관한 설명으로 옳은 것은?

① 귀납법과 연역법은 상호배타적이다.
② 귀납법은 이론에서 조작화와 관찰로 이어진다.
③ '모든 사람은 죽는다'와 같은 명제에서 시작하는 것은 귀납법이다.
④ 연역법은 개별 사례의 관찰에서 출발한다.
⑤ 경험적 관찰에서 보편적 유형을 찾는 것은 귀납법이다.

 알짜확인

• 과학적 조사의 논리인 연역법과 귀납법의 특징을 파악해야 한다.

답 ⑤

✅ **응시생들의 선택**

① 5%	② 5%	③ 10%	④ 4%	⑤ 76%

① 귀납법과 연역법은 상호보완적으로 사용될 수 있다.
② 이론에서 조작화와 관찰로 이어지는 것은 연역법이다.
③ 일반적인 명제에서 시작하는 것은 연역법이다.
④ 개별 사례의 관찰에서 출발하는 것은 귀납법이다.

➕ **덧붙임**

최근 시험에서는 단독 문제로 출제되고 있지는 않지만 연역법과 귀납법의 논리에 관한 내용은 이후 양적 연구와 질적 연구의 연구방법을 이해하는 데 있어서도 중요한 내용이므로 반드시 명확하게 정리해두어야 한다.

관련기출 더 보기

10-02-17 　난이도 ★☆☆

연구질문에 대한 연역적 탐구방법의 과정으로 옳은 것은?

① 이론적 이해 → 가설 → 조작화 → 측정 → 가설검증
② 이론적 이해 → 조작화 → 측정 → 가설 → 가설검증
③ 관찰 → 잠정적 결론 → 일반화
④ 관찰 → 유형의 발견 → 잠정적 결론
⑤ 관찰 → 잠정적 결론 → 유형의 발견

답 ①

✅ **응시생들의 선택**

① 90%	② 5%	③ 2%	④ 2%	⑤ 1%

① 연역적 방법은 기존의 이론적 틀에서 개념 간의 관계를 논리적으로 추론하여 가설을 설정하고, 가설을 조작적으로 구체화하여 이 가설이 현실에서 그대로 나타나고 있는가를 관찰하여 확인하는 절차를 취하는 것이다. 이와 같은 연역적 방법은 가설을 검증함으로써 이론을 간접적으로 검증하는 방법이 된다.

06-02-01 　난이도 ★☆☆

귀납적 방법에 대한 설명이 아닌 것은?

① 개별 사실에서 이론을 유추해가는 과정이다.
② 얼마나 관찰해야 이론이 되는지 알 수 없다.
③ 관찰조사 → 경험적 일반화 → 이론화 과정을 거친다.
④ 일반화된 이론을 통해 개별적 사실을 확인하는 방법이다.
⑤ 기존의 이론이 없을 때 사용하는 방법이다.

답 ④

✅ **응시생들의 선택**

① 2%	② 3%	③ 3%	④ 90%	⑤ 2%

④ 연역적 방법에 대한 설명이다.

다음 내용이 **왜 틀렸는지**를 확인해보자

---

01 귀납법은 전통적인 과학적 조사의 접근방법으로서, 일반적 사실이나 법칙으로부터 특수한 사실이나 법칙을 추론해내는 접근방법이다.

> 연역법은 전통적인 과학적 조사의 접근방법으로서, 일반적 사실이나 법칙으로부터 특수한 사실이나 법칙을 추론해내는 접근방법이다.

`07-02-03`

02 연역법의 순서는 주제선정 → 관찰 → 유형발견 → 임시결론이다.

> 귀납법의 순서는 주제선정 → 관찰 → 유형발견 → 임시결론이다.

`04-02-02`

03 연역적 방법은 관찰로부터 시작하여 이론을 확정하거나 수정한다.

> 관찰로부터 시작하여 이론을 확정하거나 수정하는 것은 귀납적 방법에 해당하는 내용이다.

---

04 일반적으로 기존의 이론이 존재할 때 귀납법을 사용하며, 기존의 이론이 존재하지 않을 때 연역법을 사용한다.

> 일반적으로 기존의 이론이 존재할 때 연역법을 사용하며, 기존의 이론이 존재하지 않을 때 귀납법을 사용한다.

---

05 연역적 방법과 귀납적 방법은 상호배타적이다.

> 연역적 방법과 귀납적 방법은 상호보완적이며 서로 순환적인 과정이다.

빈칸에 들어갈 **알맞은 말**을 채워보자

II-02-20
01 경험적 관찰에서 보편적 유형을 찾는 것은 (　　　　　　)이다.

02 (　　　　　　)의 대표적인 예는 삼단논법이다.

03 연역법에서 범할 수 있는 오류는 (　　　　　　)이다.

답 **01** 귀납법　**02** 연역법　**03** 구성의 오류

다음 내용이 **옳은지 그른지** 판단해보자

06-02-01
01 귀납적 방법은 일반화된 이론을 통해 개별적 사실을 확인하는 방법이다.　◎ ✕

02 귀납법은 이론에서 출발한다면, 연역법은 관찰에서 출발한다는 차이가 있다.　◎ ✕

03 연역법과 귀납법은 명확하게 구별되기보다는 서로 연결되어 있는 수레바퀴와 같아 이들을 반복하면서 과학을 발전시키게 된다.　◎ ✕

답 **01** ✕　**02** ✕　**03** ○

해설 **01** 일반화된 이론을 통해 개별적 사실을 확인하는 방법은 연역적 방법이다.
02 연역법은 이론에서 출발한다면, 귀납법은 관찰에서 출발한다는 차이가 있다.

복습 1 **이론요약**

 23회 기출   20회 기출   19회 기출

사회복지조사의 특성

- 사회복지조사는 주로 인간의 욕구 충족과 현실 문제해결을 위한 프로그램 수행 등에 필요한 지식 산출이라는 측면에서 **응용조사의 성격**이 강하다.
- 사회복지조사는 주로 사회적 약자의 문제를 다루기 때문에 **사회개량적 성격**이 있다.
- 사회복지조사의 하나인 욕구조사는 대상자 선정과 욕구의 종류 및 수준을 파악함으로써 **사회복지서비스를 계획적으로 제공**할 수 있도록 도와준다.
- 사회복지조사는 사회복지 서비스의 <u>효과성과 효율성을 평가하기 위한 도구</u>로서 활용된다.
- 프로그램이나 대안이 복지욕구에 적합한 것인지를 시험해야 하는데, 조사를 통해 **프로그램의 상호작용과 상관관계를 분석**함으로써 간접적으로 시험할 수 있다.
- 사회복지조사는 문제를 계량화하고 객관적·통계적으로 검증할 수 있는 <u>과학적 연구를 지향</u>한다.

기본개념

사회복지조사론
pp.40~

사회복지조사의 유용성

- 사회복지의 과학적 기초를 형성한다.
- 인간의 문제에 대한 객관적인 자료를 수집하고 개입 계획을 세우며, 개입 후 효과성을 평가하여 가설의 연관성과 문제의 인과관계를 검증할 수 있다.
- 사회복지이론을 형성하고 이를 바탕으로 실천기술을 구축하는 데 유용하다.
- 사회복지 개입의 효과를 입증하고 이를 통해 전문직으로서의 책임과 역할을 다하기 위해 사회복지조사가 활용될 수 있다.

사회복지조사의 한계

- 사회복지조사는 경험적으로 인식된 내용만을 포함하는데, 인간의 경험적 인식의 범위는 한계가 있다.
- 사회복지조사는 제한된 기간 내에 조사할 수 있는 내용이 양적으로 제한되어 있기 때문에 조사상 필요한 내용이 조사 종료 후 발생할 수도 있다.
- 사회복지조사는 일정한 지역 내에서 수행되므로 표본의 대표성 문제가 발생할 수 있다.
- 투입되는 조사요원과 조사대상의 확대, 조사기간의 연장 등에 대해 상당한 비용을 지불해야 한다.
- 사회복지학은 가치개입적 학문이므로 조사자의 개인적 가치가 조사과정에 개입될 가능성이 있다.

- 조사결과는 논리의 타당성보다는 조사 당시의 사회적 사상과 이념이나 정치적인 통제 및 문화적인 요인에 따라 수용과 거부가 결정되기도 한다.

사회복지조사방법론 지식이 필요한 이유

- 실천현장에서의 문제 해결을 위한 지식 탐색
- 사회복지서비스 질의 향상을 위한 지식과 기술의 개발
- 새롭고 효과적인 사회복지실천 개입방법의 개발
- 지역주민의 복지욕구 분석 및 클라이언트에 관한 임상적 자료의 체계적 수집
- 조사대상에 대한 비윤리적 행위의 예방
- 서비스 프로그램의 효과성 평가

기출문장 CHECK

01 (23-02-01) 사회복지실천에 있어 조사연구는 프로그램의 지속여부를 결정하는 객관적 근거를 제공할 수 있다.

02 (23-02-01) 사회복지실천에 있어 조사연구는 클라이언트의 욕구를 파악하여 문제해결의 방향을 제시할 수 있다.

03 (20-02-05) 사회복지조사는 연구의 전 과정에서 결정주의적 성향을 지양해야 한다.

04 (19-02-02) 사회복지학은 순수과학이 아닌 응용과학에 속한다.

05 (10-02-01) 지역주민의 복지욕구 분석을 위해서 사회복지실무자에게 사회복지조사방법론 지식이 필요하다.

06 (09-02-28) 실천지식과 기술을 과학적으로 발전시키기 위해 사회복지조사가 필요하다.

07 (05-02-03) 사회복지조사는 과학적 방법을 지향한다.

08 (04-02-26) 사회복지조사의 유용성에는 목표 효과성, 서비스 효과성, 과정의 효과성 등이 있다.

09 (02-02-01) 사회복지조사는 사회복지서비스의 효과성, 효율성을 평가하기 위한 도구로 활용된다.

대표기출 확인하기

23-02-01
난이도 ★★☆

사회복지실천을 위한 조사연구의 필요성으로 옳지 않은 것은?

① 문제해결을 위한 사회복지 개입방법의 타당성을 검증할 수 있다.
② 사회복지 서비스를 위한 지식과 기술을 제공할 수 있다.
③ 문제의 원인을 설명함으로써 사회복지사의 직관에 의한 실천지식을 강화할 수 있다.
④ 프로그램의 지속여부를 결정하는 객관적 근거를 제공할 수 있다.
⑤ 클라이언트의 욕구를 파악하여 문제해결의 방향을 제시할 수 있다.

▶ 알짜확인

• 사회복지조사의 주요 특징을 파악해야 한다.
• 사회복지조사의 유용성 및 한계를 파악해야 한다.

답 ③

✓ 응시생들의 선택

① 1%	② 2%	③ 90%	④ 4%	⑤ 3%

③ 사회복지실천을 위한 조사연구는 문제의 원인을 설명함으로써 사회복지사의 직관에 의한 실천지식이 아닌 과학적이고 논리적인 실천지식을 강화할 수 있다.

➕ 덧붙임

사회복지조사에 관한 문제는 사회복지조사의 특징을 묻거나 사회복지조사가 사회복지사에게 왜 필요한지를 묻는 문제가 주로 출제되고 있다. 특히 사회복지조사의 필요성이나 사회복지조사방법론 지식이 필요한 이유를 묻는 문제가 가장 많이 출제되고 있는데, 과학적 방법의 필요성에 관한 내용과 함께 출제되기도 한다.

관련기출 더 보기

19-02-02
난이도 ★★☆

사회과학과 사회복지학에 관한 설명으로 옳은 것을 모두 고른 것은?

ㄱ. 사회복지학은 사회문제에 대처하기 위한 학문이다.
ㄴ. 사회과학은 사회복지의 실천적 지식의 제공 및 이론적 발전에 기여할 수 있다.
ㄷ. 사회복지학은 응용과학이 아닌 순수과학에 속한다.
ㄹ. 사회복지학은 사회과학에 의해 발전된 개념들을 활용할 수 있다.

① ㄴ, ㄷ   ② ㄷ, ㄹ
③ ㄱ, ㄴ, ㄷ   ④ ㄱ, ㄴ, ㄹ
⑤ ㄱ, ㄷ, ㄹ

답 ④

✓ 응시생들의 선택

① 2%	② 1%	③ 4%	④ 89%	⑤ 4%

ㄷ. 사회복지학은 응용과학에 속한다.

09-02-28
난이도 ★★☆

사회복지조사의 필요성에 관한 설명으로 옳은 것을 모두 고른 것은?

ㄱ. 개입의 효과성을 높이기 위해
ㄴ. 실천과정에서 적용한 이론 검증을 위해
ㄷ. 서비스 이용자에 대한 책임성을 높이기 위해
ㄹ. 실천지식과 기술을 과학적으로 발전시키기 위해

① ㄱ, ㄴ, ㄷ   ② ㄱ, ㄷ
③ ㄴ, ㄹ   ④ ㄹ
⑤ ㄱ, ㄴ, ㄷ, ㄹ

답 ⑤

✓ 응시생들의 선택

① 1%	② 0%	③ 1%	④ 0%	⑤ 98%

모두 옳은 내용이다.

다음 내용이 왜 틀렸는지를 확인해보자

01 사회복지조사는 조사문제의 선정이나 조사방법, 조사결과의 분석과 해석과정에 **개인의 가치가 영향을 미칠 위험이 적다.**

> 사회복지학은 가치개입적 학문이므로 조사자의 개인적 가치가 조사과정에 개입될 가능성이 있다.

02 사회복지조사는 인간을 대상으로 하기 때문에 **주관적이고 비과학적**이다.

> 사회복지조사는 문제를 계량화하고 객관적·통계적으로 검증할 수 있는 과학적 연구를 지향한다.

03 사회복지조사에서는 **조작적 정의가 필요하지 않다.**

> 사회복지조사는 개념적 정의를 경험적으로 측정이 가능하도록 구체화하는 조작적 정의가 필요하다.

19-02-02
04 사회복지학은 **순수과학에 속하며**, 실제 현장에서 직접 실천되는 실천과학이다.

> 사회복지학은 인간의 욕구를 충족시키기 위해 과학적인 지식을 사용하며, 복잡한 인간체계를 연구하기 위해 개발된 지식과 기술을 사용하는 응용과학이다.

빈칸에 들어갈 알맞은 말을 채워보자

01 (   )(이)란 개인의 복지욕구를 충족시키고 사회적 문제를 해결하기 위한 방안을 강구하기 위해 자료를 수집하는 절차이다.

02 사회복지조사는 (   )을/를 형성하고 이를 바탕으로 실천기술을 구축하는 데 유용하다.

03 사회복지조사는 주로 사회적 약자(장애인, 노동자, 노인 등)의 문제를 다루기 때문에 (   ) 성격이 있다.

답 **01** 사회복지조사 **02** 실천이론 **03** 사회개량적

다음 내용이 옳은지 그른지 판단해보자

`09-02-28`
01 사회복지조사는 서비스 이용자에 대한 책임성을 높이기 위해 필요하다.

`05-02-03`
02 사회복지조사는 질적 연구방법만을 사용한다.

03 사회복지 개입의 효과를 입증하고 이를 통해 전문직으로서의 책임과 역할을 다하기 위해 사회복지 조사가 활용될 수 있다.

답 **01** ○ **02** ✕ **03** ○

해설 **02** 사회복지조사는 양적 연구와 질적 연구의 방법을 모두 사용한다.

조사의 유형과 절차

CHAPTER
2

이 장에서는

조사목적과 시간적 차원에 따른 조사의 유형, 조사의 과학적 수행절차, 분석단위의 개념과 유형, 분석단위와 관련된 오류 등을 다룬다.

10년간 출제분포도

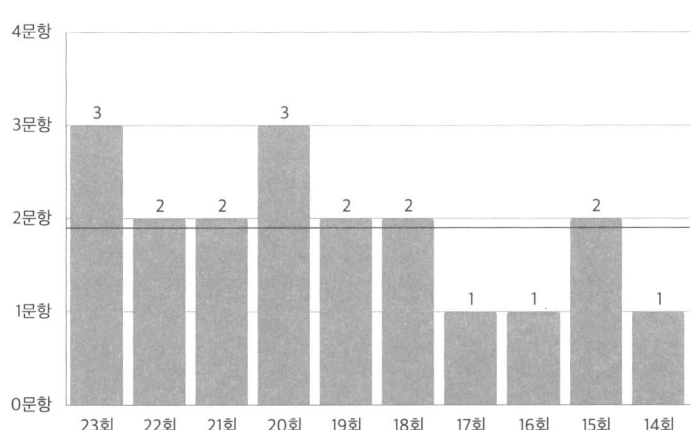

1.9
문항

평균 출제문항수

조사의 유형

강의 QR코드

최근 10년간 **18문항** 출제

이론요약

23회 기출 22회 기출 21회 기출 20회 기출 19회 기출

조사목적에 따른 유형

기본개념

사회복지조사론
pp.46~

▶ 탐색적 조사
- 기존에 연구되지 않았던 새로운 주제에 대해 연구하는 경우, 연구문제에 대한 사전 지식이 부족한 경우, 연구문제를 형성하거나 연구가설을 수립하기 위한 경우 등에 실시한다.
- 문헌조사, 경험자조사, 특례조사 등이 있다.

▶ 기술적 조사
- 영향요인 간에 어떠한 관계가 있을지를 파악하기 위해 실시하는 조사이다.
- 현상의 모양이나 분포, 크기, 비율 등 단순 통계적인 것에 대한 조사이다.
- 발생빈도와 비율을 파악할 때 사용한다.

▶ 설명적 조사
- 사실의 인과관계를 규명하거나 미래의 사실에 대해 미리 예측하는 조사이다.
- 특정 변수에 영향을 미치는 변수의 조사 등이 해당된다.

시간적 차원에 따른 유형

▶ 횡단조사
- 일정 시점에서 특정 표본이 가지고 있는 특성을 파악하거나, 특성에 따라 집단을 분류하는 조사이다.
- **일정 시점에서 측정**하므로 정태적인 성격을 갖고 있다.
- 주로 표본조사를 행하며 측정이 반복해서 이루어지지 않는다.

▶ 종단조사
- 시간의 흐름에 따라 조사대상이나 상황의 변화를 측정하는 것으로 **일정한 시간 간격을 두고 반복적으로 측정**하여 자료를 수집한다.
- 일정한 시간적 간격을 두고 측정하므로 동태적이다.
- **장기간 동안 측정이 반복**해서 이루어진다.
- 패널조사: 장기간 반복적으로 조사를 실시하며, **매 조사시점마다 동일인을 대상**으로 조사한다.

- 경향조사: 시간의 흐름에 따라 나타나는 **일반적인 대상 집단의 변화**를 조사한다.
- 동년배조사: 시간의 변화에 따른 특정 **동류집단의 변화**를 조사한다.

조사대상에 따른 분류
- 전수조사: 모집단 전체를 대상으로 하는 조사
- 표본조사: 모집단의 일부만을 추출하여 조사한 후 그 결과를 기초로 모집단의 특성을 추정하는 조사

자료수집의 성격에 따른 분류
- 양적 조사: 대상의 속성을 계량화하여 전체 모집단에 일반화
- 질적 조사: 현지조사, 심층면접, 관찰을 통해 맥락 속에서 현상에 대한 깊이 있는 이해 도모

기출문장 CHECK

01 (23-02-03) 2022년과 2025년이라는 시간의 흐름에 따른 조사항목의 변화를 측정한 것은 종단조사에 해당한다.

02 (23-02-03) 전국의 가구 중 일부를 표본으로 선정한 것은 표본조사에 해당한다.

03 (23-02-21) 양적 연구방법은 논리실증주의에 기반하며, 질적 연구방법은 주관적이며 직관적인 관점에서 접근한다.

04 (22-02-04) 일정 연령이나 일정 연령 범위 내 사람들의 집단이 조사대상인 종단연구는 코호트(동년배)조사이다.

05 (21-02-03) 시간에 따른 변화를 가장 정확하게 알려주는 것은 패널연구이다.

06 (21-02-05) 지난해 발생한 데이트폭력 사건의 빈도와 유형을 자세히 보고하는 것은 기술적 연구이다.

07 (20-02-06) 추세연구와 동년배(cohort)연구는 둘 이상의 시점에서 조사가 이루어지며, 동일대상 반복측정을 원칙으로 하지 않는다.

08 (20-02-09) 양적 조사방법에서 개념적 정의는 측정가능성을 전제로 하지 않는다.

09 (19-02-06) 일정한 시간간격을 두고 연구대상을 표본추출하여 반복적으로 조사하는 방법에는 패널조사, 경향조사, 동년배조사 등이 있다.

10 (18-02-07) 탐색적 연구는 선행 자료가 부족한 주제를 연구하는 경우에 실시한다.

11 (18-02-09) 조사대상의 추적과 관리 때문에 가장 많은 비용이 드는 것은 패널연구(panel study)이다.

12 (16-02-20) 패널조사는 조사대상자의 상실로 변화를 확인하기 어려울 수 있다.

13 (15-02-19) 매 조사시점마다 동일인을 대상으로 조사하는 종단조사는 패널조사이다.

14 (14-02-18) 종단연구는 특정 현상의 추이를 분석할 수 있다.

15 (12-02-10) 탐색, 기술, 설명적 조사는 조사의 목적에 따른 구분이다.

16 (11-02-14) 특정 집단의 변화에 대한 연구는 종단연구의 한 유형인 동년배집단 연구이다.

17 (10-02-12) 종단적 조사는 조사대상을 일정 시간간격을 두고 2회 이상 관찰하는 조사를 말한다.

18 (09-02-19) 설명적 조사는 변수 간의 인과관계를 규명하려는 조사이다.

19 (09-02-22) 경향분석은 각각 다른 시기에 일정한 연령집단을 관찰하여 비교하는 조사이다.

20 (08-02-29) 패널조사는 행동과 태도 등의 변화과정을 분석하기 용이하다.

21 (06-02-04) 1990~2000년 국가 간 건강수준 변화 비교연구는 종단연구에 해당한다.

22 (05-02-05) 종단연구는 시계열적인 현상 연구에 적합하다.

대표기출 확인하기

"여성가족부는 2022년 전국가정폭력실태조사 결과를 이전에 실시한 동일한 조사내용과 비교하여 보고하였다. 2025년 조사에서도 전국의 가구 중 일부를 선정하여 동일한 조사항목에서 어떠한 변화가 있는지를 보고할 것이다." 이에 관한 조사유형에 해당하는 것으로 모두 묶인 것은?

> ㄱ. 종단조사
> ㄴ. 표본조사
> ㄷ. 패널조사
> ㄹ. 경향조사

① ㄷ
② ㄱ, ㄴ
③ ㄴ, ㄷ
④ ㄱ, ㄴ, ㄹ
⑤ ㄱ, ㄴ, ㄷ, ㄹ

 알짜확인

- 조사목적에 따른 조사유형별 특징을 이해해야 한다.
- 시간적 차원에 따른 조사유형별 특징을 이해해야 한다.

답 ④

✅ 응시생들의 선택

① 3%	② 14%	③ 7%	④ 65%	⑤ 11%

ㄱ. 2022년과 2025년이라는 시간의 흐름에 따른 조사항목의 변화를 측정하였으므로 종단조사에 해당한다.
ㄴ. 전국의 가구 중 일부를 표본으로 선정하였으므로 표본조사에 해당한다.
ㄹ. 시간의 흐름에 따라 나타나는 일반적인 대상집단의 변화를 조사하였으므로 경향조사에 해당한다.

➕ 덧붙임

조사유형과 관련한 문제들은 설명적 조사, 패널조사와 같은 개별 유형에 대한 이해를 묻는 유형부터 종단조사와 횡단조사를 비교하는 유형, 조사유형 전반에 대한 이해를 묻는 유형 등 다양한 형태로 출제되고 있다. 특히 종단조사의 대표적인 3가지 유형(패널조사, 동년배조사, 경향조사)을 구분할 수 있는 능력을 요구하는 문제가 주로 출제되고 있기 때문에 각 유형의 차이를 정확히 이해하는 것이 필요하다.

관련기출 더 보기

다음에서 설명하는 조사유형을 바르게 짝지은 것은?

> ㄱ. 동일한 표본을 대상으로 시간을 달리하여 추적 관찰하는 연구
> ㄴ. 일정 연령이나 일정 연령 범위 내 사람들의 집단이 조사 대상인 종단연구

① ㄱ: 경향조사, ㄴ: 코호트(cohort)조사
② ㄱ: 경향조사, ㄴ: 패널조사
③ ㄱ: 코호트(cohort)조사, ㄴ: 경향조사
④ ㄱ: 패널조사, ㄴ: 경향조사
⑤ ㄱ: 패널조사, ㄴ: 코호트(cohort)조사

답 ⑤

✅ 응시생들의 선택

① 7%	② 7%	③ 5%	④ 40%	⑤ 41%

ㄱ. 동일한 표본을 대상으로 시간을 달리하여 추적 관찰하는 연구는 패널조사이다. 장기간 반복적으로 조사를 실시하는데, 매 조사시점마다 동일인을 대상(동일한 표본)으로 조사하는 것이 특징이다. 다만, 비용이 많이 들며 시간이 지나면서 조사대상(패널)이 중도에 탈락하는 문제가 있다.
ㄴ. 일정 연령이나 일정 연령 범위 내 사람들의 집단이 조사대상인 종단연구는 코호트조사(동년배조사)이다. 코호트조사는 시간의 변화에 따른 특정 동년배집단(일정 연령이나 일정 연령 범위 내 사람들의 집단)의 변화를 조사하는 것이다.

사회조사의 목적에 관한 설명으로 옳지 않은 것은?

① 지난해 발생한 데이트폭력 사건의 빈도와 유형을 자세히 보고하는 것은 기술적 연구이다.
② 외상 후 스트레스로 퇴역한 군인을 위한 서비스 개발의 가능성을 파악하기 위한 초기면접은 설명적 연구이다.
③ 사회복지협의회가 매년 실시하는 사회복지기관 통계조사는 기술적 연구이다.
④ 지방도시에 비해 대도시의 아동학대 비율이 높은 이유를 보고하는 것은 설명적 연구이다.
⑤ 지역사회 대상 설문조사를 통해 사회복지서비스의 만족도를 조사하는 것은 기술적 연구이다.

답 ②

✔ 응시생들의 선택

① 20%	② 44%	③ 5%	④ 17%	⑤ 14%

② 서비스 개발이 가능한지를 파악하기 위한 연구는 탐색적 연구이다. 즉, 기존에 연구되지 않았거나 혹은 사전 지식이 부족한 경우 등 어떠한 내용을 탐색하기 위한 목적으로 수행하는 조사이다.

다음에서 설명하는 조사유형에 해당하는 것은?

- 둘 이상의 시점에서 조사가 이루어진다.
- 동일대상 반복측정을 원칙으로 하지 않는다.

① 추세연구, 횡단연구
② 패널연구, 추세연구
③ 횡단연구, 동년배(cohort)연구
④ 추세연구, 동년배(cohort)연구
⑤ 패널연구, 동년배(cohort)연구

답 ④

✔ 응시생들의 선택

① 13%	② 6%	③ 9%	④ 63%	⑤ 9%

④ 둘 이상의 시점에서 조사가 이루어졌다는 것은 반복 측정이 이루어진 것이므로 종단조사에 해당한다. 종단조사에는 패널연구, 추세연구(경향연구), 동년배연구가 있는데, 종단조사 중 패널연구만이 동일대상을 반복적으로 측정하기 때문에 동일대상 반복측정을 원칙으로 하지 않는 것은 추세연구(경향연구), 동년배연구가 해당된다.

다음 연구 상황에 유용한 조사유형은?

일본 후쿠시마 원전 유출이 지역주민들의 삶에 초래한 변화를 연구하고자 하였으나 관련 연구나 선행 자료가 상당히 부족함을 발견하였다.

① 평가적 연구
② 기술적 연구
③ 설명적 연구
④ 탐색적 연구
⑤ 척도개발 연구

답 ④

✔ 응시생들의 선택

① 3%	② 5%	③ 7%	④ 79%	⑤ 6%

④ 주어진 사례처럼 관련 연구나 선행 자료가 부족한 주제를 연구하는 경우에 실시하는 것을 탐색적 연구라 한다. 탐색적 연구는 기존에 연구되지 않았던 새로운 주제에 대해 연구하는 경우, 연구문제에 대한 사전 지식이 부족한 경우, 연구문제를 형성하거나 연구가설을 수립하기 위한 경우 등에 실시한다.

종단연구(longitudinal study)에 관한 설명으로 옳지 않은 것은?

① 시간흐름에 따른 조사대상의 변화를 측정하는 연구이다.
② 일정기간의 변화에 대해 가장 포괄적 자료를 제공하는 것은 동년배집단연구(cohort study)이다.
③ 조사대상의 추적과 관리 때문에 가장 많은 비용이 드는 것은 패널연구(panel study)이다.
④ 일정 주기별 인구변화에 대한 조사는 경향연구(trend study)이다.
⑤ 동년배집단연구는 언제나 동일한 대상을 조사하는 것은 아니다.

답 ②

✔ 응시생들의 선택

① 3%	② 61%	③ 9%	④ 15%	⑤ 12%

② 일정기간의 변화에 대해 가장 포괄적 자료를 제공하는 것은 패널연구이다. 종단조사 중 패널연구만이 동일인을 반복적으로 조사하기 때문에 일정 기간에 걸쳐 나타나는 변화에 대해 가장 포괄적인 자료를 제공할 수 있다.

다음에서 설명하는 조사는?

> 기초연금의 노인 빈곤 감소효과를 알아보기 위해 동일한 노인을 표본으로 10년간 매년 조사한다.

① 전수조사
② 추세조사
③ 패널조사
④ 탐색적 조사
⑤ 횡단적 조사

답 ③

✅ **응시생들의 선택**

① 4%	② 7%	③ 81%	④ 3%	⑤ 5%

③ 매 조사시점마다 동일인을 대상으로 조사하는 종단조사는 패널조사이다.

횡단연구와 종단연구에 관한 설명으로 옳은 것은?

① 일정기간에 걸쳐 발생하는 변화에 관한 연구는 종단연구이다.
② 횡단연구는 상대적으로 비용이 많이 든다.
③ 종단연구는 한 시점에서 대상을 관찰한다.
④ 동일대상을 반복 관찰하는 것은 횡단연구이다.
⑤ 특정 집단의 변화에 대한 횡단연구는 경향연구(trend study)이다.

답 ①

✅ **응시생들의 선택**

① 81%	② 4%	③ 3%	④ 5%	⑤ 7%

② 조사를 한 번만 하는 횡단조사보다는 여러 번에 걸쳐 조사가 이루어지는 종단연구가 상대적으로 많은 비용이 든다.
③ 한 시점에서 대상을 관찰하는 연구는 횡단연구이다.
④ 동일대상을 반복 관찰하는 것은 종단연구이다.
⑤ 특정 집단의 변화에 대한 연구는 종단연구의 한 유형인 코호트(혹은 동년배집단)연구이다.

사회조사의 유형에 관한 설명으로 옳은 것을 모두 고른 것은?

> ㄱ. 탐색, 기술, 설명적 조사는 조사의 목적에 따른 구분이다.
> ㄴ. 패널조사와 동년배집단(cohort)조사는 동일대상인에 대한 반복측정을 원칙으로 한다.
> ㄷ. 2차자료 분석연구는 비관여적 연구방법에 해당한다.
> ㄹ. 탐색적 조사의 경우에도 명확한 연구가설과 구체적 조사계획이 사전에 수립되어야 한다.

① ㄱ, ㄴ, ㄷ
② ㄱ, ㄷ
③ ㄴ, ㄹ
④ ㄹ
⑤ ㄱ, ㄴ, ㄷ, ㄹ

답 ②

✅ **응시생들의 선택**

① 13%	② 65%	③ 5%	④ 5%	⑤ 12%

ㄴ. 동일인에 대한 반복측정을 원칙으로 하는 것은 패널조사에 해당하는 설명이다.
ㄹ. 탐색적 조사는 새로운 연구주제에 대한 조사를 진행하거나 조사의 가능성을 탐색하기 위해서 본격적인 조사가 시작되기 전에 진행하며, 조사설계를 확정하기 전에 즉, 명확한 연구가설이나 구체적인 조사계획이 수립되기 전에 진행되는 경우가 많다.

종단적 조사에 관한 설명으로 옳지 않은 것은?

① 조사대상을 일정한 시간간격을 두고 2회 이상 관찰하는 조사를 말한다.
② 패널조사는 매 조사시점마다 동일인이 조사대상이 되도록 계획된다.
③ 개인의 노동시장활동과 같은 장기적 추이를 분석하는 데 활용된다.
④ 경향분석(trend analysis)은 매 조사시점마다 조사대상이 동일인이 아니다.
⑤ 1990년대와 2000년대 10대들의 직업선호도 비교는 동류집단(cohort) 조사이다.

답 ⑤

✅ **응시생들의 선택**

① 8%	② 10%	③ 11%	④ 10%	⑤ 61%

⑤ 1990년대와 2000년대 10대들의 직업선호도 비교는 경향조사이다.

다음 내용이 왜 틀렸는지를 확인해보자

18-02-09

01 일정기간의 변화에 대해 가장 포괄적 자료를 제공하는 것은 **동년배집단연구**이다.

> 일정기간의 변화에 대해 가장 포괄적 자료를 제공하는 것은 패널연구이다.

02 **표본조사**란 조사대상이라고 생각되는 모든 부분, 즉 모집단 전체를 대상으로 조사하는 조사연구로서 대표적인 것이 인구조사이다.

> 전수조사란 조사대상이라고 생각되는 모든 부분, 즉 모집단 전체를 대상으로 조사하는 조사연구로서 대표적인 것이 인구조사이다.

11-02-14

03 일정기간에 걸쳐 발생하는 변화에 관한 연구는 **횡단연구**이다.

> 일정기간에 걸쳐 발생하는 변화에 관한 연구는 종단연구이다.

09-02-19

04 **기술적 조사**는 변수 간의 인과관계를 규명하려는 조사이며, 가설을 검증하려는 조사이다.

> 설명적 조사는 변수 간의 인과관계를 규명하려는 조사이며, 가설을 검증하려는 조사이다.

08-02-29

05 **동년배조사**는 동일한 대상을 조사하므로 반복할 때마다 표본을 유지하기가 어렵다.

> 패널조사는 동일한 대상을 조사하므로 반복할 때마다 표본을 유지하기가 어렵다.

06 조사목적에 따른 유형에서 인구주택총조사, 실태조사, 여론조사 등이 대표적인 **탐색적 조사**에 해당한다.

> 조사목적에 따른 유형에서 인구주택총조사, 실태조사, 여론조사 등이 대표적인 기술적 조사에 해당한다.

빈칸에 들어갈 알맞은 말을 채워보자

21-02-03
01 베이비붐 세대를 시간변화에 따라 연구하는 것은 (   )이다.

20-02-06
02 (   )와 동년배조사는 둘 이상의 시점에서 조사가 이루어지며, 동일대상을 반복하여 측정하지 않는다.

03 (   )은/는 시간이 지나면서 조사대상이 중도에 탈락하는 문제가 발생할 수 있다.

04 (   )은/는 일정 시점에서 특정 표본이 가지고 있는 특성을 파악하거나, 특성에 따라 집단을 분류하는 것으로 사회복지 분야에서 널리 사용된다.

05 현상의 모양이나 분포, 크기, 비율 등 단순 통계적인 것에 대한 조사는 (   )이다.

13-02-06
06 (   )은/는 장기간에 걸쳐 조사하는 연구로 질적 연구로도 이루어진다.

12-02-10
07 조사의 목적에 따라 탐색적 조사, 기술적 조사, (   )(으)로 구분할 수 있다.

10-02-12
08 1990년대 10대와 2000년대 10대의 직업선호도를 비교조사하는 것은 (   )에 해당한다.

04-02-08
09 (   )은/는 예비조사의 성격인 경우가 많고 융통성 있게 운영하고 연구문제를 확인한다.

10 (   )은/는 전수조사가 어려운 경우 모집단의 일부만을 추출하여 모집단 전체를 추정하는 조사이다.

답 **01** 동년배조사 **02** 경향조사 **03** 패널조사 **04** 횡단조사 **05** 기술적 조사 **06** 종단연구 **07** 설명적 조사 **08** 경향조사
09 탐색적 조사 **10** 표본조사

다음 내용이 옳은지 그른지 판단해보자

01 횡단조사는 유형에 따라 서로 다른 시점에서 동일 대상자를 추적해 조사해야 하므로 표본의 크기가 작아지게 된다. ◎ ✕

13-02-06
02 추이(trend)조사는 패널연구보다 개인의 변화에 대해 더 명확한 자료를 제공한다. ◎ ✕

03 종단조사 중 패널조사만이 동일인을 반복적으로 조사한다. ◎ ✕

04 예비조사는 탐색적 조사에 해당하며, 보통 설문지 작성의 사전단계에서 이루어진다. ◎ ✕

05 종단조사는 장기간 반복적으로 측정이 이루어지므로 비용이 많이 든다. ◎ ✕

06 패널조사는 상낭 기간에 걸쳐 표본의 거처를 지속적으로 파악해야 하므로 종단조사들 중 가장 수행이 어렵다. ◎ ✕

07 질적 조사는 대상의 속성을 계량적으로 표현하고 그들의 관계를 통계분석을 통해 밝혀내는 조사이다. ◎ ✕

11-02-14
08 종단연구는 한 시점에서 대상을 관찰한다. ◎ ✕

10-02-12
09 종단적 조사는 개인의 노동시장활동과 같은 장기적 추이를 분석하는 데 활용된다. ◎ ✕

06-02-07
10 A대학교 재학생의 연령별 소비실태조사는 종단연구가 될 수 있다. ◎ ✕

답 01✕ 02✕ 03◯ 04◯ 05◯ 06◯ 07✕ 08✕ 09◯ 10✕

해설 **01** 종단조사는 유형에 따라 서로 다른 시점에서 동일 대상자를 추적해 조사해야 하므로 표본의 크기가 작아지게 된다.
02 특정 개인들의 변화에 대한 전체적인 모습을 보여줄 수 있으며, 가장 포괄적이고 명확한 자료를 제공하는 것은 패널연구의 특징에 해당한다.
07 양적 조사는 대상의 속성을 계량적으로 표현하고 그들의 관계를 통계분석을 통해 밝혀내는 조사이다.
08 한 시점에서 대상을 관찰하는 연구는 횡단연구이다.
10 일정 시점에서 이루어지는 연구이므로 횡단연구에 해당한다.

033 조사의 절차

강의 QR코드

1회독 월 일　　2회독 월 일　　3회독 월 일

최근 10년간 **3문항** 출제

 복습 **1** 이론요약

 23회 기출　 19회 기출

문제형성

기본개념

사회복지조사론
pp.53~

- 조사의 주제, 목적, 이론적 배경, 중요성 등을 파악하고, 이를 체계적으로 정립하는 과정이다.
- 기존의 관련 자료나 문헌조사, 전문가의 의견, 예비조사 등을 참고로 할 수 있다.
- 조사문제의 형성은 주제선정과 문제설정으로 구분된다.

가설형성

- 선정된 조사문제를 실증적으로 검증 가능하도록 구체화하는 과정이다.
- 가설은 연구목적과 조사문제와 일관성을 유지하면서 세부적이고 경험적이며, 현실적으로 연구가 가능해야 하며, 측정 가능해야 하고, 문제에 대한 구체적인 해답을 제공할 수 있어야 한다.

조사설계

- 조사연구를 효과적 · 효율적 · 객관적으로 수행하기 위한 논리적인 전략이다.
- 가설을 검증하기 위해 자료를 수집하고 분석하는 전반적인 과정을 계획하고 통제하기 위한 전략이다.

자료수집

- 자료는 관찰, 면접, 설문지 등 여러 가지 방법을 통해 수집된다.
- 과학적 조사자료는 조사자가 직접 수집하는 1차 자료와 이미 다른 주체가 수집한 2차 자료로 구분된다.

자료분석 및 해석

- 수집된 자료의 편집과 코딩과정이 끝나면 통계기법을 이용해 분석이 이루어진다.
- 통계분석 방법은 조사설계 때부터 수집할 자료의 성격을 일관성 있게 결정해야 한다.
- 자료분석이 끝나면 결과에 대해 의미 있는 해석이 이뤄져야 한다.

보고서 작성

연구결과를 객관적으로 증명하고 경험적으로 일반화시키기 위해 일정한 형식으로 기술하여 타인에게 전달하기 위한 보고서를 작성한다.

01 (23-02-04) 사회복지조사는 '연구가 필요한 주제 선정 → 연구문제의 잠정적 결론으로 가설 설정 → 표집방법 수립 → 검증된 측정도구로 자료수집 → 자료를 분석하고 가설의 지지여부 결정'의 순으로 진행된다.

02 (19-02-04) 사회복지조사의 과학적 수행과정은 '조사문제형성(설정) → 가설형성(설정) → 조사설계 → 자료수집 → 자료분석 및 해석 → 보고서 작성'으로 진행된다.

03 (17-02-17) 조사연구는 '조사문제 형성 → 가설형성 → 조사설계 → 자료수집 → 자료분석 및 해석 → 보고서 작성'의 과정으로 진행된다.

04 (12-02-12) 연구문제설정은 가설설정과 조사설계의 전 단계이다.

05 (11-02-02) '연구주제 선정 → 연구문제 선정 → 문헌검토 → 가설구성 → 조사설계 → 설문지 문항 검토 → 자료수집 → 자료분석과 해석 → 보고서 작성'의 순서로 진행된다.

06 (09-02-11) 자료분석단계는 수집된 자료의 코딩이 끝난 후, 통계기법을 이용하여 분석하는 단계이다.

07 (05-02-04) 자료수집 방법 결정, 조사대상 선정, 조사도구 작성 및 검증 등은 자료조사 설계와 관련 있다.

08 (02-02-03) 노인의 우울증에 대한 조사연구를 할 때 우울증에 대한 개념 정의는 조사연구의 문제형성 단계이다.

대표기출 확인하기

23-02-04 난이도 ★★★

사회복지조사 과정을 순서대로 나열한 것은?

ㄱ. 표집방법을 수립하였다.
ㄴ. 연구문제의 잠정적 결론으로 가설을 설정하였다.
ㄷ. 연구가 필요한 주제를 선정하였다.
ㄹ. 검증된 측정도구로 자료를 수집하였다.
ㅁ. 자료를 분석하고 가설의 지지여부를 결정하였다.

① ㄱ → ㄴ → ㅁ → ㄷ → ㄹ
② ㄴ → ㄱ → ㄷ → ㄹ → ㅁ
③ ㄴ → ㄷ → ㄱ → ㅁ → ㄹ
④ ㄷ → ㄱ → ㄹ → ㅁ → ㄴ
⑤ ㄷ → ㄴ → ㄱ → ㄹ → ㅁ

▶ **알짜확인**

• 사회복지조사의 과학적 조사절차를 이해해야 한다.

답 ⑤

✓ **응시생들의 선택**

① 1%	② 4%	③ 1%	④ 12%	⑤ 82%

⑤ 사회복지조사의 과학적 수행과정은 'ㄷ. 문제형성(주제선정, 문제설정) → ㄴ. 가설형성 → ㄱ. 조사설계 → ㄹ. 자료수집 → ㅁ. 자료분석 및 해석 → 보고서 작성'의 순으로 진행된다.

➕ **덧붙임**

조사연구 과정과 관련해서는 조사연구 과정 전반에 대한 이해를 묻는 문제, 각 단계에 해당하는 경우를 고르는 문제, 순서대로 조사과정을 연결하는 문제 등이 출제되고 있다.

관련기출 더 보기

17-02-17 난이도 ★★★

조사연구 과정의 일부분이다. 이를 올바르게 나열한 것은?

ㄱ. '대학생들의 전공에 따라 다문화수용성이 다를 것이다'라는 가설설정
ㄴ. 표본을 추출하여 자료수집
ㄷ. 대학생들의 다문화수용성에 관한 선행연구 고찰
ㄹ. 구조화된 설문지 작성

① ㄱ → ㄴ → ㄷ → ㄹ   ② ㄱ → ㄷ → ㄴ → ㄹ
③ ㄱ → ㄷ → ㄹ → ㄴ   ④ ㄷ → ㄱ → ㄴ → ㄹ
⑤ ㄷ → ㄱ → ㄹ → ㄴ

답 ⑤

✓ **응시생들의 선택**

① 9%	② 21%	③ 18%	④ 23%	⑤ 29%

⑤ 조사연구는 '조사문제 형성 → 가설형성 → 조사설계 → 자료수집 → 자료분석 및 해석 → 보고서 작성'의 과정으로 진행된다. 따라서 대학생들의 다문화수용성에 관한 선행연구를 고찰(문제형성)하고 '대학생들의 전공에 따라 다문화수용성이 다를 것이다'라는 가설을 설정한 다음에 구조화된 설문지를 작성한 뒤 표본을 추출하여 자료를 수집한다.

12-02-12 난이도 ★★★

조사연구의 과정에 관한 설명으로 옳지 않은 것은?

① 연구문제의 발견 및 설정은 조사에서 핵심적인 부분이다.
② 가설은 연구문제와 그 이론에 따라 구성되는 것이 바람직하다.
③ 연구문제설정은 가설설정과 조사설계의 전 단계이다.
④ 연구문제설정에서 비용, 시간, 윤리성 등이 고려되어야 한다.
⑤ 조사연구과정은 자료의 분석으로 마무리된다.

답 ⑤

✓ **응시생들의 선택**

① 6%	② 4%	③ 10%	④ 7%	⑤ 73%

⑤ 조사연구과정의 마지막 단계는 조사보고서를 작성하는 것이다.

다음 내용이 **왜 틀렸는지**를 확인해보자

`12-02-12`

01 조사연구과정은 **자료의 분석으로 마무리된다.**

> 조사연구과정의 마지막 단계는 조사보고서를 작성하는 것이다.

`11-02-02`

02 조사과정의 단계는 **연구문제 설정 → 연구주제 선정 → 문헌검토 → 조사설계 → 가설구성 → 설문지 문항 검토 → 자료수집 → 자료분석과 해석 → 보고서 작성의 순서이다.**

> 조사과정의 단계는 연구주제 선정 → 연구문제 설정 → 문헌검토 → 가설구성 → 조사설계 → 설문지 문항 검토 → 자료수집 → 자료분석과 해석 → 보고서 작성의 순서이다.

03 조사과정 중 가설형성 단계는 **양적 연구와 질적 연구에 반드시 포함**되어야 하는 단계이다.

> 조사과정 중 가설형성 단계는 주로 양적 연구에 포함되며, 질적 연구에서는 생략된다.

`05-02-04`

04 자료수집 방법 결정, 조사대상 선정, 조사도구 작성 및 검증을 하는 단계는 **문제형성 단계**이다.

> 자료를 수집하고 분석하는 전반적인 과정을 계획하는 단계는 조사설계 단계이다.

05 **자료수집 단계**는 선정된 주제와 관련하여 연구대상의 문제를 보다 구체적이고 체계적으로 표현하여 가설로 발전할 수 있도록 체계화하는 과정이다.

> 문제형성 단계는 선정된 주제와 관련하여 연구대상의 문제를 보다 구체적이고 체계적으로 표현하여 가설로 발전할 수 있도록 체계화하는 과정이다.

빈칸에 들어갈 알맞은 말을 채워보자

01 조사대상 변수들 사이의 논리적 구조를 설정하고 가설설정에서 일반화에 이르기까지 필요한 제반활동에 대하여 계획을 세우는 단계는 ( ) 단계이다.

02 연구결과를 객관적으로 증명하고 경험적으로 일반화시키기 위해 일정한 형식으로 기술하여 타인에게 전달하기 위한 ( )을/를 작성한다.

03 ( ) 단계는 선정된 조사문제를 실증적으로 검증 가능하도록 구체화하는 과정이다.

답 **01** 조사설계 **02** 보고서 **03** 가설형성

다음 내용이 옳은지 그른지 판단해보자

01 노인의 우울증에 대한 조사연구를 할 때 우울증에 대한 개념 정의는 문제형성단계이다.

02 가설은 연구목적과 조사문제와 일관성을 유지하면서 세부적이고 경험적이어야 한다.

03 과학적 조사자료는 조사자가 직접 수집하는 1차자료와 이미 다른 주체가 수집한 2차자료로 구분된다.

답 **01** ○ **02** ○ **03** ○

KEYWORD

034 분석단위

강의 QR코드

1회독	2회독	3회독
월 일	월 일	월 일

최근 10년간 **3문항** 출제

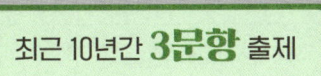

복습
1

이론요약

 22회 기출 20회 기출

분석단위의 유형

- 개인: 가장 전형적인 연구대상으로 클라이언트의 개인적 속성이나 지역사회 주민의 욕구조사를 하는 경우 분석단위는 개인이다.
- 집단: 부부, 또래, 동아리, 읍·면·동, 시·도, 국가 등이 있으며, 여기서 집단구성원을 분석단위로 하면 미시조사가 되고 집단 자체를 분석단위로 하면 거시조사가 된다.
- 공식적 사회조직: 지역사회복지관, 시설, 학교, 교회, 시민단체 등을 말한다.
- 사회적 가공물: 신문의 사설, 도서, 그림, 대중음악, 인터넷 등 사회적 존재에 의해 가공된 행위나 결과를 분석하는 것을 말한다.

기본개념
사회복지조사론
pp.55~

분석단위와 관련된 오류

- 생태학적 오류: **집단을 분석단위로 한 조사결과에 기초해 개인(들)에 대한 결론**을 내리는 오류이다. 즉, 집단을 대상으로 한 조사결과에 근거해서 개인에 대해서도 똑같을 것이라고 가정할 때 발생하는 오류이다.
- 개인주의적 오류: **개인을 분석단위로 한 조사결과에 기초해 집단을 단위로 하는 해석(결론)**을 내리는 오류를 말한다. 즉, 개인을 분석단위로 한 조사결과에 기초해 집단에 대해서도 똑같을 것이라고 가정할 때 발생하는 오류이다.
- 환원주의 오류: 사회현상의 원인은 다양한 것이 있을 수 있는데도 불구하고 인간과 사회에 대한 현상들의 원인으로 생각되는 개념이나 변수를 지나치게 제한하거나 한 가지로 환원시킴으로써 **지나친 단순화로 잘못을 범하는 오류**, 즉 복합적 현상을 단 하나 혹은 몇 개의 개념으로 협소하게 설명해 버리는 오류를 말한다.

기출문장 CHECK

01 (22-02-05) 이혼, 폭력, 범죄 등과 같은 분석단위는 사회적 가공물(social artifacts)에 해당한다.

02 (15-02-20) 생태학적 오류는 집단을 분석단위로 한 조사결과에 기초해 개인(들)에 대한 결론을 내리는 오류이다.

03 (08-02-21) 발달장애인 가족구성원의 대처전략이라는 연구에서 분석단위는 개인이다.

04 (03-02-05) 환원주의 오류란 넓은 범위의 인간의 사회적 행위를 지나치게 한정된 변수로 귀착시키려는 오류를 말한다.

대표기출 확인하기

22-02-05   난이도 ★★★

분석단위에 관한 설명으로 옳은 것을 모두 고른 것은?

> ㄱ. 이혼, 폭력, 범죄 등과 같은 분석단위는 사회적 가공물(social artifacts)에 해당한다.
> ㄴ. 생태학적 오류는 집단에 대한 조사를 기초로 하여 개인을 분석단위로 주장하는 오류이다.
> ㄷ. 환원주의는 특정 분석단위 또는 변수가 다른 분석단위 또는 변수에 비해 관련성이 높다고 설명하는 경향이 있다.

① ㄴ
② ㄱ, ㄴ
③ ㄱ, ㄷ
④ ㄴ, ㄷ
⑤ ㄱ, ㄴ, ㄷ

▶ 알짜확인

- 분석단위의 유형과 이에 해당하는 사례를 이해해야 한다.
- 분석단위와 관련된 오류를 파악해야 한다.

답 ⑤

✓ 응시생들의 선택

① 22%	② 19%	③ 17%	④ 19%	⑤ 23%

ㄱ. 분석단위 유형 중 사회적 가공물이란 신문의 사설, 도서, 그림, 대중음악, 인터넷 등 사회적 존재에 의해 가공된 행위나 결과를 분석하는 것을 말한다.

ㄴ. 생태학적 오류는 집단을 분석단위로 한 조사결과에 기초해 개인(들)에 대한 결론을 내리는 오류이다. 즉, 집단을 대상으로 한 조사결과에 근거해서 개인에 대해서도 똑같을 것이라고 가정할 때 발생하는 오류이다.

ㄷ. 환원주의(축소주의)는 사회현상의 원인은 다양한 것이 있을 수 있는데도 불구하고 인간과 사회에 대한 현상들의 원인으로 생각되는 개념이나 변수를 지나치게 제한하거나 한 가지로 환원시킴으로써 지나친 단순화로 잘못을 범하는 오류, 즉 복합적 현상을 단 하나 혹은 몇 개의 개념으로 협소하게 설명해 버리는 오류를 말한다.

➕ 덧붙임

분석단위의 개념, 분석단위의 유형, 분석단위와 관련된 오류 등에 관하여 정리해둘 필요가 있으며, 특히 분석단위의 유형과 오류에 관한 문제는 사례형 문제가 자주 출제되므로 반드시 해당하는 사례와 함께 정리해두어야 한다.

관련기출 더 보기

15-02-20   난이도 ★★☆

다음에서 설명하는 오류는?

> 17개 시·도를 조사하여 대학 졸업 이상의 인구비율이 높은 지역이 낮은 지역에 비해 중위소득이 더 높음을 알게 되었다. 이를 통해 학력수준이 높은 사람이 낮은 사람에 비해 소득수준이 높다는 결론에 도달했다.

① 무작위 오류
② 체계적 오류
③ 환원주의 오류
④ 생태학적 오류
⑤ 개체주의적 오류

답 ④

✓ 응시생들의 선택

① 4%	② 22%	③ 19%	④ 43%	⑤ 12%

④ 생태학적 오류는 집단을 분석단위로 한 조사결과에 기초해 개인(들)에 대한 결론을 내리는 오류이다. 즉, 집단을 대상으로 한 조사결과에 근거해서 개인에 대해서도 똑같을 것이라고 가정할 때 발생하는 오류이다.

08-02-21   난이도 ★★☆

연구주제와 분석단위가 올바르게 연결되지 않은 것은?

① 사회복지 지출에 있어서의 국가 간 비교 – 국가
② 발달장애인 가족구성원의 대처 전략 – 개인
③ 사회복지사 직무만족도에 영향을 미치는 요인 – 개인
④ 지역 간 재정자립도 비교 – 지역
⑤ 직원 구성에 있어서의 사회복지기관 간 유형 비교 – 개인

답 ⑤

✓ 응시생들의 선택

① 8%	② 15%	③ 12%	④ 9%	⑤ 56%

⑤ 직원 구성에 있어서의 사회복지기관 간 유형 비교에서 분석단위는 기관이다.

다음 내용이 왜 틀렸는지를 확인해보자

`08-02-24`

01 지역 간 재정자립도 비교에 관한 연구에서 <u>분석단위는 지역에 살고 있는 개인</u>이다.

> 지역 간 재정자립도 비교에 관한 연구에서 분석단위는 지역이다.

`22-02-05`

02 <u>개인주의적 오류</u>는 집단을 분석단위로 한 조사결과에 기초해 개인(들)에 대한 결론을 내리는 오류이다.

> 집단을 분석단위로 한 조사결과에 기초해 개인(들)에 대한 결론을 내리는 오류는 생태학적 오류이다. 개인주의적 오류는 개인을 분석단위로 한 조사결과에 기초해 집단을 단위로 하는 결론을 내리는 오류를 말한다.

03 흑인 거주비율이 높은 지역의 범죄율이 높다는 조사결과에 기초하여 흑인들이 범죄를 많이 저지른다고 결론짓는 것은 <u>환원주의</u>에 해당한다.

> 흑인 거주비율이 높은 지역의 범죄율이 높다는 조사결과에 기초하여 흑인들이 범죄를 많이 저지른다고 결론짓는 것은 생태학적 오류에 해당한다. 환원주의는 복합적 현상을 단 하나 혹은 몇 개의 개념으로 협소하게 설명해 버리는 오류를 말한다.

빈칸에 들어갈 알맞은 말을 채워보자

01 가장 전형적인 연구대상으로 클라이언트의 개인적 속성이나 지역사회 주민의 욕구조사를 하는 경우 분석단위는 (   )이다.

08-02-21
02 사회복지 지출에 있어서의 국가 간 비교에 관한 연구에서 분석단위는 (   )이다.

03-02-05
03 넓은 범위의 인간의 사회적 행위를 지나치게 한정된 변수로 귀착시키려는 오류를 (   )(이)라고 한다.

 답 **01** 개인 **02** 국가 **03** 환원주의

다음 내용이 옳은지 그른지 판단해보자

01 20대 부부와 40대 부부사이의 결혼만족도 차이에 관한 연구에서 분석단위는 개인이다.

02 개인주의적 오류는 개별주의적 오류, 개체주의적 오류라고도 한다.

03 배아줄기세포에 관한 신문사설을 조사 비교했다면, 이 연구에서 분석단위는 사회적 가공물이다.

답 **01** × **02** ○ **03** ○

해설 **01** 20대 부부와 40대 부부사이의 결혼만족도 차이에 관한 연구에서 분석단위는 집단이다.

CHAPTER

3

조사문제와 가설

이 장에서는

조사문제의 특성, 가설의 특성과 작성방법, 가설의 유형, 변수의 종류와 의미를 다룬다.

10년간 출제분포도

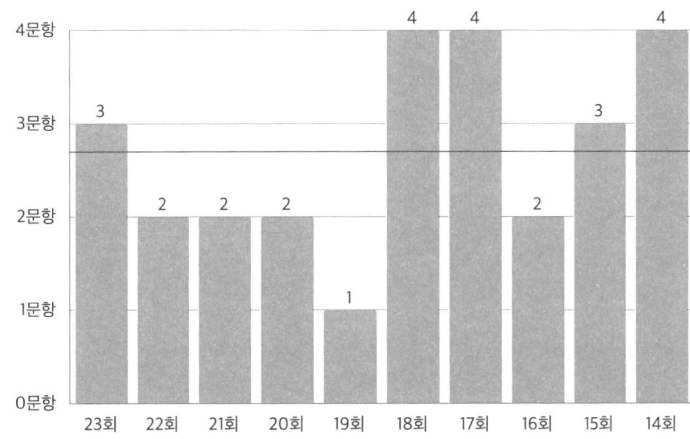

평균 출제문항수

조사문제

1회독	2회독	3회독
월 일	월 일	월 일

최근 10년간 **5문항** 출제

복습 1 이론요약

 23회 기출   21회 기출

조사문제의 해결가능성

- 조사문제의 명확한 구조화: 의도가 모호하고 문제 범위가 명확하지 못한 조사문제를 제기할수록 조사문제의 해결가능성은 낮아진다.
- 조사문제에 진술된 용어의 명확한 표현: 문제의 진술에 표현된 용어가 명확하게 정의되어 있지 않으면, 문제가 정확히 이해되지 않으므로 조사문제의 해결가능성은 낮아진다.
- 연구의 경험적 검증가능성과 실현가능성: 조사문제가 경험적 검증과정을 거쳐 수행될 수 없다면 조사문제에 대한 정확한 해답을 구하기 어렵다.

기본개념

사회복지조사론
pp.61~

조사문제의 선정기준

- 독창성: 독창성이란, 기존의 것을 답습하지 않고 비교 분석 또는 재구성하거나 새로운 관점 혹은 견해를 제시하는 것이다.
- 경험적 검증가능성: 사회복지조사는 과학적 조사이기 때문에 경험적 검증가능성이 중요하다. 조사문제로 선정되기 위해서는 그 문제에 대한 해답을 찾는 것이 가능하고 구체적인 가설이 도출될 수 있고 가설에서 사용된 조작적 정의를 통해 경험적으로 측정될 수 있어야 한다.
- 윤리적 배려: 사회복지조사는 사회복지윤리에 지배된다. 조사문제의 해답이 사회구성원의 행복을 증진시키는 데 기여해야 하고 정신적·신체적으로 피해를 주지 않아야 한다.
- 현실적 제한: 조사문제의 해답을 찾는 데 드는 시간적·비용적 노력, 조사인력, 장비 등과 같은 현실적인 상황을 고려해서 해답을 찾아야 한다.

개념적 정의와 조작적 정의

▶ **개념적 정의**
- 명목적 정의라고도 한다.
- 연구대상인 사람, 사물의 속성, 사회적 현상 등의 변수를 **개념적으로 정의하는 것**이다.
- 사전적 정의와 마찬가지로 특정 용어가 의미하는 바가 무엇인지를 말로 서술해 놓은 것이다.
- 어떤 변수에 대해 개념적 정의를 내리는 과정을 **개념화(conceptualization)**라 한다.

- 개념적 정의의 예: 빈곤(정신적, 물질적인 박탈상태), 학업스트레스(학업으로 인해 유발되는 긴장상태로 개개인이 느끼는 불안과 갈등)

▶ **조작적 정의**

- 추상적인 개념을 실증적·경험적으로 **측정 가능하도록 구체화한 정의**이다.
- 어떤 변수를 측정할 수 있는 방법이 무엇인지를 제시해주는 것이다.
- 조작적 정의는 추상적 세계와 경험적 세계를 연결하는 중간다리 역할을 한다.
- 어떤 변수에 대해 조작적 정의를 내리는 과정을 **조작화(operationalization)**라 한다.
- 조작적 정의의 예: 사회경제적 지위[직업(종사상 지위), 학력(교육기간), 소득(월 가구소득)], 실업급여제도의 관대성 (실업급여의 순소득 대체율), 과부담 의료비(가구 총 소비지출에서 식료 품비를 제외한 소비지출 중 의료비 지출이 40%를 넘는 경우)

기출문장 CHECK

01 (23-02-10) 조작적 정의는 개념적 정의에 비해 주관적 해석의 수준이 낮다.

02 (23-02-10) 측정하고자 하는 개념의 의미는 조작적 정의가 아닌 개념적 정의를 통해 확장된다.

03 (23-02-10) '개념 → 개념적 정의 → 조작적 정의 → 측정'의 순서로 이루어진다.

04 (21-02-18) 변수의 조작적 정의는 개념적 정의를 실제로 관찰할 수 있는 수준으로 전환시키는 것이다.

05 (16-02-06) 연구문제가 변수 간의 관계를 예측할 필요는 없다.

06 (15-02-08) 조작화를 통해 추상적인 용어를 관찰 가능한 변수로 만들고, 두 가지 이상의 변수들 간의 관계를 경험적으로 검증 가능하도록 진술하는 가설로 만들 수 있다.

07 (14-02-10) 연구문제는 연구의 관심이나 의문의 대상이 서술되어야 한다.

08 (12-02-21) 노인의 우울에 관하여 연구할 때 조작적 정의를 하기 위하여 우울관련 척도를 탐색 후 선정한다.

09 (11-02-13) 조작화 과정의 최종 산물은 수량화이다.

10 (10-02-13) 개념의 조작화는 양적 조사에서 매우 중요한 과정이다.

11 (08-02-03) 개념을 경험적 수준으로 구체화하는 과정은 '개념적 정의 - 조작적 정의 - 변수의 측정'이다.

12 (06-02-06) 신앙심은 종교의식 참여빈도로 조작적 정의할 수 있다.

13 (04-02-07) 연구주제는 기존 연구로 설명이 충분하지 않은 것을 주제로 선정하는 것이 좋다.

14 (02-02-06) 연구문제는 경험적으로 검증 가능해야 한다.

대표기출 확인하기

23-02-10
난이도 ★★★

측정의 개념적 정의와 조작적 정의에 관한 설명으로 옳은 것은?

① 조작적 정의는 개념적 정의에 비해 주관적 해석의 수준이 낮다.
② 조작적 정의는 양적 조사에 비해 질적 조사에서 더욱 중요하다.
③ 측정하고자 하는 개념의 의미는 조작적 정의를 통해 확장된다.
④ '조작적 정의 → 개념적 정의 → 측정'의 순서로 이루어진다.
⑤ 개념적 정의를 통해 변수를 직접 측정할 수 있다.

▶ 알짜확인

- 조사문제의 특성과 선정기준에 관하여 이해해야 한다.
- 개념적 정의와 조작적 정의의 차이에 대해 파악해야 한다.

답 ①

✓ 응시생들의 선택

① 33%	② 23%	③ 35%	④ 5%	⑤ 4%

② 조작적 정의는 추상적인 개념을 실증적·경험적으로 측정 가능하도록 구체화하는 것이기 때문에 양적 조사에서 더욱 중요하다.
③ 조작적 정의는 측정하고자 하는 개념을 측정 가능하도록 구체화하는 것이지 개념의 의미를 확장하는 것은 아니다. 즉, 측정하고자 하는 개념의 의미는 조작적 정의가 아닌 개념적 정의를 통해 확장된다. 개념적 정의는 연구대상인 사람, 사물의 속성, 사회적 현상 등의 변수를 개념적으로 정의하는 것으로써 사전적 정의와 마찬가지로 특정 용어가 의미하는 바가 무엇인지를 말로 서술해 놓은 것이다.
④ '개념 → 개념적 정의 → 조작적 정의 → 측정'의 순서로 이루어진다.
⑤ 개념적 정의는 사전적, 추상적, 일반적, 주관적일 수 있기 때문에 그 자체로는 측정이 어렵다. 따라서 조작적 정의를 통해 경험적으로 측정 가능한 실증적 지표로 변환해야 한다.

➕ 덧붙임

조사문제에 관해서는 조사문제 설정 및 서술 시 고려해야 하는 사항, 개념적 정의와 조작적 정의에 관한 문제가 주로 출제되고 있다. 특히 개념적 정의와 조작적 정의의 특성을 비교하는 문제가 가장 많이 출제되고 있다.

관련기출 더 보기

21-02-18
난이도 ★★☆

변수의 조작적 정의에 관한 설명으로 옳은 것을 모두 고른 것은?

ㄱ. 개념적 정의를 실제로 관찰할 수 있는 수준으로 전환시키는 것이다.
ㄴ. 조작적 정의를 하면 개념의 의미가 다양하고 풍부해진다.
ㄷ. 조작적 정의를 통해 개념이 더욱 추상화된다.
ㄹ. 조작적 정의가 없어도 가설검증이 가능하다.

① ㄱ
② ㄱ, ㄴ
③ ㄴ, ㄷ
④ ㄱ, ㄴ, ㄷ
⑤ ㄱ, ㄷ, ㄹ

답 ①

✓ 응시생들의 선택

① 47%	② 24%	③ 8%	④ 12%	⑤ 9%

ㄴ. 조작적 정의를 하면 개념의 의미가 다양하고 풍부해지는 것이 아니라 경험적으로 측정 가능하도록 구체화된다.
ㄷ. 조작적 정의는 추상적인 개념을 실증적·경험적으로 측정 가능하도록 하는 것이다.
ㄹ. 가설검증을 위해서는 조작적 정의가 필요하다. 따라서 양적 연구방법에서 사용되어 진다.

난이도 ★★★

다음 조합된 단어들과 동일한 논리적 구성을 가진 것은?

> 개념화 : 개념 : 명제

① 이론화 : 개념 : 가설
② 이론화 : 가설 : 개념
③ 조작화 : 변수 : 가설
④ 조작화 : 가설 : 변수
⑤ 조작화 : 개념 : 가설

답 ③

✅ 응시생들의 선택

① 20%	② 9%	③ 32%	④ 17%	⑤ 22%

③ <보기>에 제시된 단어들의 구성을 살펴보면 개념화를 통해 개념이 되고, 두 가지 이상의 개념이 연결되어 진술을 의미하는 명제가 된다. 이러한 흐름과 동일한 논리적 구조를 보이는 것은 조작화 : 변수 : 가설이다. 조작화를 통해 추상적인 용어를 관찰 가능한 변수로 만들고, 두 가지 이상의 변수들 간의 관계를 경험적으로 검증 가능하도록 진술하는 가설로 만들 수 있다.

난이도 ★★★

노인의 우울에 관하여 연구할 때 조작적 정의 (operational definition) 단계에 해당하는 것은?

① 사전(dictionary)을 참고하여 우울을 명확히 정의한다.
② 노인의 우울에 대한 기존 연구 결과를 정리한다.
③ 우울관련 척도를 탐색 후 선정한다.
④ 우울한 노인과 그렇지 않은 노인의 차이에 대해 조사한다.
⑤ 우울한 노인의 현황을 파악한다.

답 ③

✅ 응시생들의 선택

① 23%	② 12%	③ 36%	④ 22%	⑤ 7%

③ 조작적 정의 단계는 추상적인 개념을 실증적, 경험적으로 측정 가능하도록 구체화하는 단계이다. 이를 위해서 개념이나 변수를 측정할 수 있는 측정도구, 즉 척도를 선택하는 과정이 포함된다.

난이도 ★★☆

연구문제(research question)의 서술에 관한 설명으로 옳은 것은?

① 주로 평서문 형태로 서술되어야 한다.
② 다루는 범위가 넓게 서술되어야 한다.
③ 연구결과의 함의에 맞추어 서술되어야 한다.
④ 연구의 관심이나 의문의 대상이 서술되어야 한다.
⑤ 정(+)의 관계로 서술되어야 한다.

답 ④

✅ 응시생들의 선택

① 7%	② 4%	③ 17%	④ 67%	⑤ 5%

① 주로 의문문 형태로 서술되어야 한다.
② 다루는 범위가 좁게 서술되어야 한다.
③ 함의는 연구문제에 따른 연구결과를 통해 서술된다.
⑤ 정(+)의 관계 또는 부(−)의 관계로 서술되어야 한다.

난이도 ★★☆

개념의 조작화 과정에 관한 설명으로 옳은 것은?

① 조작적 정의, 명목적 정의, 측정의 순서로 이루어진다.
② 조작적 정의의 개념에 대한 사전적 정의이다.
③ 변수를 조작적으로 정의하는 방법은 한정되어 있다.
④ 조작화 과정의 최종 산물은 수량화이다.
⑤ 질적 조사에서 중요한 과정이다.

답 ④

✅ 응시생들의 선택

① 8%	② 13%	③ 12%	④ 48%	⑤ 20%

① 명목적 정의(= 개념적 정의), 조작적 정의, 측정의 순서로 이루어진다.
② 개념에 대한 사전적 정의는 명목적 정의(혹은 개념적 정의)이다.
③ 조작적 정의는 어떤 개념을 어떻게 측정할지에 대한 방법을 제시하는 것으로 어떤 개념을 조작적으로 정의하는 방법은 많다.
⑤ 조작적 정의나 측정은 추상적 개념을 수량화하기 위한 과정이기 때문에 양적 조사에서 매우 중요한 과정이다.

다음 내용이 왜 틀렸는지를 확인해보자

14-02-10

01 연구문제는 다루는 **범위가 넓게 서술**되어야 한다.

> 연구문제가 명확하려면 다루는 범위가 좁게 서술되어야 한다.

02 학업 스트레스를 학업으로 인해 느끼는 불안과 감정이라고 정의한 것은 **조작적 정의**에 해당한다.

> 학업 스트레스를 학업으로 인해 느끼는 불안과 감정이라고 정의한 것은 측정을 가능하게 정의하는 것이 아닌 사전적 의미를 정의하는 것으로써 개념적 정의에 해당한다.

03 조사문제의 선정기준에 있어서 **시간적 · 비용적 노력, 조사인력, 장비 등과 같은 현실적인 제한들은 고려하지 않아도 된다.**

> 조사문제의 해답을 찾는 데 드는 시간적 · 비용적 노력, 조사인력, 장비 등과 같은 현실적인 상황을 고려해서 해답을 찾아야 한다.

10-02-13

04 **명목적 정의로서 충분히 조작화가 가능**하다.

> 명목적 정의는 조작화가 아닌 개념화의 요건에 해당한다. 사전적 정의와 마찬가지로 특정 용어가 의미하는 바가 무엇인지를 말로 서술해 놓은 것이다.

06-02-06

05 빈곤을 물질적 결핍상태로 정의하는 것은 **조작적 정의**에 해당한다.

> 빈곤을 물질적 결핍상태로 정의하는 것은 측정을 가능하게 정의하는 것이 아닌 사전적 의미를 정의하는 것으로써 개념적 정의에 해당한다.

06 조사문제에 사용된 용어는 경험적이고 측정 가능해야 하므로 **개념적 정의**를 통해 문제해결 가능성을 높일 수 있다.

> 조사문제에 사용된 용어는 경험적이고 측정 가능해야 하므로 조작적 정의를 통해 문제해결 가능성을 높일 수 있다.

빈칸에 들어갈 알맞은 말을 채워보자

15-02-08
01 (　　　　　　)(이)란 어떤 현상이나 사물의 의미를 추상적인 용어를 사용하여 관념적으로 구성한 것이다.

02 개념적 정의를 (　　　　　)(이)라고도 한다.

12-02-21
03 노인의 우울에 관하여 연구할 때 우울관련 척도를 탐색 후 선정하는 단계는 (　　　　　)에 해당한다.

10-02-13
04 개념의 조작화는 (　　　　　)에서 매우 중요한 과정이다.

답 **01** 개념　**02** 명목적 정의　**03** 조직직 징의　**04** 양적 조사

다음 내용이 옳은지 그른지 판단해보자

21-02-18
01 조작적 정의를 하면 개념의 의미가 다양하고 풍부해진다.　

14-02-10
02 연구문제는 반드시 정(+)의 관계로 서술되어야 한다.　

03 조작적 정의는 개념적 정의를 벗어나 광범위하게 측정 가능하도록 재정의하는 것이어야 한다.　

04 소사문세로 선정되기 위해서는 구체적인 가설이 도출될 수 있고 가설에서 사용된 조자저 정의를 통해 경험적으로 측정될 수 있어야 한다.　

08-02-03
05 개념을 경험적 수준으로 구체화하는 과정은 '조작적 정의 – 개념적 정의 – 변수의 측정' 순으로 이루어진다.　

답 **01** ✕　**02** ✕　**03** ✕　**04** ○　**05** ✕

해설 **01** 조작적 정의를 하면 개념의 의미가 다양하고 풍부해지는 것이 아니라 경험적으로 측정 가능하도록 구체화된다.
02 연구문제는 정(+)의 관계 또는 부(-)의 관계로 서술되어야 한다.
03 조작적 정의는 개념적 정의를 벗어나지 않는 범위에서 측정 가능하도록 재정의하는 것이어야 한다.
05 개념을 경험적 수준으로 구체화하는 과정은 '개념적 정의 – 조작적 정의 – 변수의 측정' 순으로 이루어진다.

KEYWORD

036 가설

최근 10년간 **11문항** 출제

| 1 회독 | 2 회독 | 3 회독 |
| 월 일 | 월 일 | 월 일 |

 이론요약

가설의 정의

- 가설은 <u>두 개 이상의 변수나 현상 간의 특별한 관계를 검증 가능한 형태</u>로 서술하여 변수들 간의 관계를 가정/예측하는 진술이나 문장이다.
- 가설은 이론에서 도출되며, 가설에 대한 검증을 통해 이론을 발전시켜 나간다.
- 가설은 검증될 수 있으며, 연구주제의 객관적인 검증을 위한 수단이 되므로 가설의 검증은 과학적 조사연구에서 핵심적인 요소가 된다.
- 가설은 실증적인 확인을 위해 <u>구체적이어야 하고, 현상과 관련성을 가져야 하며, 아직 진실여부가 확인되지 않은 사실</u>이다.

기본개념

사회복지조사론
pp.64~

가설의 특성

- 문제해결성: 가설검증을 통해 <u>연구문제해결에 도움</u>을 준다.
- 상호연관성: 변수는 2개 이상으로 구성되며 <u>그것들 간의 관계</u>를 나타내고 있어야 한다.
- 검증가능성: 경험적으로 검증하기 위해 변수의 <u>조작적 정의가 필요</u>하다.
- 명확성: 가설은 **명확해야** 한다.
- 추계성: 가설은 아직 진실 여부가 확인되지 않은 사실이므로 **확률적으로 표현**된다.
- 구체성: 가설은 측정가능한 변수 간의 관계를 나타내므로 **구체적이어야** 한다.

가설의 유형

▶ 연구가설
- 과학적 가설, 작업가설, 실험가설이라고 불린다. 영가설을 통해 간접적으로 검증된다. 즉, 직접적으로 검증되지 않는다.
- 이론으로부터 도출된 가설로서 검증될 때까지는 조사문제에 대한 잠정적 해답으로 간주되는 가설이다.

▶ 영가설
- 연구가설을 부정하거나 기각하기 위해(= <u>연구가설을 반증하기 위해</u>) 설정하는 가설이다.
- 변수 간의 차이가 없다거나 관계가 없다는 내용으로 서술된다.
- 'A와 B는 관계가 없을 것이다.', 'A에 따라 B는 차이가 없을 것이다.'라는 형식으로 표현된다.

▶ 대립가설
- 영가설에 대립되는 가설, 즉 영가설이 거짓일 때 채택하기 위해 설정되는 가설이다.
- 'A와 B는 관계가 있을 것이다.', 'A에 따라 B는 차이가 있을 것이다.'라는 형식으로 표현된다.

제1종 오류와 제2종 오류

영가설이 참인데도 이를 부정(기각)하는 결정을 하는 오류를 제1종 오류(type I error: α오류)라고 하고, 영가설이 거짓인데도 이를 긍정(채택)하는 결정을 하는 오류를 제2종 오류(type II error: β오류)라고 한다. 이 두 가지 오류는 하나를 줄이면 다른 하나가 높아지기 때문에 둘 다 낮게 할 수는 없다.

기출문장 CHECK

01 (23-02-05) 유의확률(p)이 설정한 유의수준(α)보다 낮으면 영가설을 기각한다.

02 (23-02-05) 신뢰수준을 95%에서 99%로 높이면 제1종 오류의 가능성이 낮아진다.

03 (22-02-07) 연구가설은 그 자체를 직접 검증할 수 없고 영가설을 통해 간접적으로 검증된다.

04 (21-02-04) 연구가설에 대한 반증가설이 영가설이다.

05 (20-02-19) 통계치에 대한 확률(p)이 유의수준(α)보다 낮으면 영가설이 기각된다.

06 (18-02-02) 영가설(null hypothesis)은 변수 간 관계가 우연임을 말하는 가설이다.

07 (18-02-08) 가설은 이론적 배경을 가져야 한다.

08 (17-02-08) '여성의 노동참여율이 높을수록 출산율은 낮을 것이다'라는 가설은 경험적으로 검증할 수 있는 가설이다.

09 (16-02-03) 가설은 변수 간의 관계를 가정하는 문장이다 .

10 (15-02-04) 2종 오류는 실제로는 참이 아닌 영가설을 기각하지 못하는 것을 말한다.

11 (15-02-17) 영가설은 독립변수가 종속변수에 영향을 미치지 않는다고 가정한다.

12 (14-02-11) 영가설은 연구가설을 반증하기 위해 사용되는 가설이다.

13 (13-02-01) 탐색적 조사는 가설을 설정할 필요가 없다.

14 (11-02-25) 바람직한 가설은 변수 간의 관계를 기술하여야 한다.

15 (10-02-14) 영가설은 가설검정에 있어 후건긍정의 오류를 피하기 위한 논리적 필요성 때문에 설정한다.

16 (09-02-03) 가설은 2개 이상의 변수들 간의 관계를 서술한 것이다.

17 (08-02-04) 가설은 이론에 대한 경험적 검증이 가능하다.

18 (07-02-02) 대립가설이란 영가설이 거짓일 때 채택하기 위해 설정하는 가설이다.

19 (06-02-07) 좋은 가설은 변수 간 명확한 관계 정의가 있어야 한다.

20 (05-02-06) 가설 설정 시 다른 이론들과 연관이 있는지를 고려해야 한다.

21 (04-02-06) 귀무가설은 변수 간의 차이가 없다거나 관계가 없다는 내용으로 서술된다.

22 (03-02-06) 연구가설을 검증하기 위해 영가설이 필요하다.

23 (02-02-08) 영가설은 연구가설을 검증하기 위한 가설이다.

대표기출 확인하기

22-02-07 난이도 ★★☆

영가설(null hypothesis)과 연구가설(research hypothesis)에 관한 설명으로 옳은 것은?

① 연구가설은 연구의 개념적 틀 혹은 연구모형으로부터 도출될 수 있다.
② 연구가설은 그 자체를 직접 검증할 수 있다.
③ 영가설은 연구가설의 검정 결과에 따라 채택되거나 기각된다.
④ 연구가설은 수집된 자료에서 나타난 차이나 관계가 표본추출에서 오는 우연에 의한 것으로 진술된다.
⑤ 연구가설은 영가설에 대한 반증의 목적으로 설정된다.

 알짜확인

• 가설의 주요 특성과 작성방법에 대해 파악해야 한다.
• 가설의 유형별 특징을 이해해야 한다.

답 ①

✔ **응시생들의 선택**

① 50%	② 6%	③ 29%	④ 8%	⑤ 7%

② 연구가설은 그 자체를 직접 검증할 수 없고 영가설을 통해 간접적으로 검증된다.
③ 연구가설은 영가설의 검정 결과에 따라 채택되거나 기각된다.
④ 영가설은 수집된 자료에서 나타난 차이나 관계가 표본추출에서 오는 우연에 의한 것으로 진술된다.
⑤ 영가설은 연구가설에 대한 반증의 목적으로 설정된다.

➕ **덧붙임**
가설의 원칙과 가설의 유형에 따른 특성 등 가설에 대한 설명으로 옳은 것(옳지 않은 것)을 고르는 형태로 주로 출제되었으며, 최근 시험에서는 영가설에 관한 문제가 자주 출제되고 있다. 영가설의 개념에 관한 내용뿐만 아니라 제1종 오류와 제2종 오류, 유의수준 등 통계적 가설검증에 관한 내용과 접목시켜 출제되기 때문에 문제의 난이도가 높으므로 이에 대비해야 한다.

관련기출 더 보기

23-02-05 난이도 ★★☆

통계적 가설검증에 관한 설명으로 옳은 것은?

① 가설의 지지여부는 연구가설을 직접 검증하여 반증한다.
② 신뢰수준을 95%에서 99%로 높이면 제1종 오류의 가능성이 높아진다.
③ 연구가설은 두 변수 간의 관계가 오류에 의해 발생하였음을 가정한다.
④ 유의확률(p)이 설정한 유의수준(α)보다 낮으면 영가설을 기각한다.
⑤ 신뢰수준을 낮추면 제2종 오류의 가능성은 높아진다.

답 ④

✔ **응시생들의 선택**

① 11%	② 9%	③ 11%	④ 54%	⑤ 15%

유의확률(p)이 유의수준(α)보다 낮다는 것은 관측된 결과가 우연히 일어날 확률이 낮음을 의미하므로, 영가설을 기각하고 연구가설을 지지하게 된다.

① 통계적 가설검증에서는 영가설을 설정하여 이를 기각할 수 있는지를 검증한다. 연구가설은 직접 검증하지 않고, 영가설을 기각함으로써 간접적으로 지지하게 된다.
② 신뢰수준을 95%에서 99%로 높이면 유의수준(α)은 낮아지고, 그 결과 제1종 오류의 가능성이 낮아진다.
③ 두 변수 간의 관계가 오류에 의해 발생하였음을 가정하는 것은 영가설이다. 연구가설은 조사과정을 통해 연구자가 검증하고자 하는 가설로서, 검증될 때까지는 조사문제에 대한 잠정적 해답으로 간주된다.
⑤ 신뢰수준을 낮춘다는 것은 유의수준(α)을 높인다는 의미가 되고, 이 경우 제1종 오류의 가능성은 높아지며, 제2종 오류의 가능성은 낮아진다.

영가설에 관한 설명으로 옳은 것을 모두 고른 것은?

> ㄱ. 연구가설에 대한 반증가설이 영가설이다.
> ㄴ. 영가설은 변수 간에 관계가 없음을 뜻한다.
> ㄷ. 대안가설을 검증하여 채택하는 가설이다.
> ㄹ. 변수 간의 관계가 우연이 아님을 증명한다.

① ㄱ, ㄴ   ② ㄱ, ㄹ
③ ㄴ, ㄷ   ④ ㄱ, ㄷ, ㄹ
⑤ ㄴ, ㄷ, ㄹ

답 ①

✔ **응시생들의 선택**

① 47%	② 24%	③ 8%	④ 12%	⑤ 9%

ㄷ. 영가설은 연구가설을 부정하거나 기각하기 위해 설정하는 가설이다.
ㄹ. 영가설은 변수 간의 관계가 우연임을 말하는 가설이다.

경험적으로 검증할 수 있는 가설의 예로 옳은 것은?

① 불평등은 모든 사회에서 나타날 것이다.
② 대한민국에서 65세 이상인 노인이 전체 인구의 14% 이상이다.
③ 다양성이 존중되는 사회가 그렇지 않은 사회보다 더 바람직하다.
④ 여성의 노동참여율이 높을수록 출산율은 낮을 것이다.
⑤ 모든 행위는 비용과 보상에 의해 결정된다.

답 ④

✔ **응시생들의 선택**

① 5%	② 29%	③ 7%	④ 52%	⑤ 7%

④ 가설은 2개 이상의 변수로 구성되어야 하며, 그것들 간의 관계를 나타내고 있어야 한다. '여성의 노동참여율이 높을수록 출산율은 낮을 것이다.'라는 가설은 여성의 노동참여율과 출산율이란 2개의 변수로 구성되어 있으며, 이 2개의 변수 간에 관계를 나타내고 있으므로 검증 가능하다.

가설에 관한 설명으로 옳은 것을 모두 고른 것은?

> ㄱ. 이론적 배경을 가져야 한다.
> ㄴ. 변수 간 관계를 가정한 문장이다.
> ㄷ. 가설구성을 통해 연구문제가 도출된다.
> ㄹ. 창의적 해석이 가능하도록 개방적으로 구성되어야 한다.

① ㄱ, ㄴ   ② ㄱ, ㄷ
③ ㄱ, ㄴ, ㄹ   ④ ㄴ, ㄷ, ㄹ
⑤ ㄱ, ㄴ, ㄷ, ㄹ

답 ①

✔ **응시생들의 선택**

① 35%	② 5%	③ 10%	④ 10%	⑤ 40%

ㄷ. 연구문제가 먼저 도출된 후 가설구성이 진행된다.
ㄹ. 가설은 경험적으로 검증 가능해야 하므로 객관적이고 명확해야 하며, 측정가능한 변수 간의 관계를 구체적으로 나타내야 한다.

양적 연구의 가설에 관한 설명으로 옳지 않은 것은?

① 변수 간 관계를 검증 가능한 형태로 서술한 문장이다.
② 가설은 연구문제 해결에 도움을 줄 수 있다.
③ 영(null)가설은 독립변수가 종속변수에 영향을 미치지 않는다고 설정한다.
④ 하나의 가설에 변수가 많을수록 가설 검증에 유리하다.
⑤ 탐색적 조사는 가설을 설정할 필요가 없다.

답 ④

✔ **응시생들의 선택**

① 1%	② 1%	③ 5%	④ 71%	⑤ 21%

④ 3개 이상의 변수들을 포함하는 가설의 검증은 복잡해질 가능성이 있기 때문에 가능하면 단순한 가설을 만들어 검증하는 것이 적절하다.

다음 내용이 왜 틀렸는지를 확인해보자

`15-02-04`

01 유의수준을 낮추면 1종 오류가 늘어난다.

> 유의수준은 조사가설이 참이 아닌데 우연히 조사가설과 같은 연구결과가 나올 확률로, 다시 말하면 연구결과를 가지고 조사가설을 받아들임으로써 범할 수 있는 오류의 수준이다. 이것은 1종 오류의 확률과 같은 것으로 유의수준을 낮추면 1종 오류도 줄어든다.

`15-02-17`

02 가설은 반드시 방향성을 가져야 한다.

> 반드시 방향성을 가져야 하는 것은 아니다. 방향이 제시되지 않은 비방향성 가설도 존재한다.

`13-02-01`

03 연구가설은 독립변수가 종속변수에 영향을 미치지 않는다고 설정한다.

> 독립변수가 종속변수에 영향을 미치지 않는다고 설정하는 것은 영가설이다.

---

04 항상 참인 문장과 항상 거짓인 문장도 가설이 될 수 있다.

> 항상 참인 문장과 항상 거짓인 문장은 가설이 될 수 없으며, 참일 수도 거짓일 수도 있는 문장이 가설로 사용될 수 있다.

---

05 가설에서 변수는 1개 이상으로 구성되어야 한다.

> 가설은 2개 이상의 변수로 구성되며 그것들 간의 관계를 나타내고 있어야 한다.

---

06 영가설이 참인데도 이를 부정(기각)하는 결정을 하는 오류를 제2종 오류라고 한다.

> 영가설이 참인데도 이를 부정(기각)하는 결정을 하는 오류를 제1종 오류라고 한다.

빈칸에 들어갈 알맞은 말을 채워보자

01 21-02-04 (　　　　　　)(이)란 영가설이 거짓일 때 채택하기 위해 설정하는 가설이다.

02 18-02-02 (　　　　　　)은/는 연구가설을 반증하기 위해 사용되는 가설이다.

03 13-02-01 (　　　　　　) 조사는 가설을 설정할 필요가 없다.

04 검증하고자 하는 관계의 방향이 제시되지 않는 가설을 (　　　　　　) 가설이라고 한다.

05 (　　　　　　)은/는 과학적 가설, 작업가설, 실험가설이라고 불리며, 영가설을 통해 간접적으로 검증된다.

답 **01** 대립가설　**02** 영가설　**03** 탐색적　**04** 비방향성　**05** 연구가설

다음 내용이 **옳은지 그른지** 판단해보자

01 `17-02-08` "여성의 노동참여율이 높을수록 출산율은 낮을 것이다."라는 가설은 경험적으로 검증할 수 있다. ◎ ✕

02 가설은 이론에서 도출되며, 가설에 대한 검증을 통해 이론을 발전시켜 나간다. ◎ ✕

03 3개 이상의 변수들을 포함하는 가설의 검증은 보다 수월하게 검증할 수 있다. ◎ ✕

04 `11-02-25` 가설은 반드시 정(+)의 관계로 기술되어야 한다. ◎ ✕

05 영가설을 설정하는 근거는 가설은 검증되는 것이 아니라 반증되는 것이라는 포퍼의 반증주의에 있다. ◎ ✕

06 조사문제가 형성되었으면 이것을 바탕으로 경험적으로 검증 가능한 명제 형태의 가설을 구성한다. ◎ ✕

07 $p < .05$의 유의수준은 제2종 오류가 있을 확률이 5% 미만이라고 할 수 있다. ◎ ✕

08 가설을 경험적으로 검증하기 위해서는 변수의 조작적 정의가 필요하다. ◎ ✕

(답) **01** ○ **02** ○ **03** ✕ **04** ✕ **05** ○ **06** ○ **07** ✕ **08** ○

(해설) **03** 3개 이상의 변수들을 포함하는 가설의 검증은 복잡해질 가능성이 있기 때문에 가능하면 단순한 가설을 만들어 검증하는 것이 적절하다.
04 가설은 변수 간 관계의 성격에 따라 정(+)의 관계로도, 부(-)의 관계로도 기술될 수 있다.
07 $p < .05$의 유의수준은 제1종 오류가 있을 확률이 5% 미만이라고 할 수 있다.

KEYWORD

037

변수

빈출

강의 QR코드

1회독
월   일

2회독
월   일

3회독
월   일

최근 10년간 **11문항** 출제

복습

1

이론요약

 23회 기출   22회 기출   20회 기출   19회 기출

변수의 의미

기본개념

사회복지조사론
pp.70~

- 개념: 정신적 이미지 또는 인식으로서 어떤 현상이나 사물의 의미를 추상적인 용어를 사용하여 관념적으로 구성한 것이다.
- 변수: 한 연속선상에서 둘 이상의 값을 가지는 개념으로서 연구대상의 속성에 계량적인 수치를 부여하여 경험적으로 측정 가능하게 하는 개념이다.
- 상수: 결코 변하지 않는 단 하나의 값을 갖는 것으로써 일부 변수들은 숫자에 의해서라기보다는 낱말부호로 지정된 범주를 가지고 있다.

변수의 종류

- 독립변수: 인과관계에서 다른 변수의 변화를 일으키는 변수로서 **인과관계에서 원인**을 나타낸다. 실험설계에서는 실험처치 또는 실험자극이 독립변수에 해당되며, 원인변수, 설명변수, 예측변수라고도 부른다.
- 종속변수: 다른 변수에 영향을 받지만, 다른 변수에 영향을 미칠 수 없는 변수로서 **인과관계에서 결과**를 나타낸다. 독립변수의 영향을 받아 일정한 결과를 나타내는 변수로서 실험설계에서는 관찰대상의 속성이 종속변수에 해당된다. 결과변수, 피설명변수, 피예측변수, 반응 변수, 가설적 변수라고도 부른다.
- 매개변수: **독립변수의 결과인 동시에 종속변수의 원인이 되는 변수**이다. 독립변수가 매개변수를 통해 종속변수에 간접적인 영향을 미치게 한다. 종속변수에 이르는 시간적 전후 관계와 논리적 과정에 대한 이해를 가능케 함으로써 인과관계에 대해 정확히 규명할 수 있다.
- 조절변수: **독립변수가 종속변수에 미치는 영향력을 조절하는 변수**를 말한다. 독립변수와 종속변수 간의 관계를 강화시키거나 약화시키는 등 강도를 조절하거나 방향에 영향을 미치는 변수이다.
- 외생변수: 독립변수가 종속변수에 표면상으로는 영향을 미쳐 관계가 있는 것처럼 보이지만, 제3의 변수로 인해 그렇게 보이는 것일 뿐 실제로는 관계가 없는 경우, 두 변수는 **가식적 관계에 있다고 하며, 이때의 제3의 변수**를 외생변수라 한다. 두 변수 사이의 관계가 가식적 관계인지 아닌지를 밝히기 위해서는 외생변수를 통제해야 한다.
- 억압변수: 독립변수와 종속변수 중 하나의 변수와는 정적으로 상관되어 있고, 다른 하나의 변수와는 부적으로 상관되어 있어 **독립변수와 종속변수 간에 마치 아무런 관계가 없는 것처럼 보이게 만드는 변수**를 말한다.
- 통제변수: 독립변수와 종속변수에 영향을 미칠 법한 외생변수, 매개변수, 조절변수, 억제변수 등 제3의 변수 중 조사설계에서 조사자가 통제하려는 변수를 말한다.

01 (23-02-06) "사회복지사가 느끼는 업무부담에 따른 소진정도는 동료와의 친밀도에 따라 달라질 것이다."라는 가설에서 동료와의 친밀도는 조절변수이다.

02 (22-02-06) 독립변수는 설명변수이고, 종속변수는 결과변수이다.

03 (20-02-08) 통제변수는 제3의 변수 중 조사설계에서 조사자가 통제하려는 변수이다.

04 (19-02-05) 독립변수 앞에서 독립변수에 영향을 주는 변수를 선행변수라고 한다.

05 (18-02-05) 조절변수는 독립변수와 종속변수 간의 관계의 강도나 방향에 영향을 미치는 변수이다.

06 (18-02-24) 명목변수로 분석가능한 통계수치는 최빈값이다.

07 (17-02-04) '사회복지사의 근무지역에 따른 직업만족도 차이의 연구'라는 논문의 제목에서 알 수 있는 것은 독립변수, 종속변수, 분석단위, 독립변수의 측정수준이다.

08 (17-02-13) 종속변수를 유발할 수 있는 독립변수 이외의 변수들을 총칭하여 외생변수라고 한다.

09 (17-02-21) 변수는 연속형 또는 비연속형으로 측정될 수 있다.

10 (14-02-07) 모든 측정수준(명목, 서열, 등간, 비율)의 변수가 매개변수로 사용될 수 있다.

11 (14-02-13) '청소년이 제공받은 전문가 지지는 외상경험이 정신건강에 미치는 부정적 영향을 완화시켜 줄 것이다'라는 가설에서 전문가 지지는 조절변수이다.

12 (13-02-07) 독립변수와 종속변수의 관계를 밝히기 위해 실제 자료의 통계분석에서 사용하는 변수로는 조절변수, 통제변수, 매개변수 등이 있다.

13 (13-02-10) '연령의 많고 적음에 따라서 지역사회응집력에 거주기간이 미치는 영향력은 다를 것이다'라는 가설에서 연령은 조절변수이다.

14 (12-02-04) '소득이 삶의 만족도에 미치는 영향은 성별에 따라 다르다'라는 가설은 조절변수를 활용한 가설이다.

15 (12-02-19) 독립변수는 모든 형태의 척도(명목, 서열, 등간, 비율)가 활용될 수 있다.

16 (11-02-21) 복지정책이 소득수준 향상의 원인일 때 복지정책은 독립변수이다.

17 (10-02-11) 통제변수는 독립변수와 종속변수 간의 허위적 관계를 밝히는 데 활용된다.

18 (09-02-13) 독립변수는 예측변수, 종속변수는 피예측변수이다.

19 (09-02-23) '교사의 지지가 높으면 집단따돌림이 아동의 자아존중감에 미치는 영향을 감소시킬 것이다'라는 가설에서 교사의 지지는 조절변수이다.

20 (08-02-02) '사회복지사의 전문성은 실천관계를 향상시켜 궁극적으로는 클라이언트의 만족도에 영향을 미칠 것이다'라는 가설에서 실천관계는 매개변수이다.

21 (05-02-07) '사회복지시설 근무자의 업무 자율성은 자아실현 충족을 높이고 높아진 자아실현 충족은 업무 능률성을 향상시킨다'라는 가설에서 자아실현 충족은 매개변수이다.

22 (04-02-05) 종속변수는 독립변수에 의해 설명된다.

23 (02-02-09) '사회복지기관에 1급 사회복지사가 많으면 서비스 질이 높아진다'라는 가설에서 서비스 질은 종속변수이다.

대표기출 확인하기

23-02-06　　난이도 ★★★

다음 가설에 포함된 변수에 관한 설명으로 옳은 것은?

> 사회복지사가 느끼는 업무부담에 따른 소진정도는 동료와의 친밀도에 따라 달라질 것이다.

① 소진정도: 통제변수
② 업무부담: 매개변수
③ 소진정도: 독립변수
④ 업무부담: 종속변수
⑤ 동료와의 친밀도: 조절변수

 알짜확인

• 변수의 의미를 이해해야 한다.
• 변수의 종류별 특징을 살펴보고 이에 해당하는 사례를 접목시켜 이해해야 한다.

답 ⑤

✅ **응시생들의 선택**

① 3%	② 9%	③ 7%	④ 4%	⑤ 77%

⑤ 사회복지사가 느끼는 업무부담은 독립(원인)변수, 소진정도는 종속(결과)변수에 해당한다. 업무부담(독립변수)과 소진정도(종속변수) 간의 관계가 동료와의 친밀도에 따라 달라지므로 동료와의 친밀도는 조절변수에 해당한다. 조절변수는 독립변수와 종속변수 간의 관계를 강화시키거나 약화시키는 등 강도를 조절하거나 방향에 영향을 미치는 변수이다.

➕ **덧붙임**

변수의 종류에 따른 특징과 기능을 구분하는 문제나 가설 사례에서 변수의 종류를 구분하는 유형이 주로 출제되고 있다. 특히 매개변수, 조절변수, 통제변수가 가장 많이 출제되므로 의미를 명확하게 구분해서 이해할 필요가 있다. 대부분 사례형태로 제시되기 때문에 조사사례를 보고 무엇이 독립변수이고, 종속변수인지 그리고 그 둘 사이에 영향을 미치는 성격에 따라 제3의 변수가 무엇인지를 구분할 수 있어야 한다.

관련기출 더 보기

22-02-06　　난이도 ★★★

변수에 관한 설명으로 옳지 않은 것은?

① 매개변수는 독립변수의 영향을 받아 종속변수에 영향을 미치는 변수이다.
② 통제변수는 독립변수와 종속변수의 관계에 영향을 줄 수 있기 때문에 통제대상이 되는 변수이다.
③ 독립변수는 결과변수이고, 종속변수는 설명변수이다.
④ 조절변수는 독립변수와 종속변수 간의 관계의 강도에 영향을 미칠 수 있디.
⑤ 변수들 간의 관계는 그 속성에 따라 직선이 아닌 곡선의 형태로도 나타날 수 있다.

답 ③

✅ **응시생들의 선택**

① 2%	② 5%	③ 86%	④ 3%	⑤ 4%

③ 독립변수가 설명변수이고, 종속변수는 결과변수이다.

20-02-08　　난이도 ★★★

다음 사례에서 부모의 재산은 어떤 변수인가?

> 한 연구에서 부모의 학력이 자녀의 대학 진학률에 영향을 미치는 것으로 나타났다. 그러나 부모의 재산이 비슷한 조사대상에 한정하여 다시 분석해 본 결과, 부모의 학력과 자녀의 대학 진학률 사이에는 통계적으로 유의미한 관계가 없는 것으로 나타났다.

① 독립변수　　　　② 종속변수
③ 조절변수　　　　④ 억제변수
⑤ 통제변수

답 ⑤

✅ **응시생들의 선택**

① 7%	② 5%	③ 22%	④ 28%	⑤ 38%

⑤ 독립변수는 '부모의 학력'이 되고, 종속변수는 '자녀의 대학 진학률'이 된다. 사례에서 '부모의 재산'을 의도적으로 통제시켜서(비슷한 수준의 조사대상을 한정시켜서) 다시 분석했다는 것이므로 '부모의 재산'은 통제변수가 된다.

다음 ( )에 알맞은 내용으로 옳은 것은?

- 독립변수 앞에서 독립변수에 영향을 주는 변수를 (ㄱ)라고 한다.
- 독립변수의 결과인 동시에 종속변수의 원인이 되는 변수를 (ㄴ)라고 한다.
- 다른 변수에 의존하지만 다른 변수에 영향을 미칠 수 없는 변수를 (ㄷ)라고 한다.
- 독립변수와 종속변수 모두에 영향을 미치는 제3의 변수를 (ㄹ)라고 한다.

① ㄱ: 외생변수, ㄴ: 더미변수, ㄷ: 종속변수, ㄹ: 조절변수
② ㄱ: 외생변수, ㄴ: 매개변수, ㄷ: 종속변수, ㄹ: 더미변수
③ ㄱ: 선행변수, ㄴ: 조절변수, ㄷ: 종속변수, ㄹ: 외생변수
④ ㄱ: 선행변수, ㄴ: 매개변수, ㄷ: 외생변수, ㄹ: 조절변수
⑤ ㄱ: 선행변수, ㄴ: 매개변수, ㄷ: 종속변수, ㄹ: 외생변수

답 ⑤

✔ 응시생들의 선택

① 1%	② 4%	③ 5%	④ 23%	⑤ 67%

- 독립변수 앞에서 독립변수에 영향을 주는 변수를 선행변수라고 한다. 선행변수를 통제해도 독립변수와 종속변수 사이의 관계는 사라지지 않지만, 독립변수를 통제하면 선행변수와 종속변수 사이의 관계는 사라진다.
- 독립변수의 결과인 동시에 종속변수의 원인이 되는 변수를 매개변수라고 한다. 독립변수와 종속변수를 중간에서 연결시켜 두 변수가 간접적으로 관계를 갖게 한다.
- 다른 변수에 의존하지만 다른 변수에 영향을 미칠 수 없는 변수를 종속변수라고 한다. 독립변수의 영향을 받아 일정한 결과를 나타내는 변수이다.
- 독립변수와 종속변수 모두에 영향을 미치는 제3의 변수를 외생변수라고 한다. 독립변수와 종속변수의 가식적 관계를 만드는 변수이다.

또래관계증진 프로그램이 결혼이민자 가정 자녀들의 자아정체감에 미치는 영향을 평가하는 연구를 실시하고자 한다. 이때 자아정체감의 차이를 불러올 수 있는 부모의 사회경제적 지위는 다음 중 무엇에 해당하는가?

① 산출변수
② 외생변수
③ 투입변수
④ 종속변수
⑤ 전환변수

답 ②

✔ 응시생들의 선택

① 3%	② 74%	③ 11%	④ 6%	⑤ 6%

② 독립변수(또래관계증진 프로그램)와 종속변수(자아정체감)의 관계를 대안적으로 설명하는 제3의 변수(부모의 사회경제적 지위)는 외생변수이다. 종속변수를 유발할 수 있는 독립변수 이외의 변수들을 총칭하여 외생변수라고 한다. 외생변수인 부모의 사회경제적 지위를 통제하지 않으면 독립변수인 또래관계증진 프로그램과 종속변수인 자아정체감의 관계가 잘못 설명되어져 결과인 자아정체감의 차이를 불러올 수 있다.

다음 가설에서 ㄱ~ㄷ이 의미하는 변수의 종류를 바르게 짝지은 것은?

청소년이 제공받은 전문가 지지(ㄱ)는 외상경험(ㄴ)이 정신건강(ㄷ)에 미치는 부정적 영향을 완화시켜 줄 것이다.

① ㄱ: 독립변수, ㄴ: 매개변수, ㄷ: 조절변수
② ㄱ: 조절변수, ㄴ: 독립변수, ㄷ: 종속변수
③ ㄱ: 독립변수, ㄴ: 종속변수, ㄷ: 통제변수
④ ㄱ: 통제변수, ㄴ: 종속변수, ㄷ: 매개변수
⑤ ㄱ: 매개변수, ㄴ: 독립변수, ㄷ: 종속변수

답 ②

✔ 응시생들의 선택

① 5%	② 63%	③ 3%	④ 1%	⑤ 28%

② 외상경험이 정신건강에 미치는 영향에 관한 연구인 것으로 보아 외상경험은 독립변수, 정신건강은 종속변수가 된다. 이 연구에서 청소년이 제공받은 전문가 지지가 두 변수의 관계의 강도나 방향에 영향을 미치므로 전문가 지지는 조절변수이다.

난이도 ★★★

다음 가설에서 ㄱ~ㄷ이 의미하는 것을 바르게 짝지은 것은?

> 연령(ㄱ)의 많고 적음에 따라서 지역사회응집력(ㄴ)에 거주기간(ㄷ)이 미치는 영향력은 다를 것이다.

① ㄱ: 조절변수, ㄴ: 독립변수, ㄷ: 종속변수
② ㄱ: 독립변수, ㄴ: 종속변수, ㄷ: 매개변수
③ ㄱ: 조절변수, ㄴ: 종속변수, ㄷ: 독립변수
④ ㄱ: 독립변수, ㄴ: 매개변수, ㄷ: 종속변수
⑤ ㄱ: 매개변수, ㄴ: 종속변수, ㄷ: 독립변수

답 ③

✅ 응시생들의 선택

① 16%	② 8%	③ 61%	④ 12%	⑤ 4%

③ 가설에서는 거주기간(독립변수)이 지역사회응집력(종속변수)에 미치는 영향력을 연령이 조절하고 있다고 볼 수 있다. 따라서 연령은 조절변수에 해당한다. 조절변수란 독립변수가 종속변수에 미치는 영향력을 조절하는 변수이다.

난이도 ★★★

조절변수를 활용한 가설에 해당하는 것은?

① 소득은 삶의 만족도에 영향을 미신다.
② 소득이 삶의 만족도에 미치는 영향은 성별에 따라 다르다.
③ 소득과 삶의 만족도는 밀접한 관계가 있다.
④ 소득은 의료접근성을 통하여 삶의 만족도에 영향을 미친다.
⑤ 비슷한 소득일 때 거주지역에 따라 삶의 만족도는 차이가 난다.

답 ②

✅ 응시생들의 선택

① 5%	② 28%	③ 6%	④ 26%	⑤ 35%

② 조절변수란 독립변수와 종속변수 간의 관계의 강도나 방향에 영향을 미치는 변수를 말한다. 소득이라는 독립변수가 삶의 만족도라는 종속변수에 미치는 영향이 성별에 따라 다르다고 했기 때문에 성별은 조절변수가 된다.

난이도 ★★★

변수에 관한 설명으로 옳은 것은?

① 독립변수는 모든 형태의 척도(명목, 서열, 등간, 비율)가 활용될 수 있다.
② 매개변수는 독립변수와 종속변수에게 영향을 미친다.
③ 통제변수는 종속변수와 관련성이 없어야 한다.
④ 조절변수는 독립변수에게 영향을 미친다.
⑤ 종속변수의 수는 외생변수의 수에 따라 결정된다.

답 ①

✅ 응시생들의 선택

① 28%	② 44%	③ 11%	④ 11%	⑤ 6%

② 매개변수는 독립변수의 결과인 동시에 종속변수의 원인이 되는 변수이다. 시간적으로 독립변수 다음에 위치하며, 종속변수에만 영향을 미치는 변수이다.
③ 통제변수란 독립변수와 종속변수의 인과관계에 영향을 주는 제3의 변수 중 통제하려는 변수를 말한다. 통제변수는 종속변수와 관련성이 있다.
④ 조절변수란 독립변수와 종속변수의 관계의 강도나 방향에 영향을 미치는 변수이다. 조절변수는 종속변수에 영향을 미친다.
⑤ 종속변수의 수가 외생변수의 수에 따라 결정되는 것은 아니다.

난이도 ★★☆

변수 간의 관계에 대한 설명으로 옳지 않은 것은?

① 복지정책이 소득수준 향상의 원인일 때 복지정책은 독립변수이다.
② 소득수준 향상이 경제발전의 결과라면 소득수준은 종속변수이다.
③ 경제수준이 비슷한 국가를 대상으로 복지정책의 빈곤감소효과를 조사할 때 경제수준은 통제변수이다.
④ 경제발전으로 복지정책의 재원이 늘어 생활수준이 향상되었다면 경제발전은 매개변수이다.
⑤ 경제여건에 따라 복지정책의 빈곤감소효과가 달라진다면 경제여건은 조절변수이다.

답 ④

✅ 응시생들의 선택

① 4%	② 12%	③ 34%	④ 40%	⑤ 10%

④ A(경제발전)가 B(복지정책 재원)에 영향을 미쳐 C(생활수준)가 향상되었다면, 여기서 A는 독립변수, B는 매개변수, C는 종속변수가 된다.

다음 내용이 왜 틀렸는지를 확인해보자

`17-02-21`

01 변수는 직접 관찰할 수 있는 것들만 측정한 것이다.

> 변수는 한 연속선상에서 둘 이상의 값을 가지는 개념이며, 연구대상의 속성에 계량적인 수치를 부여하여 측정가능하게 하는 것으로써 직접 관찰할 수 있는 것들만 측정한 것은 아니다.

02 조절변수는 독립변수와 종속변수 간의 관계의 강도나 방향에 영향을 미치는 변수로서 독립변수가 없으면 존재할 수 없다.

> 조절변수는 독립변수와 종속변수 간의 관계의 강도나 방향에 영향을 미치는 변수로서 독립변수가 없어도 존재할 수 있다.

03 직장 동료와의 관계가 좋으면 직장 만족도가 높아져 근로자의 장기근속에 영향을 미친다는 가설에서 직장 만족도는 조절변수에 해당한다.

> 직장 동료와의 관계는 독립변수, 직장 만족도는 매개변수, 근로자의 장기근속은 종속변수에 해당한다.

`10-02-11`

04 매개변수는 독립변수와 종속변수 간의 허위적 관계를 밝히는 데 활용된다.

> 통제변수는 독립변수와 종속변수 간의 허위적 관계를 밝히는 데 활용된다.

`07-02-26`

05 '실업의 결정요인에 관한 연구: 고용지원센터 이용자를 중심으로'라는 논문의 제목만으로 알 수 있는 사항은 독립변수, 종속변수, 분석단위이다.

> 독립변수(종속변수인 실업에 영향을 미치는 각종 원인들)에 대한 내용은 구체적으로 나타나 있지 않다.

06 사례관리 개입이 퇴원한 정신질환자들의 지역사회 적응수준을 증가시킨다고 하면, 독립변수는 지역사회 적응수준이고 종속변수는 사례관리 개입 여부이다.

> 사례관리 개입이 퇴원한 정신질환자들의 지역사회 적응수준을 증가시킨다고 하면, 독립변수는 사례관리 개입 여부이고 종속변수는 지역사회 적응수준이다.

빈칸에 들어갈 알맞은 말을 채워보자

19-02-05
01 독립변수와 종속변수 모두에 영향을 미치는 제3의 변수를 (   )(이)라고 한다.

12-02-19
02 (   )은/는 독립변수의 결과인 동시에 종속변수의 원인이 되는 변수이다.

03 제3의 변수로 인해 두 변수의 실제 관계를 정 반대의 관계로 나타나게 하는 변수를 (   )(이)라고 한다.

04 (   )은/는 한 연속선상에서 둘 이상의 값을 가지는 개념으로서 연구대상의 속성에 계량적인 수치를 부여하여 경험적으로 측정 가능하게 하는 개념이다.

05 A는 B에 영향을 미친다는 가설에서 A는 (   )이다.

11-02-21
06 경제발전으로 복지정책의 재원이 늘어 생활수준이 향상되었다면 복지정책의 재원은 (   )이다.

22-02-06
07 (   )은/는 다른 변수에 영향을 받지만, 다른 변수에 영향을 미칠 수 없는 변수로서 인과관계에서 결과를 나타낸다.

08 원래 관계가 있는 두 변수가 제3의 변수로 인해 관계가 없는 것처럼 보이는 가식적 영관계가 나타난 경우, 이때의 제3의 변수를 (   )(이)라고 한다.

 답 **01** 외생변수　**02** 매개변수　**03** 왜곡변수　**04** 변수　**05** 독립변수　**06** 매개변수　**07** 종속변수　**08** 억압변수

다음 내용이 옳은지 그른지 판단해보자

01 `14-02-07` 매개변수가 2개 이상인 연구모형이 가능하다. ◎ ⊗

02 `12-02-19` 독립변수는 모든 형태의 척도(명목, 서열, 등간, 비율)가 활용될 수 있다. ◎ ⊗

03 `09-02-13` 선행변수를 통제해도 독립변수와 종속변수 간의 관계는 유지된다. ◎ ⊗

04 `22-02-06` 독립변수는 결과변수, 피설명변수라고도 부른다. ◎ ⊗

05 통제변수는 종속변수에 이르는 시간적 전후 관계와 논리적 과정에 대한 이해를 가능케 함으로써 인과관계에 대해 정확히 규명할 수 있도록 한다. ◎ ⊗

06 두 변수 사이의 관계가 가식적 관계인지 아닌지를 밝히기 위해서는 외생변수를 통제해야 한다. ◎ ⊗

07 종속변수는 독립변수의 영향을 받아 일정한 결과를 나타내는 변수로서 실험설계에서는 관찰대상의 속성이 종속변수에 해당된다. ◎ ⊗

08 독립변수와 종속변수 이외의 변수를 총칭하여 제3의 변수라고 한다. ◎ ⊗

09 독립변수와 종속변수에 영향을 미칠 법한 외생변수, 매개변수, 조절변수, 억제변수 등을 조사에서 실제 통제시키면 이때부터 통제변수가 된다. ◎ ⊗

10 상수(constant)란 결코 변하지 않는 단 하나의 값을 갖는 것이다. ◎ ⊗

답 01 ○ 02 ○ 03 ○ 04 × 05 × 06 ○ 07 ○ 08 ○ 09 ○ 10 ○

해설 04 결과변수, 피설명변수는 종속변수를 말한다. 독립변수는 원인변수, 설명변수, 예측변수라고도 부른다.
05 매개변수는 종속변수에 이르는 시간적 전후 관계와 논리적 과정에 대한 이해를 가능케 함으로써 인과관계에 대해 정확히 규명할 수 있도록 한다.

CHAPTER

조사설계와 인과관계

4

이 장에서는

조사설계의 내적 타당도와 외적 타당도의 특징, 조사설계의 내적 타당도와 외적 타당도의 저해요인 및 통제방법, 인과관계의 논리 등을 다룬다.

10년간 출제분포도

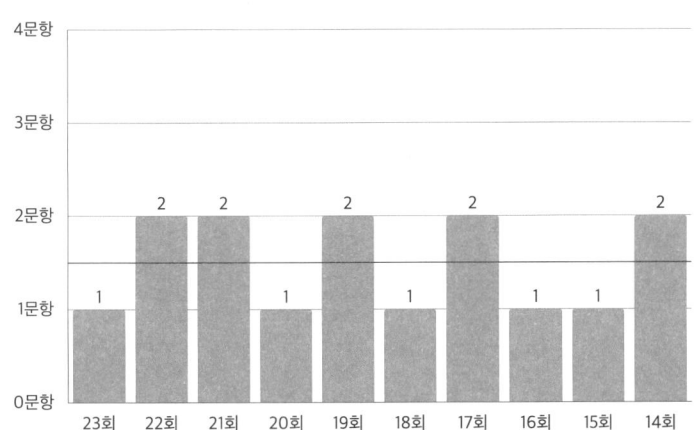

1.5
문항

평균 출제문항수

038 조사설계의 타당도

강의 QR코드

최근 10년간 **14문항** 출제

조사설계의 의미와 목적

- 조사문제의 답을 얻기 위한 조사연구의 계획, 구조, 전략 등을 포괄하는 것으로써 조사의 전반적인 과정을 의미한다.
- 연구자에게 타당성이 있고 객관적이며 정확하고 경제적으로 조사문제의 해답을 제공한다.
- 가설상의 조사질문을 신뢰할 수 있고 타당한 해답을 구할 수 있도록 만든다.
- 변수 간의 관계가 검증될 수 있도록 만들면, 관찰이나 분석의 방향을 제시한다.
- 통계분석의 방법을 제시하며, 가능한 결론의 윤곽을 제시한다.

기본개념

사회복지조사론
pp.84~

조사설계의 타당도

- 내적 타당도: 어떤 연구결과 각 변수 사이의 인과관계를 추론해 보았을 때, 어느 한 쪽의 변수가 다른 쪽 변수의 **원인이 되는지를 확신할 수 있는 정도**를 말한다. 조사설계에서는 내적 타당도와 외적 타당도 가운데 우선적으로 내적 타당도를 높이는 것이 중요하며, 연구의 내적 타당도는 그 연구가 내적 타당도의 다양한 저해요인을 얼마나 잘 통제했는지 여부에 따라 정해진다.
- 외적 타당도: 어떤 연구결과에 기술된 인과관계가 그 연구의 조건을 넘어서서 **일반화될 수 있는 정도**를 의미한다. 내적 타당도의 핵심이 '인과관계'라면, 외적 타당도의 핵심은 '일반화'이다.

내적 타당도

▶ 내적 타당도 저해요인

- 역사(우연한 사건): 사전-사후 검사 사이에 발생하는 통제 불가능한 사건이다.
- 성장(성숙, 시간적 경과): 연구 기간 중에 발생하는 개인의 신체적·심리적 성숙을 말한다.
- 검사(측정, 테스트, 시험효과, 주시험효과): 사전검사가 사후검사에 영향을 미쳐 변수 간 변화를 초래하는 것이다.
- 도구요인(도구, 도구화): 검사효과를 제거하기 위해 사전-사후 검사 시 서로 다른 척도를 사용하거나 신뢰도가 낮은 척도를 사용할 경우 전후 차이가 진정한 변화인지 알 수 없다.
- 통계적 회귀: 종속변수의 값이 지나치게 높거나 지나치게 낮은 사람들을 실험집단으로 선택했을 경우 다음 검사에는 독립변수의 효과가 없더라도 높은 집단은 낮아지고 낮은 집단은 높아지는 현상을 말한다.

- 피험자의 상실(실험대상의 변동, 탈락, 소멸): 실험과정에서 일부 실험대상자가 이사, 사망, 질병, 싫증 등의 사유로 탈락하는 경우 조사대상의 표본 수가 줄어들면서 잘못된 실험결과가 될 수 있다.
- 선택과의 상호작용: 선택의 편의가 있을 때 잘못된 선택과 역사 또는 성장이 상호작용하여 문제를 일으키는 것이다.
- 인과관계 방향의 모호성: 독립변수와 종속변수 간에 어느 것이 원인인지 불확실해서 인과관계의 방향을 결정하기 어려운 경우가 있다.
- 확산/모방: 실험집단의 효과가 통제집단에 전파되어 두 집단 간의 차이가 약해져 비교가 어려워지는 경우를 말한다.
- 선정상의 편견(편향된 선별, 선택적 편의): 조사대상을 실험집단과 통제집단으로 나눌 때 종속변수에 영향을 미칠 수 있는 요인이 어느 한 집단으로 편향되는 경우이다.

▶ **내적 타당도를 높이는 방법**
- 무작위 할당: 연구대상자들을 실험집단과 통제집단에 유사한 속성으로 배치하는 방법이다.
- 배합/짝짓기: 연구주제에 영향을 미칠 것이라고 여겨지는 속성을 실험집단과 통제집단에 동일하도록 만드는 방법이다.
- 통계적 통제: 통제해야 할 변수들을 독립변수로 간주하여 실험설계에 포함시키고 실험을 실시한 후 결과를 분석함에 있어 통계직으로 그 영향을 통제하는 방법이디.

외적 타당도

▶ **외적 타당도 저해요인**
- 표본의 대표성: 연구결과를 실제 상황에 일반화할 수 있으려면 연구대상이 모집단을 대표해야 한다.
- 연구환경과 절차: 연구의 환경이나 절차들도 모집단의 일반적인 상황과 유사해야 한다.
- 실험조사에 대한 반응성: 조사대상자가 자신이 실험에 참여하고 있다는 것을 의식하지 않아야 한다.

▶ **외적 타당도를 높이는 방법**
- 표본의 대표성: 확률적 표집 또는 무작위 표집으로 대표성을 높일 수 있다.
- 가실험효과 통제: 조사상황을 피험자에게 알리지 않거나 가실험통제집단 설계를 사용한다.

01 (23-02-17) 일부 참여자들이 프로그램에 참여하고 있다는 것을 의식해서 평소와는 다르게 행동하는 반응성은 외적 타당도 저해요인에 해당한다.

02 (22-02-24) 통계적 회귀는 프로그램의 개입과 관계없이 사후검사 측정치가 평균값에 근접하려는 경향을 말한다.

03 (21-02-07) 어떤 변수가 다른 변수의 원인임을 정확하게 기술하는 것이 내적 타당도이다.

04 (21-02-14) 자발적 참여자만을 대상으로 연구표본을 구성하게 되면 연구의 외적 타당도가 저해된다.

05 (19-02-07) 외적 타당도를 높이기 위해서는 확률표집방법으로 연구대상을 선정하거나 표본크기를 크게 하여야 한다.

06 (19-02-18) 연구 참여자의 반응성은 외적 타당도를 저해하는 요인이다.

07 (18-02-12) 사전점수가 매우 높은 집단을 선정하면 내적 타당도를 저해한다.

08 (17-02-03) 외적 타당도를 높이는 중요한 전략 중 하나는 연구를 반복적으로 실시하여 결과를 축적하는 것이다.

09 (16-02-21) 선정편향은 조사설계의 타당도 저해요인으로서 조사대상을 실험집단이나 통제집단으로 나눌 때 종속변수에 영향을 미칠 수 있는 요인이 어느 한 집단으로 편향되는 경우를 말한다.

10 (15-02-10) 역사, 성숙, 중도탈락은 조사설계의 내적 타당도 저해요인에 해당한다.

11 (14-02-02) 동일한 프로그램의 효과성이 서울과 제주에서 같지 않은 것은 외적 타당도의 문제이다.

12 (14-02-04) 편향된 집단 선택은 조사대상을 실험집단이나 통제집단으로 나눌 때 종속변수에 영향을 미칠 수 있는 요인이 어느 한 집단으로 편향되는 경우를 말한다.

13 (13-02-12) 호손효과를 통제하기 위해서는 통제집단을 추가하여 조사결과의 진위여부를 파악할 필요가 있다.

14 (13-02-15) 성숙효과는 단순히 시간의 경과나 연구대상자들의 성장이나 노화와 같은 자연적인 발달상의 변화가 종속변수에 영향을 미치는 것을 의미한다.

15 (12-02-14) 도구효과는 사전검사와 사후검사에 있어서 각각 측정도구를 달리했을 때 발생할 수 있다.

16 (12-02-20) 내적 타당도는 인과관계에 대한 확신의 정도와 관련 있다.

17 (11-02-05) 통계적 회귀는 사전검사에서 너무 높거나 낮은 극단적인 점수를 나타냈다면 사후검사에서는 독립변수의 효과와 무관하게 평균값으로 수렴하는 경향을 의미한다.

18 (11-02-28) 연구대상의 조사반응성은 외적 타당도를 저해할 수 있다.

19 (10-02-27) 사전-사후검사에서 서로 다른 척도를 사용해서 발생하는 타당도 저해요인은 도구효과(instrumentation)이다.

20 (09-02-07) 개입확산은 집단들 간에 통제되지 않은 교류와 상호작용, 모방으로 인해 집단 간 차이에 대한 설명이 불분명해지는 경우를 의미한다.

21 (09-02-27) 외부 사건(history)은 사전-사후 검사 사이에 발생하는 통제 불가능한 사건을 의미한다.

22 (08-02-06) 실직자 재훈련과정이 실직자들의 자격증 취득 시험점수를 향상시키는 데 도움이 되는지 알아보기 위해 동일한 대상자를 두 차례 반복 측정을 했다면 검사효과가 발생할 수 있다.

23 (07-02-17) 동일한 대상자에게 반복적으로 조사를 시행할 때 가장 많이 나타날 수 있는 내적 타당도는 검사요인이다.

24 (06-02-08) 테스트요인은 동일한 측정도구를 사용하여 두 번 이상 테스트를 실시하는 경우 나타나는 현상을 의미한다.

25 (05-02-09) 너무 점수가 높거나 낮은 대상을 선정할 경우 중간값으로 변화하는 통계적 회귀가 나타날 수 있다.

26 (04-02-09) 내적 타당도를 저해하는 내적 요인은 우연한 사건/역사, 시간적 경과 또는 성숙, 테스트 효과/검사, 도구, 통계적 회귀, 실험대상자 상실, 선택과의 상호작용, 개입(치료)의 확산 또는 모방 등이 있다.

27 (03-02-07) 외적 타당도 저해요인으로는 표본의 대표성과 실험에 대한 민감성이 있다.

대표기출 확인하기

23-02-17
난이도 ★★★

실험설계에서의 내적 타당도 저해요인으로 옳지 않은 것은?

① 실험집단과 통제집단의 참여자 간 프로그램 내용에 대해 소통하면서 상호작용이 이루어졌다.
② 프로그램 진행과정에서 일부 대상자가 참여를 중단하였다.
③ 사전검사 결과 학교 부적응 학생들이 실험집단에 과 노하게 보인 것이 확인되었다.
④ 사전검사와 사후검사 척도가 동일하기 때문에 참여자의 학습효과가 발생하였다.
⑤ 일부 참여자들이 프로그램에 참여하고 있다는 것을 의식해서 평소와는 다르게 행동하였다.

▶ 알짜확인

• 조사설계의 내적 타당도와 외적 타당도의 특징을 이해해야 한다.
• 조사설계의 내적 타당도와 외적 타당도의 저해요인 및 통제방법을 파악해야 한다.

답 ⑤

✔ 응시생들의 선택

① 11%	② 14%	③ 22%	④ 15%	⑤ 38%

⑤ 실험 침여자들이 프로그램에 참여하고 있다는 것을 의식해서 평소와 다르게 행동하는 것을 실험조사에 대한 반응성이라고 한다. 이러한 반응성은 실험설계의 외적 타당도 저해요인에 해당한다.

➕ 덧붙임

내적 타당도와 외적 타당도의 개념을 명확하게 구분할 줄 알아야 한다. 특히, 타당도 저해요인과 관련해서는 사례를 제시한 뒤, 해당 사례에서 타당도를 저해하는 요인이 무엇인지를 묻는 형태가 가장 많이 출제되고 있으므로 사례와 접목시켜 이해해야 한다.

관련기출 더 보기

21-02-07
난이도 ★★☆

조사설계의 내적 타당도와 외적 타당도에 관한 설명으로 옳은 것은?

① 어떤 변수가 다른 변수의 원인임을 정확하게 기술하는 것이 외적 타당도이다.
② 연구결과를 연구조건을 넘어서는 상황이나 모집단으로 일반화하는 정도가 내적 타당도이다.
③ 내적 타당도는 외적 타당도의 필요조건이지만 충분조건은 아니다.
④ 실험대상의 탈락이나 우연한 사건은 외적 타당도 저해요인이다.
⑤ 외적 타당도가 낮은 경우 내적 타당도 역시 낮다.

답 ③

✔ 응시생들의 선택

① 5%	② 5%	③ 67%	④ 11%	⑤ 12%

① 어떤 변수가 다른 변수의 원인임을 정확하게 기술하는 것은 내적 타당도이다. 즉, 내적 타당도는 어떤 연구결과 각 변수 사이의 인과관계를 추론해 보았을 때, 어느 한 쪽의 변수가 다른 쪽 변수의 원인이 되는지를 확신할 수 있는 정도를 말한다.
② 연구결과를 연구조건을 넘어서는 상황이나 모집단으로 일반화하는 정도가 외적 타당도이다. 즉, 외적 타당도는 어떤 연구결과에 기술된 인과관계가 그 연구의 조건을 넘어서서 일반화될 수 있는 정도를 의미한다.
④ 실험대상의 탈락이나 우연한 사건은 내적 타낭노 서해요인이나.
⑤ 외적 타당도가 낮더라도 내적 타당도는 높을 수 있다.

연구의 외적 타당도를 저해하는 상황으로 옳은 것은?

① 연구대상의 건강 상태가 시간 경과에 따라 회복되는 상황
② 자아존중감을 동일한 측정도구로 사전-사후 검사하는 상황
③ 사회적 지지를 다른 측정도구로 사전-사후 검사하는 상황
④ 실험집단과 통제집단 간 연령 분포의 차이가 크게 발생하는 상황
⑤ 자발적 참여자만을 대상으로 연구표본을 구성하게 되는 상황

답 ⑤

✅ 응시생들의 선택

① 7%	② 5%	③ 16%	④ 26%	⑤ 46%

① 연구대상의 건강 상태가 시간 경과에 따라 회복되는 상황에서는 '시간적 경과/성숙'이라는 내적 타당도 저해요인이 발생할 수 있다.
② 자아존중감을 동일한 측정도구로 사전-사후 검사하는 상황에서는 '테스트효과/주시험효과/측정효과/검사효과'라는 내적 타당도 저해요인이 발생할 수 있다.
③ 사회적 지지를 다른 측정도구로 사전-사후 검사하는 상황에서는 '도구효과'라는 내적 타당도 저해요인이 발생할 수 있다.
④ 실험집단과 통제집단 간 연령 분포의 차이가 크게 발생하는 상황에서는 '편향된 선별/선택의 편의/선정상의 편견'이라는 내적 타당도 저해요인이 발생할 수 있다.

다음 (   )에 알맞은 내용으로 옳은 것은?

- 내적 타당도를 높이기 위해서는 (ㄱ) 이외의 다른 변수가 (ㄴ)에 개입할 조건을 통제하여야 한다.
- 외적 타당도를 높이기 위해서는 (ㄷ)으로 연구대상을 선정하거나 표본크기를 (ㄹ)하여야 한다.

① ㄱ: 원인변수, ㄴ: 결과변수, ㄷ: 확률표집방법, ㄹ: 크게
② ㄱ: 원인변수, ㄴ: 결과변수, ㄷ: 무작위할당, ㄹ: 작게
③ ㄱ: 원인변수, ㄴ: 결과변수, ㄷ: 확률표집방법, ㄹ: 작게
④ ㄱ: 결과변수, ㄴ: 원인변수, ㄷ: 확률표집방법, ㄹ: 크게
⑤ ㄱ: 결과변수, ㄴ: 원인변수, ㄷ: 무작위할당, ㄹ: 작게

답 ①

✅ 응시생들의 선택

① 69%	② 9%	③ 11%	④ 9%	⑤ 2%

- 내적 타당도를 높이기 위해서는 원인변수(독립변수) 이외의 다른 변수가 결과변수(종속변수)에 개입할 조건을 통제하여야 한다. 내적 타당도는 어떤 연구결과가 각 변수 사이의 인과관계를 추론해 보았을 때, 어느 한 쪽의 변수가 다른 쪽 변수의 원인이 되는지를 확신할 수 있는 정도를 말한다. 내적 타당도를 높이기 위해서는 무작위할당, 배합/짝짓기, 통계적 통제 등의 방법으로 저해요인들이 실험과정에 개입되지 않도록 통제하여야 한다.
- 외적 타당도를 높이기 위해서는 확률표집방법으로 연구대상을 선정하거나 표본크기를 크게 하여야 한다. 외적 타당도는 어떤 연구결과에 기술된 인과관계가 그 연구의 조건을 넘어서서 일반화될 수 있는 정도를 의미한다. 외적 타당도를 높이기 위해서는 표본의 대표성을 높이거나 가실험 통제집단 설계 등의 방법을 사용할 수 있다.

외적 타당도를 저해하는 요인으로 옳은 것은?

① 실험대상의 탈락　② 외부사건(history)
③ 통계적 회귀　④ 개입의 확산 또는 모방
⑤ 연구 참여자의 반응성

답 ⑤

✅ 응시생들의 선택

① 8%	② 20%	③ 15%	④ 15%	⑤ 42%

⑤ 외적 타당도의 저해요인으로는 표본의 대표성, 연구환경과 절차, 실험조사에 대한 반응성, 가실험효과 등이 있다. 실험대상의 탈락, 외부사건, 통계적 회귀, 개입의 확산 또는 모방은 모두 내적 타당도 저해요인에 해당한다.

외적 타당도와 내적 타당도에 관한 설명으로 옳지 않은 것은?

① 사전검사의 실시가 내적 타당도에 부정적으로 영향을 미칠 수 있다.
② 외적 타당도를 높이는 중요한 전략 중 하나는 연구를 반복적으로 실시하여 결과를 축적하는 것이다.
③ 내적 타당도가 높으면 외적 타당도 또한 높다.
④ 자신이 연구대상자라는 인식이 외적 타당도를 낮출 수 있다.
⑤ 내적 타당도는 인과관계를 추론할 수 있는 정도를 의미한다.

답 ③

✔ 응시생들의 선택

① 5%	② 11%	③ 68%	④ 14%	⑤ 2%

③ 내적 타당도의 핵심이 인과관계라면, 외적 타당도의 핵심은 일반화이다. 내적 타당도가 높다 하더라도 외적 타당도는 낮을 수 있다.

조사설계의 타당성에 관한 설명으로 옳은 것은?

① 내적 타당도와 외적 타당도는 서로 필요조건의 관계에 있다.
② 조사대상의 성숙은 외적 타당도에 영향을 미치는 요인이다.
③ 동일한 프로그램의 효과성이 서울과 제주에서 같지 않은 것은 외적 타당도의 문제이다
④ 외적 타당도는 연구결과에 대한 대안적 설명 가능성 정도를 의미한다.
⑤ 특정 프로그램의 효과를 확인하기 위해 연구의 외적 타당도를 확보해야 한다.

답 ③

✔ 응시생들의 선택

① 26%	② 4%	③ 43%	④ 16%	⑤ 11%

① 내적 타당도와 외적 타당도는 서로 상반되는 관계에 있다.
② 조사대상의 시간적 경과 또는 성숙은 내적 타당도에 영향을 미치는 요인이다.
④ 외적 타당도는 연구의 결과가 연구대상 이외의 경우로 확대, 일반화될 수 있는 정도를 의미한다.
⑤ 특정 프로그램의 효과를 확인하기 위해 연구의 내적 타당도를 확보해야 한다.

다음 연구의 내적 타당도에 영향을 미칠 수 있는 요인은?

> 아동학대 예방을 위한 부모교육의 효과성 검증을 위해 아동보호전문기관을 통해 교육참여를 희망하는 부모를 모집하고 교육을 실시하였다. 교육 종료 후 1년 동안, 교육을 받은 부모집단과 받지 않은 부모집단에서 아동학대 사례로 확인된 부모의 비율을 비교하였다.

① 통계적 회귀　　　　② 편향된 집단선택
③ 반복된 검사　　　　④ 동시타당도
⑤ 인과관계 방향성의 모호함

답 ②

✔ 응시생들의 선택

① 15%	② 64%	③ 3%	④ 6%	⑤ 12%

② 실험집단에 교육참여를 희망하는 부모를 배치하는 것은 종속변수에 영향을 미칠 수 있는 요인이 어느 한 집단으로 편향된 경우이다.

매우 건강한 90대 남성노인들에게 건강서비스를 1년 동안 제공한 후 건강상태를 측정한 결과, 이들의 상태가 나빠졌고 통제집단인 여성 노인들에 비해서도 낮게 나타났다. 이 연구에서 영향을 미칠 수 있는 내적 타당도 저해요인을 모두 고른 것은?

> ㄱ. 성숙효과
> ㄴ. 선택(selection)과의 상호작용
> ㄷ. 통계적 회귀
> ㄹ. 위약(placebo)효과

① ㄱ, ㄴ, ㄷ　　　　　　② ㄱ, ㄷ
③ ㄴ, ㄹ　　　　　　　　④ ㄹ
⑤ ㄱ, ㄴ, ㄷ, ㄹ

답 ①

✔ 응시생들의 선택

① 67%	② 3%	③ 3%	④ 15%	⑤ 12%

ㄱ. 1년 동안 제공되었기에 성숙효과(노화)가 나타날 수 있다.
ㄴ. 실험집단은 남성노인, 통제집단은 여성노인으로 구분하였기에 집단의 차이로 인한 선택과의 상호작용이 나타날 수 있다.
ㄷ. 매우 건강한 노인들을 실험집단으로 선택하였기에 통계적 회귀가 나타날 수 있다.

다음 연구설계의 내용에서 확인될 수 있는 내·외적 타당도 저해요인에 관한 설명으로 옳은 것은?

> 지진에 의해 정신적 충격에 빠진 재난지역주민 대상위기개입 프로그램의 효과성을 검증하고자 한다. 이를 위해 위기개입 직전과 개입 후 한 달 만에 각각 동일한 척도로 디스트레스(SCL-90) 정도를 측정하여 비교하였다.

① 우연한 사건이 내적 타당도를 저해하고 있다.
② 도구효과가 내적 타당도를 저해하고 있다.
③ 실험대상자의 상실(attrition)이 외적 타당도를 저해하고 있다.
④ 성숙효과가 내적 타당도를 저해하고 있다.
⑤ 선택효과가 외적 타당도를 저해하고 있다.

답 ④

✔ 응시생들의 선택

① 15%	② 39%	③ 12%	④ 29%	⑤ 5%

① 우연한 사건은 우연히 발생한 외부적인 사건이 연구결과에 영향을 미치는 것을 의미한다. <보기>에서는 이와 관련한 특별한 설명을 찾아볼 수 없다.
② 도구효과란 사전검사와 사후검사에 있어서 각각 측정도구를 달리했을 때 발생할 수 있다. <보기>에서는 동일한 척도로 측정하고 있기 때문에 도구효과는 해당하지 않는다.
③ 실험대상자의 상실(attrition)이란 내적 타당도 저해요인으로 실험대상자들이 여러 가지 이유로 실험 도중에 탈락하거나 그만두는 경우 표본수가 줄어들면서 발생하는 문제를 의미한다.
⑤ 선택효과(편향된 선별, 선택의 편의라고도 함)는 조사대상을 실험집단이나 통제집단으로 나눌 때 발생한 집단 간의 차이가 결과에 영향을 미치는 것으로 종속변수에 영향을 미칠 수 있는 요인이 어느 한 집단으로 편향되는 경우를 말한다. 이것은 내적 타당도 저해요인에 해당한다.

다음의 사례내용과 내적 타당도 저해요인을 옳게 나타낸 것은?

> • 사례 1 – 동일한 지역 내의 두 복지관 가운데 한 복지관에서 효과가 높았던 여가프로그램이 다른 복지관에서는 높지 않은 것으로 나타났다.
> • 사례 2 – 노인을 대상으로 물리치료 프로그램을 1년 동안 실시한 후, 프로그램의 성과를 평가한 결과 노인들의 신체적 건강상태에 변화가 없는 것으로 나타났다.

	사례 1	사례 2
①	개입확산	성숙효과
②	플라시보효과	개입확산
③	통계적 회귀	개입확산
④	성숙효과	개입확산
⑤	통계적 회귀	플라시보효과

답 ①

✔ 응시생들의 선택

① 70%	② 12%	③ 8%	④ 7%	⑤ 3%

① 개입확산은 실험집단에서 실시한 프로그램이나 특정한 자극들에 의해서 실험집단의 사람들이 효과를 얻게 되고, 그 효과들이 다른 집단의 사람들(통제집단)에게 전파되어 두 집단 간의 차이가 약해지는 것이다. 성숙효과는 연구기간 중에 발생하는 개인의 신체적·심리적 성숙을 의미한다.

다음에서 나타날 수 있는 내적 타당도 저해요인으로 가장 가까운 것은?

> 50명 학급에 사전검사를 통해 학습능력이 가장 저조한 학생들 10명을 대상으로 테스트를 실시하였다. 그 결과 평균 3점이 향상되었다.

① 역사요인　　　　　　② 실험대상 변동
③ 통계적 회귀　　　　　④ 선정 요인
⑤ 표본의 대표성

답 ③

✔ 응시생들의 선택

① 2%	② 8%	③ 72%	④ 6%	⑤ 12%

③ 너무 점수가 높거나 낮은 대상을 선정할 경우 중간값으로 변화하는 통계적 회귀가 나타날 수 있다.

다음 내용이 **왜 틀렸는지**를 확인해보자

`18-02-12`

01 사전점수가 매우 높은 집단을 선정하면 내적 타당도를 높일 수 있다.

> 사전점수가 매우 높은 집단을 선정하면 내적 타당도를 저해한다.

`15-02-10`

02 역사, 성숙, 표본의 대표성, 중도탈락은 조사설계의 내적 타당도 저해요인에 해당한다.

> 표본의 대표성은 조사설계의 외적 타당도 저해요인에 해당한다.

---

03 사전─사후검사 사이에 발생하는 통제 불가능한 사건으로서 조사기간이 길수록 도구효과의 영향을 받을 가능성은 커진다.

> 사전─사후 검사 사이에 발생하는 통제 불가능한 사건으로서 조사기간이 길수록 우연한 사건(history)의 영향을 받을 가능성은 커진다.

`10-02-27`

04 사전─사후검사에서 서로 다른 척도를 사용해서 발생하는 타당도 저해요인은 검사효과이다.

> 사전─사후검사에서 서로 다른 척도를 사용해서 발생하는 타당도 저해요인은 도구효과이다.

---

05 개입의 확산은 사전검사에서 극단적인 점수를 나타내어 사후검사에서는 독립변수의 효과와 무관하게 평균값으로 수렴하는 경향을 의미한다.

> 통계적 회귀는 사전검사에서 극단적인 점수를 나타내어 사후검사에서는 독립변수의 효과와 무관하게 평균값으로 수렴하는 경향을 의미한다.

---

06 내적 타당도를 높이기 위한 방법으로는 확률적 표집 또는 무작위 표집, 가실험 통제집단 설정 등이 있고, 외적 타당도를 높이기 위한 방법으로는 무작위 할당, 배합 혹은 짝짓기, 통계적 통제, 외생변수의 제거 등이 있다.

> 내적 타당도를 높이기 위한 방법으로는 무작위 할당, 배합 혹은 짝짓기, 통계적 통제, 외생변수의 제거 등이 있고, 외적 타당도를 높이기 위한 방법으로는 확률적 표집 또는 무작위 표집, 가실험 통제집단 설정 등이 있다.

빈칸에 들어갈 알맞은 말을 채워보자

19-02-07
01 (   )을/를 높이기 위해서는 확률표집방법으로 연구대상을 선정하거나 표본크기를 크게 하여야 한다.

14-02-02
02 동일한 프로그램의 효과성이 서울과 제주에서 같지 않은 것은 (   )의 문제이다.

03 내적 타당도의 핵심이 인과관계라면, 외적 타당도의 핵심은 (   )이다.

04 내적 타당도를 저해하는 외적 요인들을 통제하기 위해서는 연구대상자들을 실험집단 및 통제집단에 무작위로 배치하는 (   ) 방법을 사용해야 한다.

07-02-20
05 (   )은/는 피실험자들을 주요 변수에 따라 실험집단과 통제집단에 일일이 일치하도록 배치시키는 방법이다.

06 (   )은/는 동일한 측정도구를 사용하여 두 번 이상 테스트를 실시하는 경우 나타나는 현상을 의미한다.

07 극단적인 측정값을 보이는 대상자를 선정하면 (   )(이)라는 내적 타당도 저해요인이 발생할 가능성이 있다.

08 가실험효과가 발생하는 경우 실험조사에서는 나타났던 결과가 자연적인 상황에서는 나타나지 않을 가능성이 있기 때문에 (   )을/를 떨어뜨리는 요인으로 작용한다.

답 **01** 외적 타당도 **02** 외적 타당도 **03** 일반화 **04** 무작위 할당 **05** 정밀배합 **06** 테스트효과/주시험효과/검사효과
07 통계적 회귀 **08** 외적 타당도

다음 내용이 옳은지 그른지 판단해보자

01 `21-02-07` 내적 타당도는 외적 타당도의 필요조건이지만 충분조건은 아니다.

02 `17-02-03` 내적 타당도를 높이는 중요한 전략 중 하나는 연구를 반복적으로 실시하여 결과를 축적하는 것이다.

03 `14-02-02` 특정 프로그램의 효과를 확인하기 위해 연구의 외적 타당도를 확보해야 한다.

04 내적 타당도를 높이기 위해 철저히 통제된 실험을 하게 되는 경우 내적 타당도는 높아지는 대신, 모집단의 일반적인 상황과는 다르기 때문에 외적 타당도가 떨어질 수 있다.

05 선택의 편의라는 요인과 역사요인 혹은 성숙요인이 상호작용을 일으키는 경우 외적 타당도를 저해할 수 있다.

06 내적 타당도를 높이기 위한 방법 중 하나인 배합은 연구주제에 영향을 미칠 것이라고 여겨지는 속성을 실험집단과 통제집단에 동일하도록 만드는 것이다.

07 초등학교 학생들에 대한 농구교실이 아동의 신장에 미치는 효과를 연구했다면 농구교실이 아동의 성장에 미치는 효과도 있지만 연구기간 동안 아동의 자연 성장, 즉, 내적 타당도 저해요인인 성숙의 결과일 수도 있다.

08 `09-02-07` 성숙효과는 연구기간 중에 발생하는 개인의 신체적 · 심리적 성숙을 의미한다.

09 조사대상을 확률적 표집 또는 무작위 표집으로 선정하는 방식으로 대표성을 높이면 외적 타당도를 높일 수 있다.

10 연구대상자들을 실험집단 및 통제집단에 무작위로 배치하여 내적 타당도 저해요인을 통제할 수 있다.

답 01○ 02× 03× 04○ 05× 06○ 07○ 08○ 09○ 10○

해설 02 외적 타당도를 높이는 중요한 전략 중 하나는 연구를 반복적으로 실시하여 결과를 축적하는 것이다.
03 특정 프로그램의 효과를 확인하기 위해서는 연구의 내적 타당도를 확보해야 한다.
05 선택의 편의라는 요인과 역사요인 혹은 성숙요인이 상호작용을 일으키는 경우 내적 타당도를 저해할 수 있다.

1 회독	2 회독	3 회독
월 일	월 일	월 일

최근 10년간 **2문항** 출제

이론요약

22회 기출

기본개념
사회복지조사론
pp.94~

인과관계의 성립

- **공변성**: 원인으로 추정되는 변수와 결과로 추정되는 변수가 동시에 존재하며, 상호연관성을 가지고 변화해야 한다.
- **시간적 우선성**: 원인이 결과보다 시간적으로 우선해야 한다.
- **개방체계 전제**: 사회현상은 통제된 조건의 폐쇄체계보다는 개방체계를 전제로 할 수밖에 없어서 어떤 원인에 노출된 실험대상이 다른 사회현상과도 접촉해서 결과에 영향을 미친다.
- **확률적 결론**: 사회과학의 연구가 개방된 시스템에서 이루어지고 외생변수가 존재하기 때문에 여러 가지 원인이 작용하여 확률적일 수밖에 없다.
- **외생변수 통제**: 외부의 영향력(외생변수)을 배제한 상태에서 독립변수와 종속변수라는 두 변수 간의 공변성과 시간적 우선성을 확인할 수 있어야 한다.
- **원인의 조작화**: 사회과학에서 인과관계는 원인이 조작가능할 때, 이론의 가치가 보다 높아진다.
- **비대칭적 관계**: A변수가 변하면 B변수도 변하지만 역은 성립하지 않는다.

인과관계를 추리하는 방법

- **일치법**: 주어진 현상에 관한 두 개 또는 그 이상의 사례들이 공통된 하나의 조건을 가지고 있을 때, 그 조건을 현상의 원인 또는 결과로 간주하는 방법이다.
- **공변법**: 어떤 현상이 특정한 방식으로 변화할 때마다 다른 현상도 특정한 방식으로 변화하면 이들 두 현상은 인과적으로 관련되어 있다고 간주하는 방법이다.
- **차이법**: 둘 이상의 사례에서 한 가지 조건에만 차이가 있고 다른 조건들은 공통적으로 포함하고 있는데 두 사례의 결과에서 차이가 나타난다면, 그 한 가지 조건이 결과에서의 차이를 설명하는 원인이라고 간주할 수 있다.
- **잔여법**: 어떤 현상의 일부에 대해서 다른 선행요건이나 원인이 밝혀졌다면, 그 현상의 잔여부분이 나머지 조건이나 사실의 원인이 될 수 있다.
- **일치차이병용법**: 어떤 현상이 나타난 둘 이상의 사례에서 한 가지 공통된 요소가 존재하고, 그 현상이 나타나지 않는 둘 이상의 사례에서는 그러한 요소가 없을 때 그것들의 차이점인 요소를 원인으로 간주하는 것이다.

01 (22-02-08) 독립변수와 종속변수 간의 관계는 두 변수 모두의 원인이 되는 제3의 변수로 설명되어서는 안 된다.

02 (17-02-02) 인과관계를 성립시키기 위해서는 독립변수와 종속변수가 일정한 방식으로 같이 변해야 한다.

03 (09-02-14) 통제성은 독립변수와 종속변수 간 인과관계에 영향을 미칠 수 있는 제3의 요인을 적절히 통제했는지를 말한다.

04 (05-02-08) A변수가 변하면 B변수도 변하지만 역은 성립하지 않는다는 것은 비대칭적 관계를 말한다.

05 (04-02-10) 둘 이상의 사례에서 한 가지 조건에만 차이가 있고 다른 조건들은 공통적으로 포함하고 있는데 두 사례의 결과에서 차이가 나타난다면, 그 한 가지 조건이 결과에서의 차이를 설명하는 원인이라고 간주할 수 있다.

06 (02-02-11) A가 변하면 B가 변한다는 것은 원인과 결과에 대한 인과관계를 나타낸다.

대표기출 확인하기

22-02-08   난이도 ★★★

인과관계 추론에 관한 설명으로 옳은 것은?

① 독립변수들 사이의 상관관계는 인과관계 추론의 일차적 조건이다.
② 독립변수와 종속변수 간의 관계는 두 변수 모두의 원인이 되는 제3의 변수로 설명되어서는 안 된다.
③ 종속변수가 독립변수를 시간적으로 앞서야 한다.
④ 횡단적 연구는 종단적 연구에 비해 인과관계 추론에 더 적합하다.
⑤ 독립변수의 변화는 종속변수의 변화와 관련성이 없어야 한다.

 알짜확인

• 인과관계의 성립 요건을 파악해야 한다.
• 인과관계를 추리하는 근거 방법을 파악해야 한다.

답 ②

응시생들의 선택

① 40%	② 36%	③ 4%	④ 14%	⑤ 6%

① 독립변수와 종속변수 사이의 상관관계는 인과관계 추론의 일차적 조건이다.
③ 독립변수가 종속변수를 시간적으로 앞서야 한다. 즉, 원인이 결과보다 시간적으로 우선해야 한다.
④ 일정 시간의 흐름에 따라 반복적으로 측정한 종단적 연구가 일정 시점에서만의 측정으로 연구한 횡단적 연구보다 인과관계 추론에 더 적합하다.
⑤ 독립변수의 변화는 종속변수의 변화와 관련성이 있어야 한다. 즉, 원인으로 추정되는 변수와 결과로 추정되는 변수가 동시에 존재하며, 상호연관성을 가지고 변화해야 한다.

덧붙임

조사설계에서는 가설에서 설정한 인과관계를 밝히는 것을 목적으로 하는 만큼 인과관계를 이해하는 것이 중요하다. 인과관계가 성립되기 위한 기본 요건, 인과관계를 추리하는 방법을 중심으로 정리해두자.

관련기출 더 보기

17-02-02   난이도 ★★☆

인과관계를 성립시키기 위한 요건에 해당하는 것을 모두 고른 것은?

ㄱ. 독립변수가 종속변수를 시간적으로 앞서야 한다.
ㄴ. 독립변수와 종속변수가 일정한 방식으로 같이 변해야 한다.
ㄷ. 독립변수와 종속변수의 관계가 허위적 관계이어야 한다.

① ㄱ
② ㄱ, ㄴ
③ ㄱ, ㄷ
④ ㄴ, ㄷ
⑤ ㄱ, ㄴ, ㄷ

답 ②

응시생들의 선택

① 36%	② 55%	③ 4%	④ 1%	⑤ 4%

독립변수와 종속변수의 관계가 허위적 관계(ㄷ)이면 인과관계를 성립시킬 수 없다.

09-02-14   난이도 ★★☆

다음 내용과 관련하여 A 사회복지사가 간과하고 있는 인과관계의 조건은?

아동보호전문기관의 A 사회복지사는 지역사회의 아동학대 발생을 줄이기 위해 예방 프로그램을 실시하였다. 프로그램을 시행한 후 지역사회의 아동학대발생 비율을 조사한 결과, 그 비율이 줄어들었음을 발견하고 예방 프로그램이 효과적이라고 판단하였다.

① 공변성
② 논리성
③ 간결성
④ 통제성
⑤ 시간적 우선성

답 ④

응시생들의 선택

① 8%	② 10%	③ 12%	④ 62%	⑤ 8%

④ 프로그램(독립변수)과 아동학대 비율(종속변수) 사이의 인과관계에 영향을 미칠만한 제3의 요인이 전혀 고려되지 않고 있으므로 통제성을 간과하고 있다고 할 수 있다.

다음 내용이 왜 틀렸는지를 확인해보자

01 가식적 영관계는 두 변수가 단지 제3의 변수(외생변수)로 발생했기 때문에 두 변수가 서로 관련되어 있어 보이는 관계이다.

> 두 변수가 단지 제3의 변수(외생변수)로 발생했기 때문에 두 변수가 서로 관련되어 있어 보이는 관계는 가식적 관계이다.

02 고학력일수록 소득이 높다는 가설에서 교육수준의 변화가 있을 때 반드시 소득수준의 변화도 일어나야 한다는 것은 인과관계 성립 요건 중 **시간적 우선성**으로 설명할 수 있다.

> 고학력일수록 소득이 높다는 가설에서 교육수준의 변화가 있을 때 반드시 소득수준의 변화도 일어나야 한다는 것은 인과관계 성립 요건 중 공변성으로 설명할 수 있다. 공변성은 원인으로 추정되는 변수와 결과로 추정되는 변수가 동시에 존재하며, 상호연관성을 가지고 변화해야 한다는 것이다.

03 어떤 현상의 일부에 대해서 다른 선행요건이나 원인이 밝혀졌다면, 그 현상의 잔여부분이 나머지 조건이나 사실의 원인이 될 수 있다는 것은 **차이법**이다.

> 어떤 현상의 일부에 대해서 다른 선행요건이나 원인이 밝혀졌다면, 그 현상의 잔여부분이 나머지 조건이나 사실의 원인이 될 수 있다는 것은 잔여법(잉여법)이다.

04 사회과학의 인과관계는 **확률적으로가 아니라 결정론적으로** 표현된다.

> 사회과학의 인과관계는 결정론적으로가 아니라 확률적으로 표현된다.

05 사회과학에서 인과관계는 **원인의 조작이 불가능할 때**, 이론의 가치가 보다 높아진다.

> 사회과학에서 인과관계는 원인이 조작가능할 때, 이론의 가치가 보다 높아진다.

빈칸에 들어갈 알맞은 말을 채워보자

01 ( )(이)란 어떤 변수가 원인으로 작용해서 다른 변수에 영향을 미치는 결과로서 나타나는 관계를 의미한다.

02 ( )은/는 일치법과 차이법을 함께 적용하는 것이다.

05-02-08

03 "운동을 많이 할수록 비만도가 작고, 비만도가 작을수록 운동을 많이 한다."는 것은 ( )의 경우에 해당한다.

 답 **01** 인과관계 **02** 일치차이병용법 **03** 대칭적 관계

다음 내용이 옳은지 그른지 판단해보자

22-02-08

01 인과관계가 성립되기 위해서는 원인이 결과보다 시간적으로 우선해야 한다.

02 차이법은 주어진 현상에 관한 두 개 또는 그 이상의 사례들이 공통된 하나의 조건을 가지고 있을 때, 그 조건을 현상의 원인 또는 결과로 간주하는 방법이다.

03 원인으로 추정되는 요인의 양과 빈도수를 증가시킴에 따라 표적문제의 양태가 일관되게 심한 변화를 일으킨다면, 양자 간에 인과관계가 있다고 판단할 수 있다.

답 **01** ○ **02** × **03** ○

해설 **02** 주어진 현상에 관한 두 개 또는 그 이상의 사례들이 공통된 하나의 조건을 가지고 있을 때, 그 조건을 현상의 원인 또는 결과로 간주하는 방법은 일치법이다.

조사설계의 유형

이 장에서는

실험설계의 전반적인 특성, 순수실험설계의 유형별 특징, 유사실험설계의 유형별 특징, 전실험설계의 유형별 특징 등을 다룬다.

10년간 출제분포도

평균 출제문항수

최근 10년간 **17문항** 출제

순수실험설계

기본개념

강의로 듣는
기본개념

사회복지조사론
pp.107~

- 통제집단 사전사후검사 설계: 연구대상을 실험집단과 통제집단에 무작위로 배치하고 **실험집단에 독립변수를 실험처치하기 전에 양 집단에 사전검사를 실시한다.** 실험 처치를 한 후 양 집단에 사후검사를 실시하고 두 결과 간의 차이를 비교한다.
- 통제집단 사후검사 설계: 통제집단 사전사후검사 설계에서 **사전검사를 실시하지 않는다.**
- 솔로몬 4집단 설계: **통제집단 사전사후검사 설계와 통제집단 사후검사 설계가 결합**된 형태이며, 내적 타당도가 가장 높다.
- 요인 설계: **독립변수가 두 개** 이상일 때 적용되는 설계이다.
- 가실험 통제집단 설계: 통제집단 사후검사 설계에 **가실험효과를 측정할 수 있는 집단**을 추가적으로 결합해 만든 설계이다.

유사실험설계

- 단순시계열 설계: 독립변수를 노출시키기 전후에 일정 기간을 두고 **정기적으로 몇 차례 종속변수를 측정**한다.
- 복수시계열 설계: 단순시계열 설계에 **통제집단을 추가**한 설계이다.
- 비동일 통제집단 설계: **임의적인 방법으로 양 집단을 선정**하고 사전사후검사를 실시하여 종속변수의 변화를 비교한다.

전실험설계

- 1회사례 설계: **어떤 단일 집단에 실험처치**를 하고, 그 후에 그 집단의 종속변수의 특성을 검사하여 결과를 평가하는 설계이다.
- 단일집단 사전사후검사 설계: 조사대상자에 대해서 **사전검사를 실시하고 독립변수를 도입한 후 사후검사를 실시**하여 인과관계를 추정한다.
- 정태적 집단비교 설계: 통제집단 사후검사 설계에서 **무작위 할당만 제외**된 형태이다.

01 (23-02-15) 단순시계열 설계의 예: 부모를 대상으로 한 아동학대 예방 프로그램의 효과성을 평가하기 위해 연구 참여자의 아동양육 태도 등을 여러 차례 측정하였다. 프로그램 개입 이후에도 여러 차례 측정하여 프로그램 개입 전후비교를 실시하였다.

02 (23-02-18) 솔로몬 4집단 설계는 순수실험설계 유형이다.

03 (23-02-19) 순수실험설계는 실험대상의 무작위화를 통해 개입 전 실험집단과 통제집단의 동질성을 가정한다.

04 (22-02-18) 통제집단 사전사후검사 설계는 무작위 할당을 통해 외적 요인의 통제를 시도한다.

05 (22-02-22) 정태적 집단비교 설계는 통제집단 사후검사 설계에서 무작위 할당만 제외된 형태이다.

06 (21-02-13) 통제집단 사전사후검사 설계는 실험집단과 통제집단을 무작위로 배치하여 집단 간의 동질성을 확보한다.

07 (20-02-23) 순수실험설계는 실험집단과 통제집단의 동질성 확보가 필요하다.

08 (20-02-24) 단순시계열 설계의 개입효과는 사전검사와 사후검사 측정치의 평균을 비교해서 측정할 수 있다.

09 (18-02-10) 통제집단 사후검사 설계는 사전조사를 실시하지 않아 내적 타당도를 저해하지 않는다.

10 (17-02-09) 비동일 통제집단 설계는 임의적인 방법으로 양 집단을 선정하고 사전−사후검사를 실시하여 종속변수의 변화를 비교하는 것이다.

11 (17-02-12) 단일집단 사전사후검사 설계는 전실험설계로서 내적·외적 타당도 저해요인을 거의 통제하지 못한다.

12 (16-02-02) 요인 설계는 독립변수의 속성에 따라 할당행렬을 만들고 행렬 상의 각 범주에 따라 집단을 설정한다.

13 (15-02-18) 통제집단 사후검사 설계는 무작위 할당으로 통제집단과 실험집단을 나누고 실험집단에만 개입을 한다.

14 (14-02-12) 순수실험설계는 준(유사)실험설계에 비해 내적 타당도가 높다.

15 (13-02-18) 정태(고정) 집단비교(static group comparison) 설계는 집단 간 동질성 보장이 어렵다.

16 (13-02-21) 단순시계열(simple time−series) 설계는 종속변수의 변화를 추적·비교할 수 있다.

17 (11-02-09) 솔로몬 4집단 설계와 통제집단 사후검사 설계는 검사효과(testing)를 통제할 수 있는 실험설계이다.

18 (11-02-12) 단일집단 사전사후검사 설계는 일회사례 연구보다 진일보한 설계이다.

19 (10-02-29) 솔로몬 연구설계는 통제집단 사전사후검사 설계와 통제집단 사후검사 설계를 합한 형태이다.

20 (10-02-30) 1회검사사례 설계는 어떤 단일집단에 실험치를 한 뒤에 종속변수의 특성을 검사하여 결과를 평가하는 방법이다.

21 (09-02-15) 비동일 비교집단 설계(nonequivalent comparison groups design)는 시계열 설계와 달리 실험집단과 비교집단으로 구성된다.

22 (08-02-07) 복수시계열 조사는 단순시계열 설계의 우연한 사건 등에 의한 내적 타당도의 문제점을 개선하기 위해 단순시계열 설계에 통제집단을 추가한 것이다.

23 (08-02-08) 인과관계의 시간적 우선성을 파악하기 가장 어려운 조사설계는 상관관계 설계이다.

24 (08-02-10) 순수실험설계는 실험집단과 통제집단을 무작위로 배치한다.

25 (07-02-15) 솔로몬 4집단비교 설계는 내적 타당도 저해요인을 통제할 수 있다.

26 (06-02-10) 솔로몬 4집단비교 설계는 내적 타당도가 가장 높다.

27 (05-02-11) 솔로몬 4집단 설계는 설계의 타당도는 높으나 실험의 어려움이 있다

28 (04-02-11) 실험집단과 통제집단에 무작위 할당을 할 수 없는 경우에는 순수실험설계를 포기하고 유사실험설계를 실시한다.

29 (02-02-12) 순수실험설계는 독립변수와 종속변수의 관계를 알기 위해 통제집단을 설정한다.

대표기출 확인하기

23-02-15
난이도 ★★☆

다음에서 활용된 조사설계로 옳은 것은?

> 부모를 대상으로 한 아동학대 예방 프로그램의 효과성을 평가하기 위해 연구 참여자의 아동양육 태도 등을 여러 차례 측정하였다. 프로그램 개입 이후에도 여러 차례 측정하여 프로그램 개입 전후비교를 실시하였다.

① 비동일 비교집단 설계(nonequivalent comparison group design)
② 분리표본 사전사후검사 설계(separate-sample pretest-posttest design)
③ 솔로몬 4집단 설계(Solomon four-group design)
④ 단순시계열 설계(simple time-series design)
⑤ 단일집단 사전사후검사 설계(one-group pretest-posttest design)

 알짜확인

• 순수실험설계의 유형별 특징을 이해해야 한다.
• 유사실험설계의 유형별 특징을 이해해야 한다.
• 전실험설계의 유형별 특징을 이해해야 한다.

답 ④

✔ **응시생들의 선택**

① 2%	② 3%	③ 7%	④ 42%	⑤ 46%

④ 부모를 대상으로 한 아동학대 예방 프로그램의 효과성을 평가하기 위해 프로그램 개입 전 연구 참여자의 아동양육 태도 등을 여러 차례 측정하였고, 프로그램을 개입한 이후에도 다시 여러 차례 측정하였으므로 단순시계열 설계에 해당한다. 단순시계열 설계는 독립변수를 노출시키기 전후에 일정 기간을 두고 정기적으로 몇 차례 종속변수를 측정하는 방법으로서 통제집단을 별도로 두지 않고 그 대신 실험처치로 인한 효과 확인을 위해 동일집단 내 여러 번에 걸쳐 실시된 사전검사 점수와 사후검사 점수를 비교한다.

➕ **덧붙임**

설계유형의 특징이나 사례를 제시하고 이에 해당하는 적합한 설계유형을 고르는 형태가 주로 출제되고 있다. 또한 개별 설계유형에 국한하지 않고 여러 설계유형에 공통적인 특징을 제시하고 이에 해당하는 설계유형을 비교해서 파악하는 능력을 요구하는 문제도 출제되고 있다.

관련기출 더 보기

23-02-19
난이도 ★★★

다음의 조사설계에 관한 설명으로 옳은 것은?

> A기관에서는 사회복지 프로그램의 효과성을 측정하기 위한 조사설계를 진행하였다. 이를 위해 참여자를 실험집단과 통제집단에 무작위로 배정하여 종속변수의 변화를 측정하였다.

① 인과적 추론 정도가 무작위 배정을 하지 않은 실험설계보다 낮다.
② 외생변수 통제, 독립변수 조작, 종속변수의 비교 등에 한계가 있을 때 주로 활용한다.
③ 개입 전에 두 집단의 동질성을 가정할 수 없다.
④ 정태적 집단비교 설계(static-group comparison design)에 해당된다.
⑤ 전실험설계(pre-experimental design)보다 내적 타당도가 높다.

답 ⑤

✔ **응시생들의 선택**

① 5%	② 18%	③ 29%	④ 13%	⑤ 35%

⑤ 사례의 조사설계는 종속변수의 비교(종속변수 변화 측정), 독립변수의 조작(사회복지 프로그램 실시), 외생변수의 통제(통제집단 설정), 무작위화(실험집단과 통제집단의 무작위 할당) 등 실험의 기본요소를 모두 갖추고 있는 순수실험설계에 해당한다. 순수실험설계는 전실험설계보다 내적 타당도가 높다.

난이도 ★★☆

솔로몬 4집단 설계에 관한 설명으로 옳지 않은 것은?

① 사회복지 현장에서 실제 활용하기에 용이하다.
② 외부사건을 통제할 수 있다.
③ 내적 타당도가 매우 높은 설계 유형이다.
④ 통제집단 사전사후검사 설계와 통제집단 사후검사 설계를 병행하는 방식이다.
⑤ 순수실험설계 유형이다.

답 ①

✅ **응시생들의 선택**

① 65%	② 10%	③ 7%	④ 7%	⑤ 11%

① 솔로몬 4집단 설계는 4개의 집단을 무작위로 선정하는 어려움과 복잡성, 비용적 문제 등으로 인해 사회복지 현장에서 실제 활용하기에는 어려움이 있다.

난이도 ★★☆

다음에서 설명하는 설계에 해당하는 것은?

심리상담 프로그램이 시설입소노인의 정서적 안정감에 미치는 영향을 알아보기 위해 사전조사 없이 A요양원의 노인들을 대상으로 프로그램을 실시하였다. 프로그램 종료 후, 인구사회학적 배경이 유사한 B요양원 노인들을 비교집단으로 하여 두 집단의 정서적 안정감을 측정하였다.

① 비동일 통제집단 설계
② 정태적 집단비교 설계
③ 다중시계열 설계
④ 통제집단 사후검사 설계
⑤ 플라시보 통제집단 설계

답 ②

✅ **응시생들의 선택**

① 26%	② 46%	③ 7%	④ 16%	⑤ 5%

② 해당 사례에서 무작위 할당이 아닌 임의적으로 유사한 A요양원 노인들과 B요양원 노인들로 집단을 구분하였으며, 두 집단 모두 사전조사는 실시하지 않았다. A요양원의 노인들(실험집단)에게만 실험처치(심리상담 프로그램)를 실시하였고, 실험처치를 하지 않은 B요양원의 노인들(통제집단)과 함께 두 집단 모두 사후검사를 실시하였다. 따라서 해당 사례는 정태적 집단비교 설계에 해당한다.
정태적 집단비교 설계는 실험집단과 통제집단을 임의적으로 선정하고 실험집단은 실험처치를 한 후 사후검사를, 통제집단은 실험처치를 하지 않고 사후검사를 실시한다. 이 방법은 통제집단 사후검사 설계에서 무작위 할당만 제외된 형태이다.

난이도 ★★★

다음의 연구에서 활용한 연구설계에 관한 설명으로 옳은 것은?

청소년의 자원봉사의식 향상 프로그램의 효과성을 검증하기 위하여 청소년 200명을 무작위로 두 개의 집단으로 나눈 후 A측정도구를 활용하여 사전검사를 실시하였다. 하나의 집단에만 프로그램을 실시한 후 두 개의 집단 모두를 대상으로 A측정도구를 활용하여 사후검사를 실시하였다.

① 테스트효과의 발생 가능성이 낮다.
② 집단 간 동질성의 확인 가능성이 낮다.
③ 사전검사와 프로그램의 상호작용효과의 통제가 가능하다.
④ 자연적 성숙에 따른 효과의 통제가 가능하다.
⑤ 실험집단의 개입효과기 통제집단으로 전이된다.

답 ④

✅ **응시생들의 선택**

① 4%	② 20%	③ 43%	④ 11%	⑤ 22%

④ 프로그램의 효과성 검증을 위해 청소년 200명을 무작위로 두 개의 집단(실험집단과 통제집단)으로 나누었고, 양 집단에 사전검사를 실시한 후 하나의 집단(실험집단)에만 프로그램을 실시하고, 이후 다시 양 집단에 사후검사를 실시하였으므로 이 사례는 '통제집단 사전사후검사 설계'에 해당한다. 통제집단 사전사후검사 설계는 자연적 성숙에 따른 효과, 통계적 회귀 등의 내적 타당도 저해 요인의 통제가 가능하다.

다음과 같은 절차로 진행된 유사(준)실험설계의 특징으로 옳지 않은 것은?

- 우울예방 프로그램에 참여할 하나의 집단을 모집함
- 우울검사를 일정한 간격으로 여러 차례 실시함
- 우울예방 프로그램을 진행함
- 우울검사를 동일한 측정도구를 이용해 일정한 간격으로 여러 차례 실시함

① 통제집단을 두기 어려울 때 사용할 수 있다.
② 검사효과가 발생할 수 없다.
③ 정태적 집단비교설계보다 내적 타당도가 높다.
④ 개입효과는 사전검사와 사후검사 측정치의 평균을 비교해서 측정할 수 있다.
⑤ 사전검사와 개입의 상호작용효과가 발생할 수 있다.

답 ②

✓ 응시생들의 선택

① 4%	② 73%	③ 13%	④ 4%	⑤ 6%

② 단순시계열 설계에 해당한다. 프로그램 진행 전후에 동일한 측정도구를 이용하여 우울검사를 실시하였기 때문에 검사효과가 발생할 수 있다.

외부사건(history)을 통제할 수 있는 실험설계를 모두 고른 것은?

ㄱ. 솔로몬 4집단 설계
ㄴ. 단일집단 사전사후검사 설계
ㄷ. 단일집단 사후검사 설계
ㄹ. 통제집단 사후검사 설계

① ㄹ
② ㄱ, ㄹ
③ ㄴ, ㄷ
④ ㄱ, ㄴ, ㄹ
⑤ ㄴ, ㄷ, ㄹ

답 ②

✓ 응시생들의 선택

① 6%	② 55%	③ 6%	④ 24%	⑤ 9%

통제집단 사후검사 설계(ㄹ)는 사전검사를 실시하지 않고 사후검사만을 통해 집단 간의 차이를 측정하므로 사전검사와 사후검사 사이에 발생하는 외부사건을 통제할 수 있다. 솔로몬 4집단 설계(ㄱ)는 사전검사로 인한 영향을 통제하기 위해 통제집단 사전사후검사 설계에 사전검사를 실시하지 않는 또 다른 실험집단과 통제집단을 추가한 설계이므로 외부사건을 통제할 수 있다.

다음 연구설계에 관한 설명으로 옳지 않은 것은?

노인복지관의 노노케어 프로그램 자원봉사자 40명을 무작위로 골라 20명씩 두 집단으로 배치하고, 한 집단에는 자원봉사 교육을 실시하고 다른 집단에는 아무런 개입을 하지 않았다. 10주 후 두 집단 간 자원봉사 만족도를 비교·분석하였다.

① 사전조사를 실시하지 않아 내적 타당도를 저해하지 않는다.
② 무작위 선정으로 내적 타당도를 저해하지 않는다.
③ 통제집단을 확보하기 어려울 때 사용할 수 있는 설계이다.
④ 사전검사를 하지 않아도 집단 간 차이를 어느 정도 통제할 수 있다.
⑤ 통제집단 전후비교에 비해 설계가 간단하여 사회조사에서 많이 활용된다.

답 ③

✓ 응시생들의 선택

① 20%	② 9%	③ 45%	④ 20%	⑤ 6%

③ 주어진 사례는 통제집단 사후검사 설계로서 큰 어려움 없이 통제집단을 확보할 수 있다. 무작위로 두 집단을 나누어 한 집단에는 자원봉사 교육을 실시하고 다른 집단에는 아무런 개입을 하지 않았는데, 아무런 개입을 하지 않은 이 집단이 통제집단이 된다.

다음에 해당하는 설계로 옳은 것은?

학교폭력 예방프로그램의 효과를 평가하기 위해 ○○시 소재 중학교 중에서 학교와 학생들의 특성이 유사한 A학교와 B학교를 선정하였다. 두 학교 학생들을 대상으로 사전검사를 실시한 다음 A학교에서 학교폭력 예방프로그램을 실시한 후 다시 한 번 두 학교 학생들을 대상으로 사후검사를 실시하였다.

① 비동일 통제집단 설계
② 통제집단 사후검사 설계
③ 정태적 집단(고정집단) 비교 설계
④ 일회검사사례연구
⑤ 솔로몬 4집단 설계

답 ①

✓ 응시생들의 선택

① 43%	② 23%	③ 21%	④ 1%	⑤ 12%

① 주어진 사례는 A학교와 B학교라는 실험집단과 통제집단을 무작위 할당 없이 임의로 선정한 후 사전-사후검사를 실시하였으므로 비동일 통제집단 설계이다.

다음 연구에 관한 설명으로 옳지 않은 것은?

> 요가가 노인의 우울감에 미치는 영향을 조사하기 위해 우울감을 호소하는 노인 100명을 모집하였다. 이들 중 50명을 무작위로 선정하여 화요일에 요가강좌를 실시하고 이틀 후인 목요일에 100명을 대상으로 우울감 정도를 측정하였다.

① 요가강좌가 실험자극이다.
② 통제집단이 존재한다.
③ 요가강좌에 참여한 50명과 참여하지 않은 50명의 동질성을 확보하는 것이 중요하다.
④ 유사실험설계에서 사전조사가 생략되었다.
⑤ 내적 타당도 저해요인이 존재한다.

답 ④

✔ **응시생들의 선택**

① 3%	② 12%	③ 17%	④ 47%	⑤ 21%

④ 순수실험설계 중 통제집단 사후검사 설계에 해당한다. 참고로 유사실험설계는 모두 사전조사를 실시한다.

실험설계에 관한 설명으로 옳지 않은 것은?

① 통제집단 사후검사 설계는 무작위할당으로 통제집단과 실험집단을 나누고 실험집단에만 개입을 한다.
② 정태적(static) 집단비교 설계는 실험집단과 개입이 주어지지 않은 집단을 시후에 구분해서 종속변수의 값을 비교한다.
③ 비동일 통제집단 설계는 임의적으로 나눈 실험집단과 통제집단 간의 교류를 통제한다.
④ 솔로몬 4집단 설계는 통제집단 사전사후검사 설계와 통제집단 사후검사 설계를 결합한 것이다.
⑤ 복수시계열 설계는 실험집단과 통제집단에 대해 개입 전과 개입 후 여러 차례 종속변수를 측정한다.

답 ③

✔ **응시생들의 선택**

① 14%	② 38%	③ 29%	④ 9%	⑤ 10%

③ 비동일 통제집단 설계는 임의적으로 나눈 실험집단과 통제집단 간의 교류 등을 통제하지 못해 실험집단의 결과가 통제집단으로 모방되거나 확산되는 효과 등을 제거하지 못한다는 단점이 있다.

실험설계에 관한 설명으로 옳지 않은 것은?

① 순수실험설계는 무작위할당을 활용해야 한다.
② 순수실험설계는 준(유사)실험설계에 비해 내적 타당도가 높다.
③ 준(유사)실험설계에는 사전 측정이 있어야 한다.
④ 준(유사)실험설계에는 두 개 이상의 집단이 필요하다.
⑤ 단일집단 사전사후검사 설계는 전실험설계이다.

답 ④

✔ **응시생들의 선택**

① 5%	② 16%	③ 29%	④ 31%	⑤ 19%

④ 반드시 두 개 이상의 집단이 필요한 것은 아니다. 준(유사)실험설계의 유형 중 하나인 단순시계열설계는 통제집단을 별도로 두지 않고 동일집단 내 여러 번에 걸쳐 정기적으로 측정한다.

다음 가설을 검증하기 위해 적합한 실험설계 방식은?

> ADHD 아동에게 프로그램 유형(놀이치료/음악치료)과 실시시기(낮시간/밤시간)를 달리함에 따라 개입의 효과가 달라질 것이다.

① 1회검사사례 설계
② 통제집단 사후검사 설계
③ 요인 설계
④ 복수시계열 설계
⑤ 단일집단 사전사후검사 설계

답 ③

✔ **응시생들의 선택**

① 1%	② 7%	③ 47%	④ 32%	⑤ 13%

③ 요인 설계는 독립변수가 2개 이상일 때 적용되는 설계로서, 각 변수의 분류항목의 조합의 수만큼 실험집단을 설정하고 개별 독립변수-종속변수, 두 개 이상의 독립변수-종속변수의 인과관계를 검증하는 방법이다. 두 개 이상의 독립변수가 상호작용하면서 종속변수에 미치는 영향을 파악할 수 있고, 조사결과의 일반화(외적 타당도) 정도가 높은 장점이 있다.

다음 내용이 **왜 틀렸는지**를 확인해보자

`20-02-23`

01 순수실험설계의 인과성 검증에 있어서 사전조사와 사후조사를 실시할 때 통제집단의 종속변수 측정치는 **통계적으로 유의미한 차이가 있어야** 한다.

> 사전조사와 사후조사에서 통제집단의 종속변수 측정치는 통계적으로 유의미한 차이가 없어야 한다. 반면, 실험집단의 종속변수 측정치는 통계적으로 유의미한 차이가 있어야 한다.

`16-02-02`

02 요인 설계는 외적 타당도를 높일 수 있으며, **시간과 비용적인 측면에서도 효율적**이다.

> 요인 설계는 외적 타당도를 높일 수 있으나, 고려해야 할 독립변수의 수가 많은 경우, 시간과 비용면에서 효율적이지 못하다.

`15-02-18`

03 **단순시계열 설계**는 실험집단과 통제집단에 대해 개입 전과 개입 후 여러 차례 종속변수를 측정한다.

> 복수시계열 설계는 실험집단과 통제집단에 대해 개입 전과 개입 후 여러 차례 종속변수를 측정한다.

`11-02-09`

04 검사효과를 통제할 수 있는 실험설계는 **통제집단 사전사후검사 설계와 통제집단 사후검사 설계**이다.

> 검사효과를 통제할 수 있는 실험설계는 솔로몬 4집단 설계와 통제집단 사후검사 설계이다.

---

05 통제집단 사후검사 설계에서 무작위 할당만 제외된 형태의 설계는 **분리표본 사전사후검사 설계**이다.

> 통제집단 사후검사 설계에서 무작위 할당만 제외된 형태의 설계는 정태적 집단비교 설계이다.

`06-02-10`

06 **통제집단 사후검사 설계**는 인과관계를 파악하기 위한 가장 보편적인 방법으로 실험집단과 통제집단을 무작위로 배치하고 개입 전후 두 집단에 대한 검사를 실시한다.

> 인과관계를 파악하기 위한 가장 보편적인 방법으로 실험집단과 통제집단을 무작위로 배치하고 개입 전후 두 집단에 대한 검사를 실시하는 것은 통제집단 사전사후검사 설계이다.

---

07 유사실험설계는 순수실험설계에 비해 **내적 타당도와 외적 타당도 모두 떨어진다.**

> 유사실험설계는 순수실험설계에 비해 내적 타당도는 떨어지지만 외적 타당도는 높은 경우가 많다.

빈칸에 들어갈 알맞은 말을 채워보자

`19-02-24`
01 다중시계열 설계는 단순시계열 설계의 내적 타당도 저해요인에 의한 문제점을 개선하기 위해 단순시계열 설계에 (   )을/를 추가한 것이다.

`17-02-09`
02 (   )은/는 임의적인 방법으로 양 집단을 선정하고 사전–사후검사를 실시하여 종속변수의 변화를 비교하는 것이다.

`15-02-18`
03 (   )은/는 통제집단 사전사후검사 설계와 통제집단 사후검사 설계를 결합한 것이다.

`22-02-22`
04 (   )은/는 실험집단과 통제집단을 임의적으로 선정하고 실험집단은 독립변수를 도입한 후 사후검사를, 통제집단은 독립변수를 도입하지 않고 사후검사를 실시한다.

05 (   )은/는 준실험설계라고도 하며, 실험설계의 기본 요소 중 한두 가지가 결여된 설계이다.

06 (   )은/는 독립변수가 두 개 이상일 때 적용되는 설계이다.

답 **01** 통제집단 **02** 비동일 통제집단 설계 **03** 솔로몬 4집단 설계 **04** 정태적 집단비교 설계 **05** 유사실험설계 **06** 요인 설계

다음 내용이 옳은지 그른지 판단해보자

19-02-16
01 솔로몬 4집단 설계는 외부사건(history)을 통제할 수 있다. ◎ ⊗

02 순수실험설계는 무작위 할당, 통제집단, 독립변수의 조작, 종속변수에 대한 사전–사후 검사 및 비교 등 실험의 기본 요소를 모두 갖추고 있다. ◎ ⊗

03 순수실험설계는 인위적인 통제와 조작이 수월하여 실제 연구에서 많이 사용된다. ◎ ⊗

04 복수시계열 설계는 무작위 할당이 이루어지지 않아 실험집단과 통제집단이 이질적일 가능성이 크다. ◎ ⊗

05 전실험설계는 내적 타당도와 외적 타당도 저해요인을 거의 통제하지 못한다. ◎ ⊗

18-02-10
06 통제집단 사후검사 설계는 사전검사를 하지 않아도 집단 간 차이를 어느 정도 통제할 수 있다. ◎ ⊗

07 단순시계열 설계는 우연한 사건들의 영향을 통제할 수 있다. ◎ ⊗

08 비동일 통제집단 설계는 통제집단 사전사후검사 설계와 유사하지만 단지 무작위 할당에 의해 실험 집단과 통제집단이 선택되지 않은 점이 다르다. ◎ ⊗

21-02-13
09 통제집단 사전사후검사 설계는 자연적 성숙에 따른 효과의 통제가 가능하다. ◎ ⊗

07-02-11
10 솔로몬 4집단비교 설계는 통제집단이 3개이고, 실험집단이 1개이다. ◎ ⊗

(답) **01** ○ **02** ○ **03** × **04** ○ **05** ○ **06** ○ **07** × **08** ○ **09** ○ **10** ×

(해설) **03** 순수실험설계는 인위적인 통제와 조작을 하는 것이 현실적으로 어렵기 때문에 실제 연구에서는 유사실험설계를 더 많이 사용한다.
07 단순시계열 설계는 통제집단을 사용하지 않기 때문에 종속변수의 변화가 우연한 사건들의 영향을 받았을 가능성을 배제하지 못한다.
10 솔로몬 4집단비교 설계는 실험처치를 가하는 실험집단이 2개, 가하지 않는 통제집단이 2개이다.

041 실험설계의 특성

강의 QR코드

1회독	2회독	3회독
월 일	월 일	월 일

최근 10년간 **1문항** 출제

복습 **1** 이론요약

실험설계의 특징

• 연구자의 의도에 따라 독립변수를 조작하면서 효과를 관찰할 수 있다.

• 장기간에 걸친 연구를 가능하게 해준다.

• 실험조건을 연구자가 임의로 조작하여 원하는 방향으로 진행시킬 수 있다.

• 실험상황을 다시 조성하게 되면 반복적으로 동일하거나 유사한 연구를 다시 수행할 수 있어 연구의 보편성과 일반성을 높일 수 있다.

• 실험환경이 인위적이므로 현실성이 결여될 수 있다.

• 대상자가 실험자의 기대에 따라 의도적으로 행동함으로써 실험결과에 영향을 미칠 수 있다.

• 표집된 연구대상이 모집단의 특성과 이질적인 경우가 많다.

• 엄격한 실험적 상황을 수립하여 변수를 통제하고 조작하기 어려운 대상이 많다.

• 복잡한 사회문제를 실험이라는 방법으로 규명하는 데 한계가 있다.

기본개념
사회복지조사론
pp.103~

실험설계의 기본 요소

• 조사설계의 기본요소로는 **종속변수의 비교, 독립변수의 조작, 외생변수 통제, 실험대상의 무작위화**가 있다.

• 실험의 기본적인 구성은 실험대상을 실험집단과 통제 집단에 무작위 할당하고, 독립변수를 실험집단에 도입하며, 통제집단에는 도입하지 않고, 실험집단과 통제집단이 종속변수에서 보이는 변화를 비교하는 것이다.

기출문장 CHECK

01 (14-02-14) 실험설계에서 무작위 할당으로 우연한 사건의 영향 같은 내적 타당도 저해요인을 예방할 수 있다.

02 (12-02-11) 무료급식 서비스를 받은 노인의 변화를 분석하고자 할 때는 실험설계가 적합하다.

03 (09-02-24) 실험설계에서 외생변수가 종속변수에 미치는 효과를 통제하기 위해서는 무작위 집단할당 방법을 이용한다.

04 (02-02-13) 실험집단과 통제집단은 실험처치 유무라는 차이가 있다.

대표기출 확인하기

14-02-14　난이도 ★★★

실험설계에서 무작위 할당으로 예방할 수 있는 문제는?

① 낮은 응답률
② 과다한 연구비용
③ 과다한 표본추출오차
④ 연구 일정의 지연
⑤ 우연한 사건의 영향

 알짜확인

• 실험조사설계의 주요 특징을 파악해야 한다.
• 실험조사설계의 기본 요소를 파악해야 한다.

답 ⑤

✔ **응시생들의 선택**

① 5%	② 8%	③ 50%	④ 5%	⑤ 32%

⑤ 실험설계에서 독립변수가 도입되기 이전의 두 집단(실험집단과 통제집단)은 가능한 한 집단이 동질적일수록 실험의 내적 타당도가 높아진다. 따라서 연구대상을 두 집단으로 나눌 때는 가능한 두 집단의 차이가 나지 않도록 무작위 할당을 하는 것이 필요하며, 이는 우연한 사건의 영향 같은 내적 타당도 저해 요인을 예방할 수 있다.

➕ **덧붙임**

실험설계의 전반적인 특성을 묻는 문제가 출제되었다. 출제빈도가 높지는 않지만 순수실험설계, 유사실험설계, 전실험설계를 좀 더 명확하게 학습하기 위해서는 실험설계의 전반적인 특성을 반드시 알아야 한다. 특히, 조사설계 유형의 구분은 실험의 요건을 얼마나 충족하는가에 따라 분류되므로 실험의 기본 요소가 무엇인지를 파악하는 것이 매우 중요하다.

관련기출 더 보기

09-02-24　난이도 ★★★

실험설계에서 외생변수가 종속변수에 미치는 효과를 통제하기 위한 방법으로 옳지 않은 것은?

① 무작위 집단할당 방법을 이용한다.
② 동질적 집단할당을 위해 표본의 크기를 작게 한다.
③ 사전에 집단의 특성을 파악하여 이질적 구성 요소를 최소화한다.
④ 실험집단과 통제집단에 피실험자들을 동일 비율로 할당한다.
⑤ 피실험자들을 대상으로 제비뽑기 방법을 이용하여 실험집단과 통제집단으로 구분한다.

답 ②

✔ **응시생들의 선택**

① 10%	② 35%	③ 14%	④ 16%	⑤ 25%

② 실험설계에서는 외생변수를 통제하기 위해 실험집단과 통제집단의 동질적 구성을 위한 무작위 할당이나 배합, 통계학적 통제(공분산분석 등) 등의 방법을 이용한다.

02-02-13　난이도 ★★☆

실험집단과 통제집단의 차이는 무엇인가?

① 집단 크기의 차이
② 집단 구성원의 차이
③ 집단 구성 시기의 차이
④ 검사 여부의 차이
⑤ 실험처치 유무

답 ⑤

✔ **응시생들의 선택**

① 1%	② 1%	③ 2%	④ 8%	⑤ 88%

⑤ 실험설계의 기본 조건 중에서 독립변수의 조작(실험처치)은 독립변수의 변화가 종속변수에 미치는 영향을 관찰하기 위한 것이다.

다음 내용이 왜 틀렸는지를 확인해보자

01 실험조사설계는 가치-윤리적 문제에 대처가 가능하므로 **결과에 제한이 없다.**

> 가치-윤리적 문제를 제대로 다룰 수 없기 때문에 인간 행태문제와 관련된 실험의 연구결과는 항상 제한이 있다.

02 독립변수를 <u>통제집단에 도입하며, 실험집단에는 도입하지 않고</u> 두 집단이 종속변수에서 보이는 변화를 비교한다.

> 독립변수를 실험집단에 도입하고, 통제집단에는 도입하지 않는다.

03 실험조사설계의 기본 요소는 **독립변수의 비교, 종속변수의 조작,** 외생변수 통제, 실험대상의 무작위화이다.

> 실험조사설계의 기본 요소는 종속변수의 비교, 독립변수의 조작, 외생변수 통제, 실험대상의 무작위화이다.

04 **통계적 통제**는 연구대상을 확률표본추출의 방법을 통해서 두 집단으로 나눔으로써 두 집단의 속성을 비슷하게 만들고자 하는 것이다.

> 무작위화는 연구대상을 확률표본추출의 방법을 통해서 두 집단으로 나눔으로써 두 집단의 속성을 비슷하게 만들고자 하는 것이다.

05 실험설계에서는 **독립변수가 도입된 이후에** 실험집단과 통제집단을 가능한 한 동질적으로 나누어야 한다.

> 실험설계에서는 독립변수가 도입되기 이전에 실험집단과 통제집단을 가능한 한 동질적으로 나누어야 한다.

빈칸에 들어갈 알맞은 말을 채워보자

14-02-14
01 실험설계에서 (   )(으)로 우연한 사건의 영향을 예방할 수 있다.

02 (   )(이)란, 연구의 초점이 되는 현상 가운데 원인이 되는 변수인 독립변수를 실험자가 인위적으로 변화시키는 것을 말한다.

03 실험조사설계는 가능한 (   )을/를 위협하는 요인들을 제거해서 인과관계를 보다 명확히 규명하고자 하는 설계방법이다.

 01 무작위 할당 **02** 독립변수의 조작 **03** 내적 타당도

다음 내용이 옳은지 그른지 판단해보자

01 실험설계에서 독립변수가 도입되기 이전의 실험집단과 통제집단은 가능한 한 집단이 동질적일수록 내적 타당도가 높아진다.

02-02-13
02 실험집단과 통제집단은 집단 크기의 차이가 있다.

03 연구대상의 특성과 연구의 상황에 따라 짝짓기/배합의 방법을 사용하여 두 집단의 차이를 줄일 수도 있다.

 01 ○ **02** × **03** ○

(해설) **02** 실험집단과 통제집단의 집단 크기는 차이가 없으며, 실험처치를 했는가 안 했는가의 차이가 있다.

단일사례설계

단일사례설계의 특성, 단일사례설계의 유형, 단일사례설계의 평가 등을 다룬다.

10년간 출제분포도

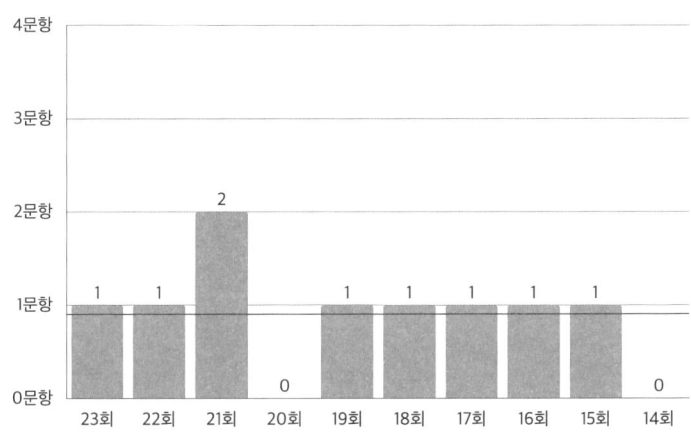

평균 출제문항수

042

단일사례설계의 특성

강의 QR코드

1회독	**2**회독	**3**회독
월 일	월 일	월 일

최근 10년간 **6문항** 출제

이론요약

23회 기출 22회 기출 21회 기출

기본개념

사회복지조사론
pp.120~

단일사례설계의 특성

- 단일사례연구의 1차적인 목적은 가설의 검증에 있는 것이 아니라 어떤 표적행동에 대한 **개입의 효과성을 분석**하는 데 있다.
- 하나의 대상 또는 사례를 가지고 <u>반복적인 측정을 통해 개입의 효과</u>를 평가한다.
- 개인이나 집단뿐만 아니라 조직이나 지역사회도 연구대상이 될 수 있다.
- 조사연구의 과정이 실천 과정과 분리되지 않고 통합 가능하다.
- 개인의 효과성에 대한 즉각적인 피드백을 얻을 수 있다.
- 기초선 단계에서 경향을 충분하게 파악하기 위하여 개입을 지연시키는 것은 윤리적으로 문제가 될 수 있다.
- 단일사례연구만으로 <u>인과관계를 확신하기는 어렵다</u>.
- 조사연구의 대상이 하나의 사례에 국한되기 때문에 그 결과를 <u>일반화하는 데 제약</u>이 따른다.

단일사례설계의 기본 구조

▶ 기초선단계
- 연구자가 개입하기 이전 단계로서 'A'로 표시한다.
- 개입 전의 문제상황, 표적행동을 반복 측정하여 경향을 알아내는 단계로서 통제집단과 유사한 역할을 수행한다.
- 충분히 관찰이 이루어질 때 단일사례연구의 내적 타당도가 향상된다.
- 그래프에 시간 순서대로 측정점을 표시하고 측정점들을 줄로 연결한 후 그래프 경향을 관찰한다.

▶ 개입단계
- 표적행동에 대한 개입이 이뤄지는 기간이다.
- 이 기간 동안에는 표적행동의 상태에 대한 관찰을 병행해야 한다.
- 단일사례설계의 구조를 설명하는 데 있어서 개입국면을 일반적으로 'B'로 표시한다.
- 개입단계에서는 측정을 하는 사람, 장소, 측정방법, 기타 조건을 기초선 단계와 동일하게 해야 한다.

개입평가 기준 및 유의성 분석

▶ 개입평가 기준
- 변화의 파동: 관찰된 표적행동의 특성이 시간의 경과에 따라 파동을 일으키며 변화되는 정도를 말한다.
- 변화의 경향: 기초선기간과 개입기간 동안 경향의 방향이 일치되면 개입영향을 판단하기 어렵고, 상반되면 개입영향의 판단이 쉽다.
- 변화의 수준: 관찰된 행동 특성의 점수의 위치를 말하는 것으로 기초선 점수 수준과 개입기간 점수 수준 사이에 차이가 클수록 개입효과에 대한 확신이 높아진다.

▶ 개입의 유의성 분석
- 시각적 유의성: 기초선의 수준과 개입선의 변화들을 시각적으로 분석한다.
- 통계적 유의성: 개입단계 동안 관찰된 자료가 예상되는 변화의 파동과 어떻게 다른지를 통계적으로 분석한다.
  - 평균비교법: 기초선이 비교적 안정적이고 수치화하는 것이 가능할 경우에 기초선과 개입단계의 평균을 구하여 비교하는 방법이다.
  - 경향선 접근법: 기초선이 다소 불안정한 경우에 기초선에 나타난 측정값들의 경향선을 활용하여 개입 전과 후의 차이를 평가하는 방법이다.
- 실용적 유의성: 변화의 크기가 실천적 의미에서 정당성을 보장하는지 임상적인 기준에서 판단하는 것이다.

기출문장 CHECK

01 (23-02-22) 사회복지실천현장에서 단일사례설계는 조사연구의 대상이 하나의 사례에 국한되기 때문에 그 결과를 일반화하는 데 제약이 따른다.

02 (22-02-20) 단일사례연구는 윤리적인 문제가 발생할 수 있다.

03 (21-02-16) 단일사례설계의 경향선 분석에서는 기초선의 측정값을 두 영역으로 나누어 경향선을 구한다.

04 (18-02-11) 기초선과 개입기간 두 평균값의 통계적 검증을 통해 개입효과를 판단한다.

05 (17-02-16) 단일사례설계 중 다중기초선설계는 동일한 개입을 특정 연구대상자의 여러 표적행동에 적용하여 개입의 효과를 평가할 수 있다.

06 (16-02-25) 단일사례설계는 경향과 변화를 파악하도록 반복 관찰한다.

07 (15-02-16) 경향선 접근은 단일사례설계에서 기초선이 불안정하게 형성되어 있는 경우, 기초선의 변화의 폭과 기울기까지 고려하여 결과를 분석하는 것이다.

08 (13-02-14) 단일사례연구는 조사연구 과정과 실천 과정이 통합될 수 있다.

09 (12-02-01) 단일사례연구는 여러 명의 조사대상들에게 개입시기를 다르게 하면 우연한 사건효과를 통제할 수 있다.

10 (04-02-12) 단일사례연구는 개입의 효과성을 알기 위한 설계이다.

11 (03-02-10) 단일사례연구는 변화의 파동, 경향, 수준 등을 평가한다.

12 (01-02-04) 단일사례연구는 개인, 1가족, 1집단, 1조직에 적용 가능하다.

23-02-22 난이도 ★★☆

사회복지실천현장에서 단일사례설계에 관한 설명으로 옳은 것을 모두 고른 것은?

ㄱ. AB설계는 기초선단계(A)와 개입단계(B)로 구성된다.
ㄴ. 복수기초선설계는 AB설계를 다양한 대상이나 상황 등에 적용하여 동일한 효과를 보이는지를 확인하는 설계방법이다.
ㄷ. 사례가 집단일 경우 개별 구성원의 정보들은 평균이나 전체 빈도 등으로 요약되어 단일사례로 취급될 수 있다.
ㄹ. 외적 타당도가 높아 일반화의 가능성이 높다.

① ㄱ
② ㄴ, ㄷ
③ ㄴ, ㄹ
④ ㄱ, ㄴ, ㄷ
⑤ ㄱ, ㄴ, ㄷ, ㄹ

▶ **알짜확인**

• 단일사례설계의 주요 특성을 파악한다.

답 ④

✔ **응시생들의 선택**

① 26%	② 2%	③ 3%	④ 47%	⑤ 22%

ㄹ. 단일사례설계는 조사연구의 대상이 하나의 사례에 국한되기 때문에 그 결과를 일반화하는 데 제약이 따른다. 즉, 외적 타당도가 낮다.

➕ **덧붙임**

단일사례설계의 주요 특성과 기본적인 구조를 묻는 문제가 출제되고 있다. 출제 비중이 높지는 않지만 최근 시험에서는 평균적으로 1문제씩 출제되고 있다. 단일사례설계와 관련된 내용은 사회복지조사론에서 출제되지 않더라도 <사회복지실천기술론>의 사회복지실천 평가 영역에서 출제될 가능성이 있다.

22-02-20 난이도 ★★☆

단일사례연구에 관한 설명으로 옳지 않은 것은?

① 복수의 각기 다른 개입방법을 연속적으로 도입할 수 없다.
② 시계열 설계의 논리를 개별사례에 적용한 것이다.
③ 윤리적인 문제가 발생할 수 있다.
④ 실천 과정과 조사연구 과정이 통합될 수 있다.
⑤ 다중기초선 설계의 적용이 가능하다.

답 ①

✔ **응시생들의 선택**

① 62%	② 5%	③ 10%	④ 8%	⑤ 15%

① 복수의 각기 다른 개입방법을 연속적으로 도입할 수 있다. ABCD설계와 같이 하나의 기초선 자료에 대해서 여러 개의 각기 다른 방법(BCD)으로 개입할 수 있다.

21-02-16 난이도 ★★☆

단일사례설계의 결과분석 방법에 관한 설명으로 옳지 않은 것은?

① 시각적 분석은 변화의 수준, 파동, 경향을 고려해야 한다.
② 통계적 분석을 할 때 기초선이 불안정한 경우 평균비교가 적합하다.
③ 평균비교에서는 평균과 표준편차를 함께 고려해야 한다.
④ 경향선 분석에서는 기초선의 측정값을 두 영역으로 나누어 경향선을 구한다.
⑤ 임상적 분석은 결과 판단에 주관적 요소의 개입 가능성이 크다.

답 ②

✔ **응시생들의 선택**

① 5%	② 53%	③ 7%	④ 19%	⑤ 16%

② 기초선이 다소 불안정한 경우에 사용하는 방법은 경향선 접근법이다.

단일사례설계의 개입효과에 관한 설명으로 옳지 않은 것은?

① 개입 후 변화의 파동이 심하면 효과 판단이 어렵다.
② 기초선이 불안정할 경우 기초선의 경향선을 이용하여 통계적으로 개입효과를 판단한다.
③ 기초선에서 개입기간까지의 경향선을 통해 시각적으로 개입효과를 판단한다.
④ 기초선과 개입기간 두 평균값의 통계적 검증을 통해 개입효과를 판단한다.
⑤ 개입 후 상당한 기간이 지나 최초의 변화가 발생할 경우 개입효과가 있다고 판단한다.

답 ⑤

응시생들의 선택

① 11%	② 6%	③ 6%	④ 7%	⑤ 70%

⑤ 개입 후 상당한 기간이 지나 최초의 변화가 발생한 것은 이것이 개입의 효과로 인한 변화인지, 다른 요인으로 인한 변화인지 확신할 수 없다.

다음에서 설명하는 것은?

> 단일사례설계에서 기초선이 불안정하게 형성되어 있는 경우, 기초선의 변화의 폭과 기울기까지 고려하여 결과를 분석한다.

① 평균비교
② 시각적 분석
③ 경향선 접근
④ 임상적 분석
⑤ 이론적 분석

답 ③

응시생들의 선택

① 6%	② 29%	③ 50%	④ 11%	⑤ 4%

③ 경향선 접근법은 단일사례설계에서 기초선이 다소 불안정하게 형성되어 있는 경우 사용하는 방법이다. 기초선(A)의 관찰점을 전반부와 후반부로 나눠 각 평균을 구해 두 점을 잇는 직선을 그어 개입(B)부분까지 연장하는 경향선을 긋는다. 만일 개입단계에서의 관찰점이 모두 경향선 아래 또는 위에 있으면 그 개입은 효과적이라고 할 수 있다.

단일사례설계에 관한 설명으로 옳지 않은 것은?

① 기초선 국면과 개입 국면이 있다.
② 연구대상과 개입방법은 여러 개가 될 수 없다.
③ 조사연구 과정과 실천 과정의 통합이 가능하다.
④ 경향과 변화를 파악하도록 반복 관찰한다.
⑤ 통계적 원리를 적용하여 분석할 수 있다.

답 ②

응시생들의 선택

① 3%	② 69%	③ 7%	④ 12%	⑤ 9%

② 단일사례설계는 개인, 집단, 조직, 지역사회 등도 연구대상이 될 수 있으며, ABCD설계와 같이 여러 개의 각기 다른 방법으로 개입할 수 있다.

단일사례연구에 관한 설명으로 옳지 않은 것은?

① 개인과 집단뿐만 아니라 조직이나 지역사회도 연구대상이 될 수 있다.
② 외적 타당도가 높다.
③ 개입효과에 대한 즉각적인 피드백이 가능하다.
④ 조사연구 과정과 실천 과정이 통합될 수 있다.
⑤ 반복측정으로 통제집단 효과를 볼 수 있다.

답 ②

응시생들의 선택

① 9%	② 39%	③ 29%	④ 4%	⑤ 19%

② 외적 타당도가 낮다. 즉, 일반화하기 어렵다. 조사연구의 대상이 하나의 사례에 국한되기 때문에 그 결과를 일반화하는 데 제약이 따른다.

다음 내용이 왜 틀렸는지를 확인해보자

18-02-11
01 **기초선이 안정할 경우** 기초선의 경향선을 이용하여 통계적으로 개입효과를 판단한다.

> 기초선이 불안정할 경우 기초선의 경향선을 이용하여 통계적으로 개입효과를 판단한다.

02 단일사례설계는 **우연한 사건과 같은 내적 타당도 저해요인을 통제하는 데 유리한 설계방법**이다.

> 단일사례설계는 우연한 사건과 같은 내적 타당도를 저해하는 요인을 충분히 통제할 수 없다. 따라서 개입이 표적행동의 변화에 미치는 효과의 신뢰도가 낮다.

03 연구자가 개입하기 이전 단계를 **개입단계라고 하며, B로 표시**한다.

> 연구자가 개입하기 이전 단계를 기초선단계라고 하며, A로 표시한다.

13-02-14
04 단일사례설계는 **외적 타당도가 높다.**

> 단일사례설계는 하나의 사례에 국한되기 때문에 일반화의 어려움이 있어 외적 타당도가 낮다.

05 단일사례설계의 목적은 **가설의 검증**이다.

> 단일사례설계의 1차적인 목적은 가설의 검증에 있는 것이 아니라 표적행동에 대한 개입의 효과성을 분석하는 데 있다.

06 단일사례설계의 일반적인 연구대상 선정방법은 모집단으로부터 **무작위 표본추출**하는 것이다.

> 연구대상을 모집단으로부터 무작위 표본추출하는 것은 표본조사설계에 해당한다.

07 단일사례설계는 **즉각적인 평가가 어려워 결과를 얻는 데 오랜 시간이 걸린다.**

> 단일사례설계는 개입에 대한 평가가 즉각적으로 이루어질 수 있으므로 신속하게 결과를 얻을 수 있다.

빈칸에 들어갈 알맞은 말을 채워보자

01 기초선이 비교적 안정적이고 수치화하는 것이 가능할 경우, 기초선과 개입단계의 평균을 구하여 비교하는 방법을
(   )(이)라고 한다.

02 표적행동에 대한 개입이 이뤄지는 기간을 (   )(이)라고 하며, B로 표시한다.

03 (   )은/는 개입 전의 문제상황, 표적행동을 반복 측정하여 경향을 알아내는 단계로서 통제집단과 유사한 역할을 수행한다.

04 기초선이 불안정하게 형성되어 있는 경우, 기초선의 변화의 폭과 기울기까지 고려하여 결과를 분석하는 방법을
(   )(이)라고 한다.

05 단일사례설계만으로 (   )을/를 확신하기는 어렵다.

 답 　**01** 평균비교법　**02** 개입단계　**03** 기초선단계　**04** 경향선 접근법　**05** 인과관계

다음 내용이 옳은지 그른지 판단해보자

01 단일사례설계는 조사연구 과정과 실천 과정이 통합될 수 없다.　

02 단일사례설계는 개입효과에 대한 즉각적인 피드백이 가능하다.　

03 외적 타당도가 낮은 것을 보완할 수 있는 방법은 동일한 개입방법을 여러 대상과 상황에서 반복 실시하는 것이다.　

04 단일사례설계는 개인이나 집단만 연구대상이 될 수 있다.　

05 변화의 파동은 관찰된 표적행동의 특성이 시간의 경과에 따라 파동을 일으키며 변화되는 정도를 말한다.　

답 　**01** ✕　**02** ○　**03** ○　**04** ✕　**05** ○

해설 　**01** 단일사례설계는 조사연구의 과정이 실천 과정과 분리되지 않고 통합 가능하다.
04 개인이나 집단뿐만 아니라 조직이나 지역사회도 연구대상이 될 수 있다.

043 단일사례설계의 유형별 특징

강의 QR코드

최근 10년간 **3문항** 출제

1 이론요약

AB설계

- 기초선 설정 후 바로 개입하는 설계로서 가장 기본적인 단일사례설계 유형이다.
- 개입으로 인한 효과인지에 대한 인과관계 확인이 어렵다.

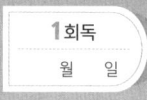

기본개념

사회복지조사론
pp.126~

ABA설계

- 기초선 → 개입 → 기초선
- AB설계의 낮은 신뢰도 문제를 극복할 수 있지만 개입효과를 평가하기 위해 개입을 중단하기 때문에 윤리적 문제가 제기될 수 있다.

ABAB설계(반전설계)

- 기초선 → 개입 → 기초선 → 개입
- 연구목적 달성을 위해 개입을 중단하고 일정 기간 관찰한 후 다시 개입을 재개한다.
- 개입과 철회를 반복함으로써 같은 결과가 나오면 인과관계를 명확히 파악할 수 있다.

BAB설계(선개입설계)

- 개입 → 기초선 → 개입
- 위기개입이나 기초선을 측정할 수 없는 상황에 유용하지만 기초선 없이 개입이 이루어져 개입의 효과성을 판단하기 어렵다.

ABCD설계(다중요소설계)

- 기초선 → 개입 → 각기 다른 C, D 개입
- 도움이 되지 않는 개입을 수정하거나 실제로 표적문제에 변화를 가져오는지 설명하고자 할 때 유용하다.
- 이월효과, 순서효과, 우연한 사건과 관련된 제한점들이 존재한다.

복수기초선

- 둘 이상의 기초선을 사용하는 설계이다.
- 둘 이상의 클라이언트, 둘 이상의 문제에 대해 적용하는 설계로서 동시에 기초선을 측정하면서 각각 다른 시점에 개입한다.
- 개입을 중단하는 대신에 동시에 개입을 시작하므로 윤리적·실천적 문제를 피할 수 있다.

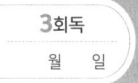

01 (21-02-15) BA설계는 개입의 긴급성이 있는 상황에 적합하다.

02 (19-02-17) ABAB설계는 외부요인을 통제할 수 있어 개입의 효과를 확인할 수 있다.

03 (17-02-16) 다중기초선설계는 동일한 개입을 특정 연구대상자의 여러 표적행동에 적용하여 개입의 효과를 평가할 수 있다.

04 (10-02-28) 단일사례설계 중 ABCD설계는 기초선 형성 후 서로 다른 복수의 개입방법을 연속적으로 도입한다.

05 (07-02-19) ABAB설계는 윤리적 문제를 야기할 수 있다.

06 (02-02-14) 위급한 상황에 즉시 개입을 하고 문제가 호전되면 기초선을 설정하고 다시 개입단계로 돌아가는 설계는 BAB설계이다.

07 (01-02-05) 단일사례연구 설계에서 하나의 문제에 대해서 여러 가지 각기 다른 방식으로 개입하는 설계방법은 ABCD설계이다.

대표기출 확인하기

단일사례설계방법에 관한 설명으로 옳은 것은?

① ABCD설계는 여러 개의 개입효과를 개별적으로 증명하기 위한 설계이다.
② AB설계는 외부요인을 충분히 통제할 수 있기 때문에 여러 유형의 문제에 적용가능하다.
③ 복수기초선설계는 기초선단계 이후 여러 개의 다른 개입방법을 순차적으로 적용한다.
④ ABAB설계는 외부요인을 통제할 수 있어 개입의 효과를 확인할 수 있다.
⑤ 평균비교는 기초선이 불안정할 때 기초선의 변화의 폭과 기울기까지 고려하여 결과를 분석하는 방법이다.

 알짜확인

• 단일사례설계의 유형별 특징을 파악해야 한다.

답 ④

✓ **응시생들의 선택**

① 31%	② 4%	③ 20%	④ 31%	⑤ 14%

① ABCD설계는 여러 개의 개입효과를 개별적으로 증명하는 것이 아닌 하나의 기초선 자료에 대해서 여러 개의 각기 다른 방법(BCD)으로 개입하는 것이다.
② AB설계는 하나의 기초선단계와 개입단계로 구성되어 있기 때문에 우연한 사건과 같은 내적 타당도를 저해하는 요인을 충분히 통제할 수 없다.
③ 복수기초선설계는 하나의 동일한 개입방법을 여러 문제, 대상, 상황에 적용하여 개입의 효과성을 파악하는 것이다. 여러 문제, 상황에 대하여 개입시점을 다르게 적용하여 같은 효과를 얻는다면, 표적문제의 변화가 외부사건에 의한 영향이 아닌 개입에 의한 변화임을 확인할 수 있다.
⑤ 평균비교는 기초선이 비교적 안정적이고 수치화하는 것이 가능할 경우, 기초선과 개입단계의 평균을 구하여 비교하는 방법이다.

➕ **덧붙임**

사례를 제시하고 이 사례가 어떤 유형의 단일사례설계에 해당하는지를 묻는 문제와 단일사례설계의 유형별 특징을 묻는 문제가 출제되고 있다. 단일사례설계의 기본적인 특성과 함께 단일사례설계의 유형(AB설계, ABA설계, ABAB설계, BAB설계, ABCD설계 등)별 특징들을 비교해서 이해할 필요가 있다.

관련기출 더 보기

단일사례설계에 관한 설명으로 옳은 것을 모두 고른 것은?

ㄱ. BA설계는 개입의 긴급성이 있는 상황에 적합하다.
ㄴ. ABAC설계는 선행효과의 통제가 가능하다.
ㄷ. ABAB설계는 AB설계에 비해 외부사건의 영향력에 대한 통제력이 크다.
ㄹ. 복수기초선디자인은 AB설계에 비해 외부사건의 영향력에 대한 통제력이 크다.

① ㄱ, ㄴ   ② ㄴ, ㄹ   ③ ㄷ, ㄹ
④ ㄱ, ㄴ, ㄷ   ⑤ ㄱ, ㄷ, ㄹ

답 ⑤

✓ **응시생들의 선택**

① 11%	② 6%	③ 9%	④ 26%	⑤ 48%

ㄴ. ABAC설계는 선행된 개입의 효과와 혼재될 수 있다는 단점이 있다.

단일사례설계 중 ABCD설계에 관한 설명으로 옳은 것을 모두 고른 것은?

ㄱ. 기초선 형성 후 서로 다른 복수의 개입방법을 연속적으로 도입한다.
ㄴ. 우연한 사건은 개입효과에 영향을 미치지 않는다.
ㄷ. 서로 다른 개입방법의 효과성을 비교한다.
ㄹ. 다중기초선설계는 순서효과를 통제할 수 있게 한다.

① ㄱ, ㄴ, ㄷ   ② ㄱ, ㄷ   ③ ㄴ, ㄹ
④ ㄹ   ⑤ ㄱ, ㄴ, ㄷ, ㄹ

답 ②

✓ **응시생들의 선택**

① 7%	② 81%	③ 2%	④ 3%	⑤ 7%

ㄴ. ABCD설계는 우연한 사건을 배제할 수 없다는 한계를 갖는다.
ㄹ. 순서효과는 다중기초선설계와는 무관하다.

다음 내용이 왜 틀렸는지를 확인해보자

01 ABCD설계는 기초선 → 개입단계 → 제2기초선 → 제2개입단계의 순서로 진행된다.

> ABCD설계는 기초선 → 개입단계 → 각기 다른 C, D 개입단계의 순서로 진행된다.

02-02-14

02 클라이언트가 위기상황에 있어서 즉각적 개입이 필요한 경우 AB설계를 사용한다.

> 클라이언트가 위기상황에 있어서 즉각적 개입이 필요한 경우 BAB설계를 사용한다. 기초선 없이 일단 개입부터 실시(B)한 후에 개입을 중단하는 기초선단계(A)를 도입한 후 다시 개입을 재개(B)하는 설계이다.

03 ABCD설계는 융통성이 없어 개입계획을 변경하기 어렵다는 단점이 있다.

> ABCD설계는 융통성이 있어서 연속적인 단계에서 옳다고 입증된 대로 개입계획을 변경할 수 있다.

04 BAB설계는 개입효과를 높이 확신할 수 있기 때문에 실천현장에서 가장 유용한 설계이다.

> 개입효과를 높이 확신할 수 있기 때문에 실천현장에서 유용한 설계는 ABAB설계이다.

05 ABCD설계는 개입효과를 평가하기 위한 목적으로 개입을 중단하므로 윤리적 문제를 일으킬 수 있다.

> ABA설계는 개입효과를 평가하기 위한 목적으로 개입을 중단하므로 윤리적 문제를 일으킬 수 있다.

빈칸에 들어갈 알맞은 말을 채워보자

01 ABAB설계는 기초선 → 개입단계 → (　　　　　　　) → 제2개입단계의 순서로 진행된다.

17-02-16
02 (　　　　　　)은/는 하나의 동일한 개입방법을 여러 문제, 대상, 상황에 적용하여 개입효과가 나타나는지 확인하여 개입의 효과성을 파악하는 설계 유형이다.

03 (　　　　　)은/는 클라이언트에게 적합한 새로운 개입방법을 적용해볼 수 있다는 장점이 있다.

 답 **01** 제2기초선　**02** 다중기초선설계　**03** ABCD설계

다음 내용이 옳은지 그른지 판단해보자

07-02-19
01 ABAB설계가 ABA설계보다 신뢰도가 더 낮다.　

02 ABCD설계는 이월효과, 순서효과, 우연한 사건 등의 제한점이 발생할 수 있다.　

03 BAB설계는 외생요인을 통제하기 어려운 것과 개입의 효과가 지속적인 경우 기초선단계와 제2개입단계에서 표적행동의 상태가 유사하므로, 개입효과를 평가하기 어렵다.　

 답 **01** ×　**02** ○　**03** ○

(해설) **01** ABAB설계는 ABA설계보다 개입과 표적행동 간 인과관계의 설명을 좀 더 믿을만하게 해준다.

측정

측정의 수준, 측정의 신뢰도와 타당도, 측정의 오류 등을 다룬다.

10년간 출제분포도

평균 출제문항수

1회독	2회독	3회독
월 일	월 일	월 일

이론요약

23회 기출 22회 기출 21회 기출 20회 기출

명목수준의 측정

- 측정대상의 특성을 분류할 목적으로 대상에 숫자를 부여하는 것이다.
- 가장 낮은 수준의 측정으로 글자 그대로 이름을 부여하는 **명목적인 것을 의미**한다.
- 명목수준의 측정에서 사용되는 숫자는 양적인 크기를 갖지 못한다.
- 명목척도는 **상호배타적이고 포괄적인 특성**을 갖는다.
- **성별, 계절, 인종, 종교, 지역, 혈액형 등**

기본개념

사회복지조사론
pp.140~

서열수준의 측정

- 측정대상을 그 특징이나 속성에 따라 일정한 범주로 분류하고, 범주들 간의 **상대적 순서관계**를 밝히는 것이다.
- 측정대상 간의 대소, 고저, 전후, 상하 등에 따라 **서열화**한다.
- 상호배타적인 특성과 함께 **순서의 의미**도 지닌다.
- 서열 간 간격이 동일하지 않고 절대량의 크기를 나타내지 않는다.
- **노인장기요양등급, 정치성향(보수, 중도, 진보), 생활수준(상, 중, 하), 석차, 학점, 선호도 등**

등간수준의 측정

- 어떤 대상의 속성에 대해 순위를 부여할 수 있을 뿐 아니라 각 순위(서열)범주 사이의 거리를 계산할 수 있고 **범주 사이의 간격이 동일**한 척도이다.
- 등간격이므로 **산술적 계산(±)에 사용**될 수 있다.
- **절대 영점이 없기** 때문에 곱하기, 나누기 같은 비율계산에는 사용할 수 없다.
- **도덕지수(MQ), 지능지수(IQ), 섭씨온도, 화씨온도, 물가지수, 생산성 지수, 사회지표, 시험점수 등**

비율수준의 측정

- 속성이 전혀 존재하지 않는 상태의 **절대 영점이 존재**한다.
- '0'이 실제적 의미를 가지고 있기 때문에 **모든 사칙연산(±, ×, ÷)이 가능**하다.
- 비율척도의 숫자는 속성의 **실제 양을 나타낸다.**
- **TV 시청률, 투표율, 길이, 높이, 서비스 횟수, 자녀수, 가격, 연령, 체중, 신장 등**

측정수준별 특성 비교

특성 \ 척도	명목척도	서열척도	등간척도	비율척도
범주(category)	○	○	○	○
순위(order)	×	○	○	○
등간격	×	×	○	○
절대 영(0)	×	×	×	○
비교방법 (숫자부여방법)	확인, 분류	순위비교	간격비교	절대력, 크기비교
수학 (산술적 계산)	=	=, >, <	=, >, <, ±	=, >, <, ±, ×, ÷
통계 (평균의 측정)	최빈값	중앙값	산술평균	기하평균 모든 통계

기출문장 CHECK

01 (23-02-12) 상·중·하 등급으로 평가한 국어 교과목의 성적은 서열수준의 척도에 해당한다.

02 (23-02-12) 연 단위로 측정한 청소년의 총 재학 기간은 비율수준의 척도에 해당한다.

03 (22-02-09) 교육연수(정규 학교 교육을 받은 기간)는 비율척도에 해당한다.

04 (22-02-10) 온도(℃), 지능지수(IQ)는 모두 등간수준의 측정에 해당한다.

05 (21-02-06) 장애인의 성별, 장애 유형, 장애인의 거주지역, 장애인의 직업 종류는 모두 명목척도에 해당한다.

06 (21-02-09) 교육수준은 서열척도에 해당하며, 백분율, 최빈값, 중앙값(중위수) 등을 사용할 수 있다.

07 (20-02-10) 연령, 백신접종률은 비율수준의 측정에 해당한다.

08 (18-02-18) 장애 유형은 정신장애, 지체장애 등 장애의 특성에 따른 유형을 분리한 것으로 명목변수에 해당한다.

09 (17-02-23) 학점(A, B, C)은 서열등급이며 최빈치 분석이 가능하다.

10 (16-02-08) 연령은 모든 척도 수준으로 분석이 가능하다.

11 (16-02-11) 사회복지사가 이수한 보수교육 시간(분)은 비율측정에 해당한다.

12 (15-02-23) 인종과 종교는 명목척도이다.

13 (13-02-16) 1만원과 2만원의 차이는 400만원과 401만원의 차이와 동일하다.

14 (12-02-25) 출신 고등학교 지역은 명목척도에 해당한다.

15 (11-02-04) 비율변수 0은 경험세계에서 속성이 존재하지 않는다.

16 (08-02-11) 사회복지학과 졸업생수는 비율변수이다.

17 (07-02-08) 사회복지시설 이용만족도는 서열척도이며, 화씨 온도는 등간척도이다.

18 (04-02-13) 명목척도는 상호배타성을 갖추어야 한다.

대표기출 확인하기

23-02-12 　　　　난이도 ★★☆

다음의 변수 중 산술평균의 산출이 적합한 변수를 모두 고른 것은?

> ㄱ. 만원 단위로 측정한 청소년의 월평균 용돈
> ㄴ. 상·중·하 등급으로 평가한 국어 교과목의 성적
> ㄷ. 연 단위로 측정한 청소년의 총 재학 기간
> ㄹ. 가출 횟수로 측정한 청소년의 가출 경험

① ㄴ
② ㄱ, ㄷ
③ ㄴ, ㄹ
④ ㄱ, ㄷ, ㄹ
⑤ ㄱ, ㄴ, ㄷ, ㄹ

 알짜확인

• 측정의 수준별 특성을 비교하여 이해해야 한다.

답 ④

✔ 응시생들의 선택

① 9%	② 17%	③ 7%	④ 45%	⑤ 22%

산술평균은 등간수준의 측정(등간척도)과 비율수준의 측정(비율척도)에서 산출이 가능하다. ㄱ, ㄷ, ㄹ은 모두 비율수준의 측정(비율척도)에 해당하는 변수이다. ㄴ. 상·중·하 등급으로 평가한 국어 교과목의 성적은 서열수준의 측정(서열척도)에 해당하는 변수이다. 서열수준의 측정(서열척도)에서는 최빈값이나 중앙값을 산출할 수 있다.

➕ 덧붙임

측정수준에 관한 설명으로 옳지 않은 것을 고르는 유형, 변수와 측정수준을 연결하는 유형 등이 출제되고 있다. 4가지 측정수준의 사례와 특징, 수학적인 속성상의 차이를 중심으로 이해할 필요가 있다. 측정수준별 주요 사례들을 반드시 정리해두어야 한다.

관련기출 더 보기

21-02-06 　　　　난이도 ★★☆

다음 연구과제의 변수들을 측정할 때 ㄱ~ㄹ의 척도 유형을 바르게 짝지은 것은?

> 장애인의 성별(ㄱ)과 임금수준의 관계를 정확하게 파악하기 위해서는 장애 유형(ㄴ), 거주지역(ㄷ), 직업 종류(ㄹ)와 같은 변수들의 영향력을 적절히 통제해야 한다.

① ㄱ: 명목, ㄴ: 명목, ㄷ: 명목, ㄹ: 명목
② ㄱ: 명목, ㄴ: 서열, ㄷ: 서열, ㄹ: 명목
③ ㄱ: 명목, ㄴ: 서열, ㄷ: 명목, ㄹ: 비율
④ ㄱ: 명목, ㄴ: 등간, ㄷ: 명목, ㄹ: 명목
⑤ ㄱ: 명목, ㄴ: 등간, ㄷ: 서열, ㄹ: 비율

답 ①

✔ 응시생들의 선택

① 60%	② 4%	③ 12%	④ 19%	⑤ 5%

① ㄱ. 장애인의 성별(남자, 여자), ㄴ. 장애 유형(지체장애인, 시각장애인 등), ㄷ. 거주지역(서울, 인천 등), ㄹ. 직업 종류(회사원, 자영업 등)는 모두 명목척도에 해당한다.

20-02-10 　　　　난이도 ★★★

측정수준이 서로 다른 변수로 묶인 것은?

① 연령, 백신 접종률
② 학년, 이수과목의 수
③ 섭씨(℃), 화씨(℉)
④ 강우량, 산불발생 건 수
⑤ 거주 지역, 혈액형

답 ②

✔ 응시생들의 선택

① 26%	② 33%	③ 6%	④ 19%	⑤ 16%

① 연령, 백신 접종률 – 비율수준의 측정
② 학년 – 서열수준의 측정, 이수과목의 수 – 비율수준의 측정
③ 섭씨(℃), 화씨(℉) – 등간수준의 측정
④ 강우량, 산불발생 건 수 – 비율수준의 측정
⑤ 거주 지역, 혈액형 – 명목수준의 측정

난이도 ★★☆

다음 변수의 측정수준을 고려하여 변수의 유형을 순서대로 나열한 것은?

- 장애 유형 – 정신장애, 지체장애 등
- 장애 등록 후 기간 – 개월 수
- 장애 등록 연령 – 나이
- 장애인의 건강 정도 – 상, 중, 하

① 비율변수, 비율변수, 서열변수, 명목변수
② 명목변수, 비율변수, 비율변수, 서열변수
③ 명목변수, 등간변수, 명목변수, 서열변수
④ 등간변수, 비율변수, 서열변수, 비율변수
⑤ 명목변수, 비율변수, 비율변수, 명목변수

답 ②

✔ 응시생들의 선택

① 1%	② 65%	③ 28%	④ 3%	⑤ 3%

- 장애 유형: 정신장애, 지체장애 등 장애의 특성에 따른 유형을 분리한 것으로 명목변수에 해당한다.
- 장애 등록 후 기간: 장애 등록 후 기간을 나타내는 개월 수는 절대 영점이 성립되는 비율변수에 해당한다.
- 장애 등록 연령: 장애 등록 연령을 나타내는 나이는 절대 영점이 성립되는 비율변수에 해당한다.
- 장애인의 건강 정도: 장애인의 건강 정도를 나타내는 상, 중, 하는 상호배타적인 특성과 함께 순서(서열)의 의미를 지니므로 서열변수에 해당한다.

난이도 ★★★

측정의 4등급–사례–가능한 통계분석의 연결이 옳지 않은 것은?

① 명목등급 – 베이비붐세대 여부 – 백분율
② 서열등급 – 학점(A, B, C) – 최빈치
③ 등간등급 – 온도(℃) – 중위수
④ 비율등급 – 시험점수(0~100점) – 산술평균
⑤ 명목등급 – 성별, 현재흡연 여부 – 교차분석

답 ④

✔ 응시생들의 선택

① 55%	② 7%	③ 12%	④ 13%	⑤ 13%

④ 0~100점을 나타내는 시험점수는 등간등급(등간수준, 등간척도)이다.

난이도 ★★★

척도 수준(level of measurement)에 관한 설명으로 옳은 것은?

① 연령은 모든 척도 수준으로 분석이 가능하다.
② 표준화된 지능검사점수는 비율척도다.
③ 소득을 비율척도로 질문하면 다른 척도 수준으로 질문할 때보다 응답률이 높은 편이다.
④ 등간척도는 절대영점이 있다.
⑤ 서열척도는 비율척도로 변환이 가능하다.

답 ①

✔ 응시생들의 선택

① 23%	② 14%	③ 40%	④ 13%	⑤ 10%

② 표준화된 지능검사점수는 등간척도다.
③ 소득을 비율척도로 질문하면 다른 척도 수준으로 질문할 때보다 비교적 자신의 소득 수준이 상세하게 노출되므로 응답률이 낮아질 수 있다.
④ 등간척도는 절대영점이 없다. 절대영점이 있는 척도는 비율척도이다.
⑤ 서열척도는 비율척도보다 하위수준의 척도이므로 비율척도로 변환이 불가능하다.

난이도 ★★★

한 연구에서 사용된 "소득(단위: 원)" 변수에 관한 설명으로 옳지 않은 것은?

① 1만원과 2만원의 차이는 400만원과 401만원의 차이와 동일하다.
② 0원은 실제적 의미가 있는 절대영점이다.
③ 표준편차를 계산할 수 없다.
④ 사칙연산이 가능하다.
⑤ 명목척도로 변환할 수 있다.

답 ③

✔ 응시생들의 선택

① 10%	② 36%	③ 32%	④ 4%	⑤ 18%

③ 비율척도는 모든 통계기법의 활용이 가능하며, 표준편차를 계산할 수 있다.

다음 내용이 **왜 틀렸는지**를 확인해보자

16-02-08

01 소득을 비율척도로 질문하면 **다른 척도 수준으로 질문할 때보다 응답률이 높은 편**이다.

> 소득을 비율척도로 질문하면 다른 척도 수준으로 질문할 때보다 비교적 자신의 소득 수준이 상세하게 노출되므로 응답률이 낮아질 수 있다.

16-02-11

02 사회복지사의 근무기관 평가등급 점수(A, B, C, D)는 **등간측정**에 해당한다.

> 사회복지사의 근무기관 평가등급 점수(A, B, C, D)는 범주들 간의 상대적 순서관계가 있지만, 서열 간 간격이 동일하지 않고 절대량의 크기를 나타내는 것이 아니므로 서열측정에 해당한다.

15-02-23

03 석차로 평가된 성적은 **등간척도**이다.

> 석차의 간격은 동일하지 않으므로 석차로 평가된 성적은 서열척도이다.

04 20세는 10세보다 나이가 두 배 더 많다는 것처럼 비율적 계산이 가능한 것은 **서열척도**이다.

> 20세는 10세보다 나이가 두 배 더 많다는 것처럼 비율적 계산이 가능한 것은 비율척도이다.

05 **서열수준**의 측정에서 숫자의 크기는 아무런 의미가 없고 단지 부여된 숫자가 다르면 그 대상의 특성이 다르다는 의미이다.

> 명목수준의 측정에서 숫자의 크기는 아무런 의미가 없고 단지 부여된 숫자가 다르면 그 대상의 특성이 다르다는 의미이다.

06 **명목수준**으로 갈수록 측정수준이 높으며, 하위 측정수준의 속성을 내포한다.

> 비율수준으로 갈수록 측정수준이 높으며, 하위 측정수준의 속성을 내포한다.

빈칸에 들어갈 알맞은 말을 채워보자

15-02-23
01 IQ와 온도는 대표적인 ( )이다.

02 성별, 계절, 인종, 종교, 지역 등은 ( )에 해당한다.

11-02-04
03 비율척도는 속성이 전혀 존재하지 않는 상태의 ( )이 존재한다.

04 ( )은/는 정확하게 정량화하기 어려운 응답자의 태도, 선호도, 사회계층 등의 측정에 이용된다.

22-02-09
05 정규 학교 교육을 받은 기간(년)인 교육연수는 ( )에 해당한다.

답 **01** 등간척도 **02** 명목척도 **03** 절대영점 **04** 서열척도 **05** 비율척도

다음 내용이 옳은지 그른지 판단해보자

01 [21-02-09] 연령(10대, 20대, 30대, 40대 이상)은 서열척도에 해당하며, 중앙값을 분석방법으로 사용할 수 있다. ◎ ✕

02 상위수준의 측정은 하위수준으로 전환이 가능하지만, 하위수준에서 이루어진 측정은 상위수준으로 전환할 수 없다. ◎ ✕

03 [17-02-23] 베이비붐 세대 여부는 명목등급이며, 백분율을 분석할 수 있다. ◎ ✕

04 [16-02-08] 서열척도는 비율척도로 변환이 가능하다. ◎ ✕

05 비율척도의 예로는 투표율, 자녀수, 가격 등이 있다. ◎ ✕

06 [13-02-16] 1만원과 2만원의 차이는 400만원과 401만원의 차이와 동일하므로 소득은 비율척도에 해당한다. ◎ ✕

07 노인장기요양등급, 정치성향(보수, 중도, 진보)은 등간척도에 해당한다. ◎ ✕

08 서열척도는 기하평균 등 대부분의 통계분석 방법을 사용할 수 있다. ◎ ✕

09 비율척도의 숫자는 속성의 실제 양을 나타낸다. ◎ ✕

10 장애 유형, 결혼 여부, 인종, 출생률은 모두 명목척도에 해당한다. ◎ ✕

답 **01** ○ **02** ○ **03** ○ **04** ✕ **05** ○ **06** ○ **07** ✕ **08** ✕ **09** ○ **10** ✕

해설 **04** 서열척도는 비율척도보다 하위수준의 척도이므로 비율척도로 변환이 불가능하다.
07 노인장기요양등급, 정치성향(보수, 중도, 진보)은 서열척도에 해당한다.
08 기하평균 등 대부분의 통계분석 방법을 사용할 수 있는 것은 비율척도이다.
10 출생률은 비율척도에 해당한다.

측정의 신뢰도와 타당도

강의 QR코드

최근 10년간 **23문항** 출제

복습 **1**

이론요약

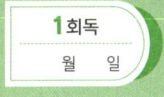
23회 기출 22회 기출 21회 기출 20회 기출 19회 기출

측정의 의미

기본개념
사회복지조사론
pp.145~

- 일정한 규칙에 따라 대상에 값을 부여하는 과정이다.
- 이론을 구성하고 있는 추상적 개념들을 현실세계에서 경험할 수 있는 자료와 연결시켜주는 수단이다.
- 특정 분석단위에 대해 질적·양적 값이나 수준을 결정하고 이를 규칙화해 숫자를 부여하는 과정이다.
- 측정은 변수에 대한 조작적 정의에 입각해 이뤄진다.

측정의 신뢰도

▶ **신뢰도의 개념**
- **측정값의 일관성**을 의미한다.
- 같은 대상에 대해 반복적으로 측정할 때 어느 정도 동일한 측정값을 산출하는지의 정도를 말한다.

▶ **신뢰도의 평가방법**
- **검사-재검사법**: 한 번의 측정이 이뤄진 후에 동일한 상황에서 동일한 측정도구, 동일한 대상을 다시 한 번 측정하여 두 측정값이 어느 정도 일관되는지를 비교하는 방법이다.
- **대안법**: 서로 다른 유사한 양식의 두 가지 측정도구로 동일한 대상을 측정해서 상관관계를 검증하여 신뢰도를 측정하는 방법이다.
- **내적 일관성 신뢰도법**
  - 반분법: 측정도구를 반으로 나눠 같은 시간에 각각 독립된 두 개의 척도로 사용함으로써 신뢰도를 추정하는 방법이다.
  - 크론바하의 알파계수: 반분법에서 산출한 모든 신뢰도계수들의 평균값으로 신뢰도를 계산하는 방법이다.

측정의 타당도

▶ **타당도의 개념**
- 측정하고자 하는 개념을 **얼마나 정확히 측정하였는가**를 의미한다.
- 측정한 값과 대상의 진정한 값과의 일치 정도를 말한다.

▶ **타당도의 평가방법**

- **내용타당도**: 측정도구에 포함된 관찰내용들이 측정하려고 하는 속성이나 개념을 얼마나 대표성 있게 포함하고 있는가에 대해 논리적으로 판단하는 것이다.
- **기준타당도**
  - 예측타당도: 측정도구를 이용하여 측정한 결과가 미래의 사건이나 행위, 태도, 결과 등을 얼마나 잘 예측할 수 있는가를 통해서 타당도를 평가하는 방법이다.
  - 동시타당도: 측정도구의 측정값을 외적인 기준과 동시적인 시점에서 비교하여 타당도를 평가하는 방법이다. 타당도를 평가하고자 하는 측정도구로 측정한 값이 기준이 되는 다른 측정도구의 측정값 혹은 이미 존재하고 있는 측정도구와 비교하여 그 결과가 얼마나 일치하는가를 따진다.
- **구성타당도**
  - 이해타당도: 측정도구가 특정 구성개념을 이론적 구성도에 따라 체계적 · 논리적 · 포괄적으로 이해하고 있는 정도를 의미한다. 여러 개념을 체계적으로 이용한 이론이나 측정도구가 이해타당도가 높다
  - 집중(수렴)타당도: 동일한 개념이나 이론적으로 연관성이 높을 것으로 예상되는 개념들을 측정하는 서로 다른 측정도구의 측정결과 간의 상관관계가 높을 경우 집중타당도가 높다고 볼 수 있다.
  - 판별타당도: A와 B라는 측정도구가 서로 다른 개념을 측정(혹은 이론적으로 연관성이 낮은 개념을 측정)하는 도구라면, 동일한 대상을 측정했을 때 얻은 측정값들 간의 상관관계가 낮아야 함을 의미한다.

신뢰도와 타당도의 관계

- 타당도가 높으면 신뢰도도 반드시 높다. 타당도가 낮으면 신뢰도는 높을 수도 있고, 낮을 수도 있다.
- 신뢰도가 높으면 타당도는 높을 수도 있고, 낮을 수도 있다.
- 신뢰도는 타당도의 필요조건이지만 충분조건은 아니다. 즉, 신뢰도는 타당도 확보를 위한 기본적 전제 조건이다.

기출문장 CHECK

01 (23-02-07) 전문가들을 대상으로 프로그램, 사회복지사의 전문성 등의 요소가 측정문항에 충분히 포함되어 있는지에 대한 의견을 확인하는 것은 내용타당도에 해당한다.

02 (23-02-09) 타당도가 높으면 신뢰도는 높은 경우가 많다.

03 (22-02-12) 내적 일관성 신뢰도법에는 반분법과 크론바하의 알파계수가 있다.

04 (22-02-13) 신뢰도가 높으면 타당도는 높을 수도 있고, 낮을 수도 있다.

05 (21-02-23) 개발된 측정도구의 측정값을 현재 사용되고 있는 측정도구와 비교하는 것은 동시타당도(concurrent validity)이다.

06 (21-02-24) 동일한 상황에서 동일한 측정도구로 동일한 대상을 다시 측정하는 방법은 신뢰도를 측정하는 방법이다.

07 (20-02-13) 하나의 개념을 측정하는 개별 항목들 간의 일관성은 신뢰도를 의미한다.

08 (20-02-14) 신뢰도를 높이기 위해서는 조사대상자가 알지 못하는 내용에 대해서 측정하지 않는 것이 좋다.

09 (20-02-15) 측정할 때마다 실제보다 5g 더 높게 측정되는 저울은 신뢰도가 있다.

10 (19-02-11) 신뢰도를 측정하는 방법에는 재검사법, 대안법, 반분법 등이 있다.

11 (18-02-16) 신뢰도는 일관성으로 표현될 수 있는 개념이다.

12 (18-02-21) 구성타당도(construct validity)는 측정되는 개념이 속한 이론 체계 내에서 다른 개념들과 논리적으로 어느 정도 관련성을 갖고 있는 지를 경험적으로 검증하는 가장 수준이 높은 타당도이다.

13 (17-02-07) 측정도구의 신뢰도는 일관성 또는 안정성으로 표현될 수 있는 개념이다.

14 (17-02-15) 기준타당도 중 동시타당도는 측정도구의 측정값을 외적인 기준과 동시적인 시점에서 비교하여 타당도를 평가하는 방법이다.

15 (16-02-13) 측정할 때마다 항상 30분 빠르게 측정되는 시계는 신뢰도가 높은 것이다.

16 (15-02-02) A시설 어린이들의 발달 상태를 조사하기 위해 체중계를 이용하여 몸무게를 측정했는데 항상 2.5kg이 더 무겁게 측정되었다면 이 체중계는 신뢰도는 높지만 타당도는 낮다.

17 (14-02-17) 반분법은 내적 일관성 신뢰도를 평가하는 방법이다.

18 (13-02-08) 반분법은 일관성 확인을 위해 두 번 조사해야 하는 불편함이 없다.

19 (12-02-06) 내용타당도는 측정도구가 측정하고자 하는 개념을 골고루 포함하고 있다고 전문가들이 인정하고 동의할 때 확보되는 타당도이다.

20 (12-02-13) 측정도구의 높은 신뢰성이 측정의 타당성을 보증하지 않는다.

21 (11-02-07) 판별타당도는 A와 B라는 측정도구가 서로 다른 개념을 측정하는 도구라면, 동일한 대상을 측정했을 때 얻은 측정값들 간의 상관관계가 낮아야 함을 의미한다.

22 (11-02-24) 재검사법을 사용하여 신뢰도를 평가할 경우 측정대상이 동일해야 한다.

23 (10-02-21) 동일대상에게 시기만 달리하여 동일 측정도구로 조사한 결과를 비교하는 신뢰도 측정법은 검사-재검사법이다.

24 (10-02-26) 예측타당도는 측정도구가 장래의 사건을 예견하는 능력이 어느 정도인지에 따라 측정도구의 타당도를 평가하는 방법이다.

25 (09-02-12) 크론바하 알파(Cronbach's alpha)는 척도를 구성하는 전체 문항 조합들의 상관관계 평균값을 계산한 것이다.

26 (08-02-12) 내용타당도는 전문가의 판단에 기초한다.

27 (07-02-18) 구성타당도는 추상적인 속성을 측정하는 척도의 타당도 검증에 적절하다.

28 (06-02-12) 타당도는 측정하고자 하는 값과 일치하는 여부정도다.

29 (05-02-12) 신뢰도가 높을수록 크론바하 알파 값이 높다.

30 (02-02-15) 신뢰도 평가방법으로서 외생변수, 반복검사로 인한 주시험효과가 큰 방법은 검사-재검사법이다.

대표기출 확인하기

22-02-13 · 난이도 ★★☆

신뢰도와 타당도에 관한 설명으로 옳은 것은?

① 타당도가 있다면 어느 정도 신뢰도가 있다고 볼 수 있다.
② 신뢰도가 높을 경우 타당도도 높다고 할 수 있다.
③ 요인분석법은 신뢰도를 측정하는 방법이다.
④ 신뢰도는 측정하려고 의도된 개념을 얼마나 정확하게 측정하는가를 나타내는 것이다.
⑤ 주어진 척도가 측정하고자 하는 내용을 담고 있다고 일련의 전문가가 판단할 때 판별타당도가 있다고 한다.

 알짜확인

- 측정의 신뢰도의 개념과 평가 방법을 이해해야 한다.
- 측정의 타당도의 개념과 평가 방법을 이해해야 한다.
- 신뢰도와 타당도의 관계를 파악해야 한다.

답 ①

✔ 응시생들의 선택

① 68%	② 9%	③ 6%	④ 8%	⑤ 9%

② 신뢰도가 높으면 타당도는 높을 수도 있고, 낮을 수도 있다.
③ 요인분석법은 연구하고자 하는 현상 또는 추상적인 개념이 몇 개의 요인들로 구성되어 있다고 가정하고, 그러한 요인들 각각을 측정할 수 있는 여러 개의 질문문항들을 만들어 조사를 실시한 후, 그 결과를 분석하여 타당도를 검증하는 방법이다.
④ 측정하려고 의도된 개념을 얼마나 정확하게 측정하는가를 나타내는 것은 타당도이다. 신뢰도는 같은 대상에 대해 반복적으로 측정할 때 어느 정도 동일한 측정값을 산출하는지의 정도를 말한다.
⑤ 주어진 척도가 측정하고자 하는 내용을 담고 있다고 일련의 전문가가 판단할 때 내용타당도가 있다고 한다.

➕ 덧붙임

측정의 신뢰도와 타당도에 관한 문제는 사례를 제시하고 해당하는 신뢰도와 타당도를 고르는 문제, 신뢰도와 타당도에 대한 전반적인 내용을 동시에 비교하는 문제 등이 출제되고 있다. 특히 평가 방법의 경우 사례형 문제로 자주 출제되고 있으므로 반드시 개념과 사례를 접목시켜 정리해야 한다.

관련기출 더 보기

23-02-09 · 난이도 ★☆☆

측정도구의 타당도와 신뢰도에 관한 설명으로 옳지 않은 것은?

① 신뢰도는 측정값의 일관성 정도를 의미한다.
② 타당도는 측정하고자 하는 바를 반영하는 정도를 의미한다.
③ 측정항목의 수가 적어지면 신뢰도가 낮아지는 경향이 있다.
④ 신뢰도는 타당도의 필요충분조건이 된다.
⑤ 타당도가 높으면 신뢰도는 높은 경우가 많다.

답 ④

✔ 응시생들의 선택

① 3%	② 8%	③ 6%	④ 73%	⑤ 10%

④ 신뢰도는 타당도의 필요조건이지만 충분조건은 아니다. 즉, 신뢰도는 타당도 확보를 위한 기본적 전제 조건이다.

21-02-24 · 난이도 ★★★

신뢰도를 측정하는 방법으로 옳지 않은 것은?

① 동일한 상황에서 동일한 측정도구로 동일한 대상을 다시 측정하는 방법
② 측정도구를 반으로 나누어 두 개의 독립된 척도로 구성한 후 동일한 대상을 측정하는 방법
③ 상관관계가 높은 문항들을 범주화하여 하위요인을 구성하는 방법
④ 동질성이 있는 두 개의 측정도구를 동일한 대상에게 측정하는 방법
⑤ 전체 척도와 척도의 개별항목이 얼마나 상호연관성이 있는지 분석하는 방법

답 ③

✔ 응시생들의 선택

① 13%	② 13%	③ 30%	④ 16%	⑤ 28%

③ 상관관계가 높은 문항들을 범주화하여 하위요인을 구성하는 방법을 요인분석이라고 한다. 요인분석은 타당도를 검증하는 방법이다.

난이도 ★★☆

신뢰도에 관한 설명으로 옳은 것을 모두 고른 것은?

> ㄱ. 재검사법, 반분법은 신뢰도를 평가하는 방법이다.
> ㄴ. 신뢰도는 타당도의 필요충분조건이다.
> ㄷ. 측정할 때마다 실제보다 5g 더 높게 측정되는 저울은 신뢰도가 있다.

① ㄱ
② ㄴ
③ ㄱ, ㄴ
④ ㄱ, ㄷ
⑤ ㄱ, ㄴ, ㄷ

답 ④

✅ **응시생들의 선택**

① 7%	② 4%	③ 15%	④ 45%	⑤ 29%

ㄴ. 신뢰도는 타당도의 필요조건이지만 충분조건은 아니다. 타당도가 높으면 신뢰도는 반드시 높지만, 신뢰도가 높다고 타당도가 반드시 높진 않다.

난이도 ★★☆

다음 사례에서 측정하고자 하는 타당도로 옳은 것은?

> 연구자는 새로 개발한 우울척도 A의 타당도를 확인하기 위하여 자아존중감 척도 B와의 상관계수를 산출하였다. 그 결과, A와 B의 상관관계가 매우 낮은 것을 확인하였다.

① 동시타당도(concurrent validity)
② 판별타당도(discriminant validity)
③ 내용타당도(content validity)
④ 수렴타당도(convergent validity)
⑤ 예측타당도(predictive validity)

답 ②

✅ **응시생들의 선택**

① 28%	② 45%	③ 14%	④ 7%	⑤ 6%

② 판별타당도는 A와 B라는 측정도구가 서로 다른 개념을 측정(혹은 이론적으로 연관성이 낮은 개념을 측정)하는 도구라면, 동일한 대상을 측정했을 때 얻은 측정값들 간의 상관관계가 낮아야 함을 의미한다. 주어진 사례처럼 A와 B의 상관관계가 매우 낮게 나왔다면 판별타당도가 높다고 말할 수 있다.

난이도 ★★☆

측정도구의 신뢰도에 관한 설명으로 옳은 것은?

① 일관성 또는 안정성으로 표현될 수 있는 개념이다.
② 측정도구가 의도하는 개념의 실질적 의미를 반영하는 정도와 관련이 있다.
③ 검사-재검사 신뢰도는 가장 널리 사용되는 신뢰도 유형이다.
④ 사회적 바람직성 편향은 신뢰도를 낮추는 주요 요인이다.
⑤ 특정 개념을 측정하는 문항수가 많을수록 신뢰도는 낮아진다.

답 ①

✅ **응시생들의 선택**

① 61%	② 7%	③ 22%	④ 5%	⑤ 5%

② 측정도구가 의도하는 개념의 실질적 의미를 반영하는 정도와 관련이 있는 것은 타당도이다.
③ 일반적으로 가장 널리 사용되는 신뢰도 유형은 크론바하의 알파계수를 이용한 방법이다.
④ 사회적 바람직성 편향은 체계적 오류에 속하며, 체계적 오류는 타당도와 관련이 있다.
⑤ 특정 개념을 측정하는 문항수가 많을수록 신뢰도는 높아진다.

난이도 ★★☆

신뢰도와 타당도에 관한 설명으로 옳은 것은?

① 측정할 때마다 항상 30분 빠르게 측정되는 시계는 신뢰도가 높은 것이다.
② 측정도구의 신뢰도가 높으면 타당도도 높아진다.
③ 측정도구를 동일 응답자에게 반복 적용했을 때 일관된 결과가 나오면 타딩도가 높은 것이다.
④ 동일한 변수를 측정할 때 신뢰도와 타당도를 높이기 위해서는 관련 문항 수를 줄인다.
⑤ 타당도를 검사하기 위해 복수양식법을 활용한다.

답 ①

✅ **응시생들의 선택**

① 66%	② 11%	③ 11%	④ 3%	⑤ 9%

② 측정도구의 신뢰도가 높다고 해서 반드시 타당도가 높은 것은 아니다.
③ 측정값의 일관성을 의미하는 것은 신뢰도이다. 즉, 측정도구를 동일 응답자에게 반복 적용했을 때 일관된 결과가 나오면 신뢰도가 높은 것이다. 타당도는 측정하고자 하는 개념을 얼마나 정확히 측정하였는가를 말한다.
④ 동일한 변수를 측정할 때 신뢰도와 타당도를 높이기 위해서는 관련 문항 수를 늘려야 한다.
⑤ 복수양식법은 신뢰도 평가 방법에 해당한다.

A시설 어린이들의 발달 상태를 조사하기 위해 체중계를 이용하여 몸무게를 측정했는데 항상 2.5kg이 더 무겁게 측정되었다. 이 측정에 관한 설명으로 옳은 것은?

① 타당도는 높지만 신뢰도는 낮다.
② 신뢰도는 높지만 타당도는 낮다.
③ 신뢰도도 높고 타당도도 높다.
④ 신뢰도도 낮고 타당도도 낮다.
⑤ 신뢰도나 타당도를 평가할 수 없다.

답 ②

✅ 응시생들의 선택

① 15%	② 66%	③ 3%	④ 11%	⑤ 5%

② 신뢰도는 측정값의 일관성을 의미하며, 타당도는 측정한 값과 대상의 진정한 값의 일치 정도를 의미한다. A시설 어린이들의 몸무게를 측정한 결과, 항상 2.5kg이 더 무겁게 일관적으로 측정되었으므로 신뢰도는 높다고 할 수 있지만, 어린이들의 실제 몸무게와는 2.5kg의 차이가 나는 것이므로 타당도는 낮다고 할 수 있다.

내적 일관성 신뢰도에 관한 설명으로 옳지 않은 것은?

① 반분법은 내적 일관성 신뢰도를 평가하는 방법이다.
② 척도 내 문항들 간 상관관계를 분석하여 평가한다.
③ 가장 일반적인 신뢰도 평가방법이다.
④ 크론바 알파(Cronbach's alpha)를 사용하여 나타낼 수 있다.
⑤ 동등한 것으로 추정되는 2개의 측정도구를 사용하여 평가하는 방법이 최근 추세이다.

답 ⑤

✅ 응시생들의 선택

① 9%	② 10%	③ 11%	④ 10%	⑤ 60%

⑤ 동등한 것으로 추정되는 2개의 측정도구를 사용하는 것은 복수양식법에 해당하며, 동일한 현상을 측정하는 데 사용될 2개의 동등한 측정도구를 개발하는 것이 어려워 사용하기가 번거로울 수 있다.

다음에서 사용한 타당도는?

새로 개발된 주관적인 행복감 측정도구를 사용하여 측정한 결과와 이미 검증되고 널리 사용되고 있는 주관적인 행복감 측정도구의 결과를 비교하여 타당도를 확인한다.

① 내용(content)타당도
② 동시(concurrent)타당도
③ 예측(predictive)타당도
④ 요인(factor)타당도
⑤ 판별(discriminant)타당도

답 ②

✅ 응시생들의 선택

① 11%	② 39%	③ 6%	④ 5%	⑤ 39%

② 타당도를 평가하고자 하는 측정도구로 측정한 값이 기준이 되는 다른 측정도구의 측정값 혹은 이미 존재하고 있는 측정도구와 비교하여 그 결과가 얼마나 일치하는가를 따짐으로써 측정도구의 타당도를 평가하는 방법은 동시타당도이다.

총 20문항의 척도를 10문항씩 두 조합으로 나눈 후, 평균점수 간 상관관계를 보고 측정의 일관성을 확인하였다. 이에 관한 설명으로 옳지 않은 것은?

① 신뢰도 측정방법 중 하나다.
② 일관성 확인을 위해 두 번 조사해야 하는 불편함이 없다.
③ 20문항이 동일 개념을 측정해야 적용할 수 있다.
④ 문항을 어떻게 두 조합으로 나누는지에 따라 상관관계가 달라진다.
⑤ 상관관계가 낮을 경우 어떤 문항을 제거할지 알 수 있다.

답 ⑤

✅ 응시생들의 선택

① 32%	② 20%	③ 12%	④ 7%	⑤ 28%

⑤ 반분법은 척도의 문항을 어떻게 절반, 즉 두 조합으로 나누느냐에 따라서 상관관계, 즉 신뢰도가 달라질 수 있다. 문항 전체의 신뢰도는 측정할 수 있지만 개별 문항의 신뢰도나 개별 문항이 전체 척도의 신뢰도에 미치는 영향을 별도로 측정할 수 없는 한계가 있다. 따라서 2개의 척도의 상관관계가 낮을 경우 개별 문항의 신뢰도를 측정할 수 없기 때문에 어떤 문항을 제거해야 할지 알 수 없다.

다음 내용이 왜 틀렸는지를 확인해보자

`20-02-14`
01 신뢰도를 높이기 위해서는 조사대상자가 알지 못하는 내용도 반드시 측정해야 한다.

> 신뢰도를 높이기 위해서는 조사대상자가 알지 못하는 내용에 대해서는 측정하지 않는 것이 좋다.

`16-02-13`
02 측정도구를 동일 응답자에게 반복 적용했을 때 일관된 결과가 나오면 **타당도가 높은 것**이다.

> 측정값의 일관성을 의미하는 것은 신뢰도이다. 즉, 측정도구를 동일 응답자에게 반복 적용했을 때 일관된 결과가 나오면 신뢰도가 높은 것이다. 타당도는 측정하고자 하는 개념을 얼마나 정확히 측정하였는가를 말한다.

03 타당도는 측정값들 사이의 일치도를 말하는 개념이고, 신뢰도는 측정값과 실제값 사이의 일치도를 말하는 개념이다.

> 신뢰도는 측정값들 사이의 일치도를 말하는 개념이고, 타당도는 측정값과 실제값 사이의 일치도를 말하는 개념이다.

`10-02-21`
04 동일대상에게 시기만 달리하여 동일 측정도구로 조사한 결과를 비교하는 신뢰도 측정법은 **대안법**이다.

> 동일대상에게 시기만 달리하여 동일 측정도구로 조사한 결과를 비교하는 신뢰도 측정법은 검사-재검사법이다. 검사-재검사법은 한 번의 측정이 이뤄진 후에 동일한 상황에서 동일한 측정도구, 동일한 대상을 다시 한 번 측정하여 두 측정값이 어느 정도 일관되는지를 비교하는 방법이다.

05 기준타당도는 궁극적으로 전문가의 주관적 판단에 의존할 수밖에 없는 한계를 지니며, 통계적 검증이 어렵다.

> 내용타당도는 궁극적으로 전문가의 주관적 판단에 의존할 수밖에 없는 한계를 지니며, 통계적 검증이 어렵다.

`06-02-12`
06 문항의 내용과 관계없이 문항의 수가 많을수록 신뢰도가 높아진다.

> 동일한 개념의 항목이 많아야 신뢰도를 높일 수 있으며, 문항의 수가 지나치게 많아지면 타당도를 유지하기 어려워진다.

빈칸에 들어갈 알맞은 말을 채워보자

01 18-02-21 측정되는 개념이 속한 이론 체계 내에서 다른 개념들과 논리적으로 어느 정도 관련성을 갖고 있는 지를 경험적으로 검증하는 가장 수준이 높은 타당도는 (　　　　　　)이다.

02 16-02-13 측정도구를 동일응답자에게 반복 적용했을 때 일관된 결과가 나오면 (　　　　　　)가 높은 것이다.

03 14-02-17 내적 일관성 신뢰도는 척도 내 문항들 간 (　　　　　　)을/를 분석하여 평가한다.

04 13-02-08 (　　　　　　)은/는 측정도구를 반으로 나눠 같은 시간에 각각 독립된 두 개의 척도로 사용함으로써 신뢰도를 추정하는 방법이다.

05 12-02-13 동일인이 한 체중계로 여러 번 몸무게를 측정하는 것은 체중계의 (　　　　　　)와 관련되어 있다.

06 11-02-07 우울 척도 A의 측정치가 우울 척도 B보다는 자아존중감 척도 C의 측정치와 더 일치할 때 척도 A의 (　　　　　　)은/는 문제가 된다.

07 공무원시험 성적이 좋으면 업무도 잘한다는 사실로부터 알 수 있는 공무원시험의 타당도는 (　　　　　　)이다.

08 (　　　　　　)은/는 서로 다른 두 가지 형태의 측정도구로 동일한 대상을 차례로 측정하고 그 점수들 사이의 상관관계를 통해 신뢰도를 검증하는 방법이다.

09 (　　　　　　)(이)란 측정도구에 포함된 내용들이 측정하려고 하는 속성이나 개념을 얼마나 대표성 있게 포함하고 있는가에 대해 논리적으로 판단하는 것이다.

10 크론바하의 알파계수는 0에서 1까지의 값을 가지며, (　　　　　　)에 가까울수록 신뢰도가 높다.

↻ **답** **01** 구성타당도　**02** 신뢰도　**03** 상관관계　**04** 반분법　**05** 신뢰도　**06** 판별타당도　**07** 예측타당도　**08** 대안법
09 내용타당도　**10** 1

다음 내용이 옳은지 그른지 판단해보자

01 `21-02-23`
예측타당도의 하위타당도에는 기준 관련 타당도와 동시타당도가 있다. ⊙ ⊗

02 `14-02-17`
반분법은 내적 일관성 신뢰도를 평가하는 방법이다. ⊙ ⊗

03 `09-02-12`
크론바하 알파는 척도를 구성하는 전체 문항 조합들의 상관관계 평균값을 계산한 것이다. ⊙ ⊗

04 `22-02-13`
신뢰도가 높으면 반드시 타당도도 높다. ⊙ ⊗

05 측정항목이 많거나 선택범위가 넓을수록 신뢰도는 낮아진다. ⊙ ⊗

06 신뢰도를 높이기 위해서는 응답자가 무관심하거나 잘 모르는 내용은 측정하지 않는 것이 좋다. ⊙ ⊗

07 반분법은 반분을 어떻게 하느냐에 따라 다양한 상관계수(신뢰도계수)가 산출되지만, 크론바하의 알파계수는 단일한 신뢰도계수를 산출한다. ⊙ ⊗

08 대안법은 동일한 현상을 측정하는 데 사용될 두 개의 동등한 측정도구를 개발하는 것이 어렵다는 단점이 있다. ⊙ ⊗

09 구성타당도는 이해타당도, 집중타당도, 판별타당도로 구성되어 있는데, 이 세 가지의 타당도가 높아야 구성타당도가 높다고 말할 수 있다. ⊙ ⊗

10 반분법은 개별 문항의 신뢰도나 개별 문항이 전체 척도의 신뢰도에 미치는 영향을 별도로 측정할 수 있다. ⊙ ⊗

답 **01** ✕ **02** ○ **03** ○ **04** ✕ **05** ✕ **06** ○ **07** ○ **08** ○ **09** ○ **10** ✕

해설 **01** 기준 관련 타당도의 하위타당도에는 예측타당도와 동시타당도가 있다.
04 타당도가 높은 측정은 신뢰도도 높은 경향이 있지만, 신뢰도가 높다고 반드시 타당도가 높은 것은 아니다.
05 신뢰도를 높이기 위해서는 측정항목(하위변수)을 늘리고 선택범위(값)를 넓혀야 한다.
10 반분법은 문항 전체의 신뢰도는 측정할 수 있지만 개별 문항의 신뢰도나 개별 문항이 전체 척도의 신뢰도에 미치는 영향을 별도로 측정할 수 없는 한계가 있다.

1회독 월 일　2회독 월 일　3회독 월 일

최근 10년간 **6문항** 출제

복습 1

이론요약

 21회 기출　 20회 기출

체계적 오류

기본개념

사회복지조사론
pp.154~

- 변수에 <u>일정하게 체계적으로 영향을 주어</u> 측정결과가 모두 높아지거나 모두 낮아지게 되는 편향된 경향을 보이는 오류이다.
- 인구통계학적·사회경제적 특성으로 인한 오류, 개인적 성향으로 인한 오류, 측정하려는 개념이 태도인지 행동인지 모호할 때 발생하는 오류, 편향(고정반응에 의한 편향, 사회적 적절성의 편향, 문화적 차이에 의한 편향)에 따른 오류가 있다.

비체계적 오류(무작위적 오류)

- 오류의 값이 인위적이거나 편향된 것이 아니라 다양하게 분산되어 있어 <u>무작위적으로 발생</u>하는 오류이다.
- 측정대상, 측정과정, 측정수단, 측정자 등에 일관성 없이 영향을 미침으로써 발생하는 오류이다.
- 비체계적 오류를 줄이기 위해서는 측정도구의 내용을 명확하게 하고, 측정항목 수를 가능한 범위 안에서 늘리며, 신뢰할 수 있는 측정도구를 사용해야 한다. 또한 측정자들의 측정방식이나 태도에 일관성이 있어야 하며, 조사대상자가 모르는 내용은 측정하지 말아야 하고, 측정자에게 측정도구에 대한 교육을 철저히 해야 한다.

기출문장
CHECK

01 (21-02-17) 연구자의 의도가 포함된 질문은 체계적 오류를 발생시킨다.

02 (18-02-23) 비관여적 관찰은 체계적 오류를 최소화한다.

03 (15-02-14) 체계적 오류는 측정의 타당도를 저해한다.

04 (14-02-08) 측정의 무작위 오류(random error)는 설문문항이 지나치게 많을 경우 발생하기 쉽다.

05 (09-02-09) 측정오류는 신뢰도와 타당도가 확보된 측정도구를 이용하여 예방할 수 있다.

06 (03-02-12) 체계적 오류, 무작위 오류는 측정에서 나타날 수 있는 오류이다.

07 (02-02-16) 측정오류를 최소화하기 위해서는 측정자를 대상으로 측정도구에 대한 사전교육을 충분히 해야 한다.

대표기출 확인하기

21-02-17　　난이도 ★★☆

측정의 오류에 관한 설명으로 옳지 않은 것은?

① 연구자의 의도가 포함된 질문은 체계적 오류를 발생시킨다.
② 사회적으로 바람직한 응답은 체계적 오류를 발생시킨다.
③ 측정의 오류는 연구의 타당도를 낮춘다.
④ 타당도가 낮은 척도의 사용은 무작위 오류를 발생시킨다.
⑤ 측정의 다각화는 측정의 오류를 줄여 객관성을 높인다.

 알짜확인

- 측정의 체계적 오류의 특성을 이해해야 한다.
- 측정의 비체계적 오류의 특성을 이해해야 한다.

답 ④

✅ **응시생들의 선택**

① 10%	② 20%	③ 12%	④ 46%	⑤ 12%

④ 측정오류는 변수를 측정하는 과정에서 나타나는 오류로서 본질적으로 신뢰도와 타당도의 문제이다. 타당도는 체계적 오류, 신뢰도는 비체계적 오류(무작위 오류)와 관련된 개념이다. 따라서 타당도가 낮은 척도의 사용은 체계적 오류를 발생시킨다.

➕ **덧붙임**

한동안 출제되지 않다가 최근 시험에서 다시 출제되고 있다. 주로 체계적 오류와 비체계적 오류(무작위적 오류)의 특성을 비교하는 형태로 출제되었으며, 측정오류를 줄이기 위해서는 어떠한 노력들이 필요한지에 대해 묻는 문제도 출제되었다.

관련기출 더 보기

18-02-23　　난이도 ★★★

측정 시 나타날 수 있는 체계적 오류에 관한 설명으로 옳지 않은 것은?

① 코딩 왜곡은 체계적 오류를 발생시킨다.
② 익명의 응답은 체계적 오류를 최소화한다.
③ 편견 없는 단어는 체계적 오류를 최소화한다.
④ 척도구성 과정의 실수는 체계적 오류를 발생시킨다.
⑤ 비관여적 관찰은 체계적 오류를 최소화한다.

답 ①

✅ **응시생들의 선택**

① 14%	② 35%	③ 8%	④ 19%	⑤ 24%

① 코딩 왜곡은 비체계적 오류를 발생시킨다. 비체계적 오류는 오류의 값이 인위적이거나 편향된 것이 아니라 다양하게 분산되어 있어 무작위적으로 발생하는 오류이다. 측정대상, 측정과정, 측정수단, 측정자 등에 일관성 없이 영향을 미침으로써 발생한다.

15-02-14　　난이도 ★★☆

측정의 오류에 관한 설명으로 옳은 것은?

① 편향에 의해 체계적 오류가 발생한다.
② 무작위 오류는 측정의 타당도를 저해한다.
③ 체계적 오류는 측정의 신뢰도를 저해한다.
④ 표준화된 측정도구를 사용하더라도 체계적 오류를 줄일 수 없다.
⑤ 측정자, 측정 대상자 등에 일관성이 없어 생기는 오류를 체계적 오류라 한다.

답 ①

✅ **응시생들의 선택**

① 49%	② 14%	③ 10%	④ 13%	⑤ 14%

② 무작위 오류는 측정의 신뢰도를 저해한다.
③ 체계적 오류는 측정의 타당도를 저해한다.
④ 표준화된 측정도구를 사용하는 것은 체계적 오류를 줄일 수 있다.
⑤ 측정자, 측정 대상자 등에 일관성이 없어 생기는 오류를 무작위 오류라 한다.

측정의 무작위 오류(random error)에 관한 설명으로 옳은 것은?

① 응답자가 자신에 대한 이미지를 좋게 만들기 위해 응답할 때 발생한다.
② 타당도를 낮추는 주요 원인이다.
③ 설문문항이 지나치게 많을 경우 발생하기 쉽다.
④ 연구자가 응답자에게 유도성 질문을 할 때 발생한다.
⑤ 일정한 양태와 일관성을 갖는 오류이다.

답 ③

✅ 응시생들의 선택

① 8%	② 41%	③ 36%	④ 6%	⑤ 9%

① 응답자가 자신에 대한 이미지를 좋게 만들기 위해 응답할 때 발생하는 것은 체계적 오류이다.
② 무작위 오류는 신뢰도와 관련된 개념이다.
④ 연구자가 응답자에게 유도성 질문을 할 때 발생하는 것은 체계적 오류이다.
⑤ 일정한 양태와 일관성을 갖는 오류는 체계적 오류이다.

측정에서 나타날 수 있는 오류를 나타낸 것 중 맞는 것은?

> ㄱ. 체계적 오류
> ㄴ. 생태학적 오류
> ㄷ. 무작위 오류
> ㄹ. 표준오차

① ㄱ, ㄴ, ㄷ
② ㄱ, ㄷ
③ ㄴ, ㄹ
④ ㄹ
⑤ ㄱ, ㄴ, ㄷ, ㄹ

답 ②

✅ 응시생들의 선택

① 2%	② 92%	③ 2%	④ 1%	⑤ 3%

ㄴ. 생태학적 오류는 분석에서 나타날 수 있는 오류이다.
ㄹ. 표준오차는 표집에서의 오류이다.

측정오류(measurement error)에 관한 설명으로 옳은 것을 모두 고른 것은?

> ㄱ. 체계적 오류는 측정도구의 구성에서 발생할 수 있다.
> ㄴ. 측정오류의 정도는 측정대상과 측정도구의 성격에 따라 차이가 나타난다.
> ㄷ. 측정오류는 신뢰도와 타당도가 확보된 측정도구를 이용하여 예방할 수 있다.
> ㄹ. 무작위 오류는 수집된 자료를 코딩하는 과정에서 잘못 입력하는 경우에 발생한다.

① ㄱ, ㄴ, ㄷ
② ㄱ, ㄷ
③ ㄴ, ㄹ
④ ㄹ
⑤ ㄱ, ㄴ, ㄷ, ㄹ

답 ⑤

✅ 응시생들의 선택

① 31%	② 18%	③ 12%	④ 7%	⑤ 32%

ㄱ. 측정도구 작성 시 편견이 섞인 단어나 특정 문화집단만 이해할 수 있는 단어를 사용하는 경우 사회적 적절성의 편향이라든가 문화적 차이에 의한 편향 등으로 체계적 오류가 발생할 수도 있다.
ㄴ. 측정오류는 측정도구, 측정환경, 측정대상자에 따라 달라질 수 있다.
ㄷ. 체계적 오류는 타당도와 관련되며, 비체계적 오류는 신뢰도와 관련된 오류이므로 신뢰도와 타당도가 확보된 측정도구를 이용하면 오류를 줄일 수 있다.
ㄹ. 비체계적 오류(무작위 오류)는 측정대상, 측정과정, 측정수단, 측정자 등에 일관성 없이 영향을 미침으로써 발생하는 오류이다.

다음 내용이 왜 틀렸는지를 확인해보자

01 측정하려는 개념이 태도인지 행동인지 모호할 때 발생하는 오류는 **비체계적 오류**에 해당한다.

> 측정하려는 개념이 태도인지 행동인지 모호할 때 발생하는 오류는 체계적 오류에 해당한다.

02 비체계적 오류를 줄이기 위해서는 **측정항목 수를 최대한 줄여야 한다.**

> 비체계적 오류를 줄이기 위해서는 측정항목 수를 가능한 범위 안에서 늘려야 한다.

03 타당도는 **비체계적 오류**, 신뢰도는 **체계적 오류**와 관련된 개념이다.

> 타당도는 체계적 오류, 신뢰도는 비체계적 오류와 관련된 개념이다.

04 인구통계학적 또는 사회경제적인 특성으로 인해 일정한 방향으로 오류가 나타나는 경향과 개인적 성향으로 일정하게 나타나는 경향에서 발생하는 것을 **비체계적 오류**라고 한다.

> 인구통계학적 또는 사회경제적인 특성으로 인해 일정한 방향으로 오류가 나타나는 경향과 개인적 성향으로 일정하게 나타나는 경향에서 발생하는 것을 체계적 오류라고 한다.

05 **고정반응에 의한 편향**은 응답자들이 조사자의 의도에 맞춰 대답하거나 집단적 규범에 일치하는 응답을 하는 경우이다.

> 응답자들이 조사자의 의도에 맞춰 대답하거나 집단적 규범에 일치하는 응답을 하는 경우는 사회적 적절성의 편향이다.

빈칸에 들어갈 알맞은 말을 채워보자

15-02-14
01 측정자, 측정 대상자 등에 일관성이 없어 생기는 오류를 (　　　　　)(이)라 한다.

09-02-09
02 측정오류는 신뢰도와 타당도가 확보된 (　　　　　)을/를 이용하여 예방할 수 있다.

03 (　　　　　)은/는 설문지에서 일정한 유형의 질문 문항들이 연속될 때 응답자들이 고정된 반응을 나타내는 것을 말한다.

 답 **01** 무작위 오류　**02** 측정도구　**03** 고정반응에 의한 편향

다음 내용이 옳은지 그른지 판단해보자

01 비체계적 오류는 측정도구, 측정대상, 측정상황의 3가지 측면에서 모두 발생한다.

02 개인적 성향으로 인한 오류는 무작위적 오류에 해당한다.

14-02-08
03 무작위 오류는 연구자가 응답자에게 유도성 질문을 할 때 발생한다.

04 자료수집과정에 편향 또는 편견이 개입될 때도 체계적 오류가 발생할 수 있다.

05 비체계적 오류를 줄이기 위해서는 조사대상자가 잘 모르거나 관심이 없는 내용도 반드시 응답하도록 유도해야 한다.

답 **01** ○　**02** ×　**03** ×　**04** ○　**05** ×

해설 **02** 개인적 성향으로 인한 오류는 체계적 오류에 해당한다.
03 연구자가 응답자에게 유도성 질문을 할 때 발생하는 것은 체계적 오류이다.
05 비체계적 오류를 줄이기 위해서는 조사대상자가 잘 모르거나 관심이 없는 내용에 대해서는 측정하지 않는다.

척도

척도의 개념과 척도화의 유형 등을 다룬다.

10년간 출제분포도

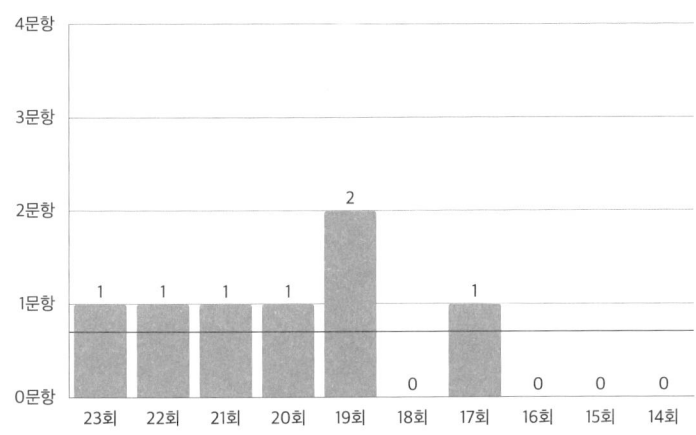

0.7
문항

평균 출제문항수

KEYWORD

047

척도화의 유형

강의 QR코드

1회독   월   일
2회독   월   일
3회독   월   일

최근 10년간 **7문항** 출제

복습
1
이론요약

 23회 기출 22회 기출 21회 기출 20회 기출 19회 기출

척도의 의미와 필요성

- 관찰된 현상에 대해 일정한 규칙에 따라 수치나 기호를 부여하는 것을 측정이라 하고, 이 측정을 위한 도구를 척도라고 한다.
- 척도는 측정하고자 하는 대상에 부여하는 숫자나 기호들의 체계이다.
- 척도는 하나의 단순지표로서는 제대로 측정하기 어려운 복합적인 개념들을 측정할 수 있다.
- 척도는 변수에 대한 양적인 측정치를 제공함으로써 정확성을 높인다.

기본개념

사회복지조사론
pp.163~

평정 척도

- 평가자가 측정대상의 연속성을 전제로 하여, 일정한 등급법에 따라 평가함으로써 대상의 속성을 구별하는 척도이다.
- 대부분 서열척도이지만 항목 간 거의 비슷한 정도의 차이가 있다고 가정하면 등간척도로 간주할 수도 있다.

리커트 척도

- 단순합계척도의 대표적 방법이며, 설문조사에서 가장 보편적으로 사용된다.
- 개별문항에 응답자가 답한 점수를 합산해 해당 개념의 점수를 산출한다.
- 각 문항들은 **동등한 가치를 가지며, 총점에 따라 서열**이 새겨진다.

거트만 척도

- **누적척도이며, 단일차원적 척도**의 대표적인 방법이다.
- 개별 항목들이 일정한 기준에 의해 일관성 있게 서열을 이루고 있다.
- 예측성이 높으며, 복잡한 계량적 과정 없이 쉽게 서열적으로 척도화가 가능하다.
- 척도를 구성하는 질문문항의 내용을 강도에 따라 일관성 있고 누적적이게 되도록 작성하는 것이 쉽지 않다.
- 각 문항들 간에 서열이 매겨진다.

의미분화 척도

- 개념에 **함축된 의미를 평가**하기 위해 고안한 척도이다.
- 일직선으로 도표화된 척도의 양극단에 서로 상반되는 형용사를 배열한다.

사회적 거리 척도

• 보가더스가 인종적 편견의 강도를 측정하기 위해 제시한 척도로서, 누적척도에 해당된다.
• 응답자 자신과 다른 사회적 범주(국적, 인종)의 구성원 간에 인지되는 **거리감을 측정**한다.

써스톤 척도

• 리커트 척도의 단점을 보완하는 등간–비율 척도이다.
• 어떤 사실에 대해 가장 우호적인 태도와 가장 비우호적인 태도를 나타내는 양 극단을 등간격으로 구분하여 여기에 수치를 부여함으로써 등간척도를 구성한다.
• 등간 성격을 갖는 척도를 만들기 위해 문항평가자들을 통해 사전평가 시행 후 결과를 분석하여 **각 문항에 대한 중앙값을 척도치로 부여**한다.

기출문장 CHECK

01 (23-02-08) 보가더스의 사회적 거리 척도는 집단이 다른 인간이나 집단에 대하여 가지는 친밀감의 정도를 사회적 거리라는 개념으로 정의하고 이를 측정하기 위한 몇 개의 하위 문항으로 구성된다.

02 (22-02-11) 리커트(Likert) 척도는 각 문항의 점수를 합산하여 전체적인 경향이나 특성을 측정하는 방법이다.

03 (21-02-22) 보가더스(Bogardus)의 사회적 거리 척도는 누적 척도이다.

04 (20-02-11) 리커트 척도(Likert scale)는 문항 간 내적 일관성이 중요하다.

05 (19-02-09) 서열척도의 대표적인 유형은 리커트 척도이다.

06 (17-02-05) 써스톤 척도는 어떤 사실에 대하여 가장 긍정적인 태도와 가장 부정적인 태도를 나타내는 양 극단을 등간적으로 구분하여, 여기에 수치를 부여함으로써 등간척도를 구성하는 방법이다.

07 (13-02-22) 척도 구성을 위한 요인분석(factor analysis)을 통해 문항들의 단일차원성, 척도 내의 불필요한 문항, 하위척도의 손색가능성, 각 문항의 싱대직 영향력 등을 확인할 수 있다.

08 (12-02-22) 의미분화(semantic differential) 척도는 한 쌍의 반대가 되는 형용사를 사용한다.

09 (11-02-08) 리커트 척도는 서열척도이다.

10 (10-02-23) 사회적 거리감 척도는 보가더스가 인종적 편견의 강도를 측정하기 위해 제시한 척도이다.

11 (09-02-05) 리커트(Likert) 척도의 각각의 문항은 측정하고자 하는 개념의 속성에 대해 동일한 기여를 한다.

12 (08-02-14) 척도구성의 기본 요건으로는 응답범주의 포괄성, 응답범주 간 상호배타성, 응답범주 간 내적 일관성 등이 있다.

13 (07-02-09) 평정 척도(rating scale)는 찬반의 응답범주 수가 균형을 이루어야 한다.

14 (07-02-10) 리커트 척도는 합산법 척도의 대표적 방법이다.

15 (06-02-14) 척도구성 시 응답범주들은 응답 가능한 상황을 포괄하고 있어야 한다.

16 (05-02-16) 써스톤의 유사등간법은 한 개념을 여러 개의 문항을 통해 조사한다.

17 (04-02-15) 리커트 척도는 실용적이며 사용의 용이성이 높아 널리 쓰인다.

18 (03-02-14) 높은 수준의 척도일수록 많은 정보를 담고 있다.

대표기출 확인하기

난이도 ★★☆

척도에 관한 설명으로 옳은 것은?

① 리커트 척도는 개별문항의 중요도를 차등화한다.
② 보가더스의 사회적 거리 척도는 누적 척도이다.
③ 평정 척도는 문항의 적절성 평가가 용이하다.
④ 거트만 척도는 다차원적 내용을 분석할 때 사용된다.
⑤ 의미차별 척도는 느낌이나 감정을 나타내는 한 쌍의 유사한 형용사를 사용한다.

 알짜확인

• 척도화의 유형별 특징을 이해해야 한다.

답 ②

✔ **응시생들의 선택**

① 12%	② 49%	③ 13%	④ 10%	⑤ 16%

① 리커트 척도는 하나의 개념을 측정하기 위해 여러 문항들을 이용하는 척도로서, 각 문항들은 동일한 응답범주를 사용하며 모두 동등한 가치를 부여받는다. 즉, 개별문항에 가중치를 부여하지 않는다.
③ 평정 척도는 문항의 적절성 평가가 어렵다. 평정 척도는 평가자가 측정대상의 연속성을 전제로 하여, 일정한 등급법에 따라 평가함으로써 대상의 속성을 구별하는 척도이다. 즉, 설정한 각 단계에 임의 수치를 부여하여 여기서 얻어진 수치의 합계 또는 평균을 측정대상이 가지는 척도점수로 가정하는 척도이다. 객관적 평가도구의 작성이 어려우며, 척도에 대한 주관적 판단을 요구하기 때문에 평가자의 주관, 편견 등이 작용할 가능성이 높다.
④ 거트만 척도는 단일한 개념을 측정하는 단일차원성을 특징으로 한다. 단일차원성이란 척도가 한 가지 혹은 단일한 개념, 차원만을 측정하고 있는 것을 의미한다. 따라서 둘 이상의 개념을 측정하는 다차원적인 척도로는 사용되기 어렵다.
⑤ 의미차별 척도는 느낌이나 감정을 나타내는 서로 상반되는 형용사를 사용한다. 즉, 어떤 개념에 대한 생각이나 느낌을 다양한 차원에서 평가하기 위해 그에 대한 형용사를 정하고 양 극단에 서로 상반되는 형용사를 배치하여 그 속성에 대한 평가를 내리도록 하는 척도이다.

➕ **덧붙임**

척도 구성의 기본 요건을 묻는 문제, 개별 척도 유형에 대한 문제, 척도의 사례를 제시하고 해당하는 척도를 고르는 문제 등이 출제되고 있다. 실제 척도 사례를 보고 척도 유형을 구분할 수 있는 능력이 필요하다.

관련기출 더 보기

난이도 ★★☆

○○고등학교에서는 전교생을 대상으로 취약 청소년 집단(A, B, C)에 대한 사회적 거리감을 조사하고자 한다. 아래에서 제시되는 척도로 옳은 것은?

※ 각 대상에 관한 귀하의 생각에 해당 되는 칸에 "O"표 하십시오.			
문항	A집단 청소년	B집단 청소년	C집단 청소년
1. 친밀한 동아리 구성원으로 받아들임			
2. 같은 학교의 구성원으로 받아들임			
3. 일시적인 방문객으로 받아 들임			

① 리커트 척도(Likert scale)
② 어의적 분화 척도(semantic differential scale)
③ 보가더스 척도(Bogardus scale)
④ 소시오매트릭스(sociomatrix)
⑤ 써스톤 척도(Thurstone scale)

답 ③

✔ **응시생들의 선택**

① 17%	② 6%	③ 53%	④ 13%	⑤ 11%

③ 보가더스의 사회적 거리 척도에 해당한다. 개인 혹은 집단이 다른 인간이나 집단에 대하여 가지는 친밀감의 정도를 사회적 거리라는 개념으로 정의하고 이를 측정하기 위한 몇 개의 하위 문항으로 구성된다. 서열척도에 해당하며, 거트만 척도와 같이 누적적인 문항으로 구성되는 척도이다.

다음이 설명하는 척도로 옳은 것은?

- 사회복지사에 대해 느끼는 감정에 대해 해당 점수에 체크 하시오.

	1점	2점	3점	4점	5점	6점	7점	8점	
1. 친절한	├─	─┼─	─┼─	─┼─	─┼─	─┼─	─┼─	─┤	불친절한
2. 행복한	├─	─┼─	─┼─	─┼─	─┼─	─┼─	─┼─	─┤	불행한

① 리커트 척도(Likert scale)
② 거트만 척도(Guttman scale)
③ 보가더스 척도(Borgadus scale)
④ 어의적 분화 척도(Semantic differential scale)
⑤ 써스톤 척도(Thurstone scale)

답 ④

✅ **응시생들의 선택**

① 25%	② 13%	③ 5%	④ 44%	⑤ 13%

④ 의미분화 척도라고도 한다.

다음은 무엇에 관한 설명인가?

A연구소가 정치적 보수성을 판단할 수 있는 문항들의 상대적인 강도를 11개의 점수로 평가자들에게 분류하게 한다. 다음 단계로 평가자들 간에 불일치도가 높은 항목들을 제외하고, 각 문항이 평가자들로부터 받은 점수의 중위수를 가중치로 하여 정치적 보수성 척도를 구성한다.

① 거트만(Guttman) 척도
② 써스톤(Thurstone) 척도
③ 리커트(Likert) 척도
④ 보가더스(Borgadus) 척도
⑤ 의미차이(sematic differential) 척도

답 ②

✅ **응시생들의 선택**

① 20%	② 41%	③ 19%	④ 12%	⑤ 8%

② 써스톤 척도는 어떤 사실에 대하여 가장 긍정적인 태도와 가장 부정적인 태도를 나타내는 양 극단을 등간적으로 구분하여, 여기에 수치를 부여함으로써 등간척도를 구성하는 방법이다. 주어진 사례에서 '평가자들로부터 받은 점수의 중위수를 가중치로 하여 척도를 구성하였다'고 하였으므로 이는 써스톤 척도에 해당한다.

척도에 관한 설명으로 옳지 않은 것은?

① 보가더스의 사회적 거리 척도는 누적척도의 한 종류이다.
② 의미분화(semantic differential) 척도는 한 쌍의 반대가 되는 형용사를 사용한다.
③ 리커트 척도의 각 문항은 등간척도이다.
④ 거트만 척도는 각 문항을 서열적으로 구성한다.
⑤ 써스톤 척도를 개발하는 과정은 리커트 척도와 비교하여 많은 시간과 노력이 요구된다.

답 ③

✅ **응시생들의 선택**

① 16%	② 7%	③ 55%	④ 12%	⑤ 10%

③ 리커트 척도는 서열척도에 해당한다.

리커트(Likert) 척도에 관한 설명으로 옳은 것은?

① 비율척도이다.
② 개별 문항의 중요도는 동등하지 않다.
③ 단일 문항으로 측정하는 장점이 있다.
④ 질적 조사에서 보편적으로 사용된다.
⑤ 척도나 지수 개발에 용이하다.

답 ⑤

✅ **응시생들의 선택**

① 9%	② 11%	③ 27%	④ 12%	⑤ 41%

① 리커트 척도는 서열척도이다.
② 개별 문항의 중요도가 동등하다고 간주된다.
③ 리커트 척도, 거트만 척도, 의미분화 척도, 써스톤 척도는 모두 복수의 문항으로 측정한다.
④ 측정이 쉽고 단순하여 양적 조사에서 가장 보편적으로 사용된다.

다음 내용이 왜 틀렸는지를 확인해보자

01 등간-비율 척도화에는 평정 척도화, 총화평정 척도화, 리커트 척도화, 거트만 척도화 등이 있다.

> 평정 척도화, 총화평정 척도화, 리커트 척도화, 거트만 척도화 등은 서열척도화이다.

02 의미분화 척도는 주관적인 개념 측정이 어렵다는 단점이 있다.

> 의미분화 척도는 가치와 태도와 같은 주관적인 개념 측정에 용이하다는 장점이 있다.

03 써스톤 척도가 문항들의 서열성을 두어 척도 구성을 했다면, 거트만 척도는 서열 문항들 간에 등간성까지 갖춘 척도이다.

> 거트만 척도가 문항들의 서열성을 두어 척도 구성을 했다면, 써스톤 척도는 서열 문항들 간에 등간성까지 갖춘 척도이다.

11-02-08

04 거트만 척도는 하나의 개념을 측정하기 위해 여러 문항들을 이용하며, 각 문항들은 동일한 응답범주를 사용하며 모두 동등한 가치를 부여받는다.

> 리커트 척도는 하나의 개념을 측정하기 위해 여러 문항들을 이용하며, 각 문항들은 동일한 응답범주를 사용하며 모두 동등한 가치를 부여받는다.

10-02-23

05 의미분화 척도는 보가더스가 인종적 편견의 강도를 측정하기 위해 제시한 척도이다.

> 사회적 거리 척도는 보가더스가 인종적 편견의 강도를 측정하기 위해 제시한 척도이다.

06 리커트 척도는 어떤 사실에 대하여 가장 긍정적인 태도와 가장 부정적인 태도를 나타내는 양 극단을 등간적으로 구분하여, 여기에 수치를 부여한다.

> 써스톤 척도는 어떤 사실에 대하여 가장 긍정적인 태도와 가장 부정적인 태도를 나타내는 양 극단을 등간적으로 구분하여, 여기에 수치를 부여한다.

빈칸에 들어갈 알맞은 말을 채워보자

12-02-22

01 리커트 척도의 각 문항은 (   )이다.

02 (   )은/는 서열척도에 해당하며, 척도를 구성하는 문항들이 내용의 강도에 따라 일관성 있게 서열을 이루고 있어서 단일차원적이고 누적적인 척도를 구성하고 있다.

03 (   )은/는 어떤 개념에 대한 생각이나 느낌을 다양한 차원에서 평가하기 위해 그에 대한 형용사를 정하고 양 극단에 서로 상반되는 형용사를 배치하여 그 속성에 대한 평가를 내리도록 하는 척도이다.

04 (   )(이)란 척도가 한 가지 혹은 단일한 개념만을 측정하고 있는 것으로써 척도를 구성하는 문항, 항목들이 단일한 차원을 반영해야 한다는 것을 의미한다.

05 (   )은/는 척도를 구성하는 여러 개의 문항들 중 불필요한 문항을 제기하고 각 문항의 상대적 영향력을 비교하여 적절한 문항을 선택하는 과정에서 활용된다.

답 **01** 서열척도 **02** 거트만 척도 **03** 의미분화 척도 **04** 단일차원성 **05** 요인분석

다음 내용이 옳은지 그른지 판단해보자

21-02-22
01 보가더스의 사회적 거리 척도는 거트만 척도와 같이 누적적인 문항으로 구성되는 척도이다.

02 리커트 척도는 각 문항별 응답점수의 총합이 측정하고자 하는 개념을 대표한다는 가정에 근거한다.

07-02-10
03 리커트 척도는 사전 문항평가자를 활용한다.

04 리커트 척도는 두 명의 응답자의 총점이 동일하더라도 각 문항에 대한 응답은 다를 수 있기 때문에 총점으로 각 문항에 대해 어떻게 응답했는지는 알기 어렵다.

05 측정대상의 성별을 분류할 목적으로 숫자를 부여하는 측정방법은 서열척도이다.

06 요인분석에서 하나의 요인으로 묶여진 측정 문항들은 판별타당도가 높은 것으로 판단하고, 서로 다른 요인들 간에는 수렴타당도가 높은 것으로 해석할 수 있다.

07 명목척도화의 응답범주들은 논리적 연관성을 가지고 있어야 한다.

08 서열적 척도화에는 평정 척도, 총화평정 척도, 리커트 척도, 써스톤 척도 등이 있다.

 답 **01** ○ **02** ○ **03** × **04** ○ **05** × **06** × **07** ○ **08** ×

해설 **03** 사전 문항평가자를 활용하는 것은 써스톤 척도이다.
05 측정대상의 성별을 분류할 목적으로 숫자를 부여하는 측정방법은 명목척도이다.
06 요인분석에서 하나의 요인으로 묶여진 측정 문항들은 수렴타당도가 높은 것으로 판단하고, 서로 다른 요인들 간에는 판별타당도가 높은 것으로 해석할 수 있다.
08 써스톤 척도는 서열적 척도화가 아닌 등간-비율척도화에 해당한다.

CHAPTER 9

표집(표본추출)

이 장에서는

표집의 특성, 표집방법, 표본의 크기와 표본오차 등을 다룬다.

10년간 출제분포도

2.5
문항

평균 출제문항수

강의 QR코드

1회독	2회독	3회독
월 일	월 일	월 일

최근 10년간 **19문항** 출제

이론요약

23회 기출 / 22회 기출 / 21회 기출 / 20회 기출 / 19회 기출

표집 관련 용어

기본개념

사회복지조사론
pp.178~

- 모집단: 연구대상이 되는 집단 전체이다.
- 표집틀: 표본을 추출하기 위한 모집단의 목록이다.
- 표집단위: 표본이 추출되는 각 단계에서 표본으로 추출되는 요소들의 단위이다. 일반적으로 표집단위는 분석단위와 일치하지만 표집방법에 따라 일치하지 않는 경우도 있다.
- 관찰단위: 자료를 직접 수집하는 요소 또는 요소의 총합체를 말하는 것으로 자료수집 단위라고도 한다. 대부분은 분석단위와 관찰단위가 일치하지만 항상 그런 것은 아니다.
- 모수: 모집단의 변수를 요약하여 기술한 수치, 모집단의 특성을 수치로 표현한 것, 모집단의 속성을 나타내는 값이다.
- 통계치: 표본에서 변수의 특성을 요약하여 기술한 수치이다. 연구조사자는 표본조사를 통해 구한 통계치를 바탕으로 모수를 추정한다.

표본설계의 과정

모집단 확정 → 표집틀 선정 → 표집방법 결정 → 표본의 크기 결정 → 표본추출

확률표집방법

▶ 확률표집방법의 개념

- 모집단의 각 표집단위가 모두 추출될 기회를 가지고 있고, 각 단위가 추출될 확률을 정확히 알고 무작위 방법에 기초하여 표집하면, 이를 확률표집이라고 하고 이 방법으로 추출된 표본을 확률표본이라고 한다.
- 확률표집방법은 통계치로부터 모수치를 정확히 추정하는 방법을 제시해준다.

▶ 확률표집방법의 유형

- 단순무작위표집법: 표집틀에서 각 사람이나 표집단위에 번호를 할당하여 조사자가 일정한 유형 없이 **단순히 무작위로 추출하는 방법**이다.
- 체계적 표집법: 표집틀인 모집단 목록에서 **일정한 순서에 따라** 매 k번째 요소를 표본으로 추출하는 방법이다.
- 층화표집법: 모집단을 먼저 서로 중복되지 않는 **여러 개의 층으로 분류한 후**, 각 층에서 단순무작위표집에 따라 표본

을 추출하는 방법이다.
- 군집표집법: 모집단을 여러 개의 집락 또는 집단들로 구분하여, 이들 집락이나 집단 중 일부를 선택하고, **선택된 집락 또는 집단 안에서만** 표본을 무작위 추출하는 방법이다.

비확률표집방법

▶ 비확률표집방법의 개념
- **모집단에 대한 지식·정보가 제한되어 있거나 모집단으로부터 선택될 확률이 미리 알려지지 않은 경우** 사용한다.
- 표집절차가 복잡하지 않으며 비용이 훨씬 적게 든다. 통계의 복잡성이 없으며 활용 가능한 응답자를 즉석에서 활용할 수 있다.
- 각 단위가 표본에 포함될 확률을 알 수 없고 표본오차를 산정할 수 없다. 어떤 사람이 선택될 확률이 알려지지 않기 때문에 표본이 모집단을 대표하고 있다고 말할 수 없고, 따라서 연구의 일반화에도 제한점이 있다.

▶ 비확률표집방법의 유형
- 편의표집법: 표본 선정의 편리성에 기준을 두고 **조사자 임의대로** 확보하기 쉽고 편리한 표집단위를 표본으로 추출하는 방법이다.
- 유의표집법: 전문가의 판단으로 **조사의 목적과 의도에 맞는 대상**을 표본으로 선정하는 방법이다.
- 할당표집법: 모집단의 속성 중 조사내용에 영향을 주는 요소를 정해서 이를 기준으로 몇 개의 범주로 구분하고, 각 범주에 해당하는 표본을 모집단에서 차지하는 범주의 비율에 따라 할당하고 각 범주로부터 **할당된 수의 표본을 임의적으로 추출**하는 방법이다.
- 눈덩이표집법: 연구에 필요한 특성을 갖춘 소수의 표본을 찾고, 그 표본을 통해서 다른 사람을 소개받아 **점차 표본의 수를 늘려가는 방법**이다.

질적 연구의 표집방법
- 기준표집: 연구자가 연구의 초점에 맞추어 미리 결정한 어떤 기준을 충족시키는 사례들을 선정하는 방법이다.
- 최대변화량 표집: 적은 수의 표본이지만 다양한 속성을 가진 사례들을 골고루 확보하기 위한 방법이다.
- 동질적 표집: 최대변화량 표집과 대조적이며, 동질적인 사례들로 표본을 선정하는 방법이다.
- 결정적 사례: 어떤 상황이나 문제에 대한 구체적인 정보를 제공하는 결정적인 사례를 표집하는 방법이다.
- 예외사례표집: 규칙적인 유형에 맞지 않는 극단적이거나 예외적인 사례를 검토하는 방법이다.
- 극단적/일탈적 사례: 연구자가 관심을 보이고 있는 현상이 전형적으로 나타나는 사례와 매우 특이하고 예외적인 사례를 표집하여 주요 현상에 대한 이해를 넓히는 방법이다.
- 준예외사례표집: 예외사례표집의 경우처럼 극단적인 사례나 예외적인 사례가 너무 특이해서 연구하는 현상을 왜곡할 가능성을 우려하여 일상적인 것보다는 약간 예외적이라고 할 수 있을 정도의 사례를 선정하는 방법이다.

01 (23-02-11) 확률표집은 비확률표집에 비해 정확한 표집틀이 필요하다.

02 (23-02-13) 층화표집법은 군집표집에 의한 조사에 비해 표집오차를 줄일 수 있다.

03 (22-02-15) 눈덩이표집(snowball sampling)은 질적 연구나 현장연구에서 많이 사용된다.

04 (22-02-17) 판단(judgemental) 표집, 결정적 사례(critical case) 표집, 극단적 사례(extreme case) 표집, 최대변이 (maximum variation) 표집은 질적 연구에서 사용된다.

05 (21-02-21) 표집오류를 줄이기 위해 층화표집방법(stratified sampling)을 사용할 수 있다.

06 (21-02-25) 할당표집방법은 우발적 표집보다 표본의 대표성이 높다.

07 (20-02-17) 체계적 표집법은 주기성으로 인해 오차가 개입되어 대표성의 문제가 발생할 수 있다.

08 (20-02-18) 단순무작위표집(simple random sampling)은 모집단으로부터 표본으로 추출될 확률을 알 수 있다.

09 (19-02-14) 이론적(theoretical) 표본추출, 눈덩이(snowball) 표본추출, 극단적 사례(extreme case) 표본추출, 최대변이 (maximum variation) 표본추출은 일반적으로 질적 조사에서 사용된다.

10 (18-02-19) 조사대상을 전문가의 판단으로 조사의 목적과 의도에 맞게 선정한 것은 의도적 표집이다.

11 (18-02-22) 확률표집은 모집단의 규모와 특성을 알 때 사용할 수 있다.

12 (17-02-19) 할당표본추출은 모집단의 구성요소들이 표본으로 선정될 확률이 동일하지 않다.

13 (16-02-23) 할당표집은 모집단의 속성 중 조사내용에 영향을 주는 요소를 정해서, 이를 기준으로 몇 개의 범주로 구분하고 각 범주에 해당하는 표본을 모집단에서 차지하는 범주의 비율에 따라 할당하고 각 범주로부터 할당된 수의 표본을 임 의적으로 추출하는 방법이다.

14 (15-02-01) 체계적 표집은 확률표집방법에 해당하며, 표집틀인 모집단 목록에서 일정한 순서에 따라 매 k번째 요소를 표본으 로 추출하는 방법이다.

15 (14-02-19) 층화표본추출은 전체 모집단이 아니라 여러 하위집단에서 표본을 추출한다.

16 (13-02-05) 질적 연구를 진행할 때는 편의(convenience)표집, 극단적 사례(extreme case)표집, 이론적(theoretical) 표집, 1사례(one case)표집 등을 사용한다.

17 (13-02-13) 체계적 표집은 확률표집방법에 해당하며, 일정한 순서를 정해서 매번 그 순서에 해당하는 요소를 표본으로 추출하 는 방법이다.

18 (12-02-23) 비확률표집은 연구자의 편견이 개입될 수 있다.

19 (11-02-16) 이질적 집단보다 동질적 집단에서 추출한 표본의 표집오차가 작다는 이론에 기초한 표집방법은 할당(quota)표집, 층화(stratified)표집 등이 있다.

20 (11-02-29) 일반적으로 극단적 사례(extreme case)표집, 전형적 사례(typical case)표집, 눈덩이(snowball)표집, 편의 (convenience)표집 등은 질적 연구에서 사용된다.

21 (10-02-24) 군집표집은 서로 동질적인 몇 개의 집단으로 나누고 이중 일부 집단을 선정하여 선택된 집단에서만 표본을 선정하 는 방법이다.

22 (09-02-04) 유의표집은 표본의 대표성을 보장할 수 없다.

23 (07-02-12) 시·도 2개를 선정하고, 읍·면·동 10개를 선정하고, 그 중에서 사회복지전담공무원 2명을 선정하는 방법은 집락 표집이다.

24 (06-02-26) 남녀 비율을 각각 50%씩 할당한 후 비율이 채워질 때까지 유의표집하는 것은 비확률표집에 해당한다.

25 (04-02-16) 모집단을 동질적인 하위집단으로 나누고 다시 그 하위집단을 단순무작위 표집이나 체계적 표집으로 표본을 추출 하는 방법은 층화표집이다.

대표기출 확인하기

22-02-15 난이도 ★★★

표집에 관한 설명으로 옳지 않은 것은?

① 의도적 표집(purposive sampling)은 비확률표집이다.
② 할당표집(quota sampling)은 동일추출확률에 근거한다.
③ 눈덩이표집(snowball sampling)은 질적 연구나 현장연구에서 많이 사용된다.
④ 집락표집(cluster sampling)은 모집단에 대한 표집틀이 갖추어지지 않더라도 사용가능하다.
⑤ 체계적 표집(systematic sampling)은 주기성(periodicity)이 문제가 될 수 있다.

 알짜확인

• 확률표집방법의 유형별 특징을 이해해야 한다.
• 비확률표집방법의 유형별 특징을 이해해야 한다.
• 질적 연구 표집방법의 유형별 특징을 이해해야 한다.

답 ②

✔ **응시생들의 선택**

① 8%	② 29%	③ 12%	④ 45%	⑤ 6%

② 할당표집은 비확률표집방법에 해당한다. 비확률표집은 각 단위가 표본에 포함될 확률을 알 수 없고 표본오차를 산정할 수 없다. 즉, 동일추출확률에 근거하지 않고 어떤 사람이 선택될 확률이 알려지지 않기 때문에 표본이 모집단을 대표하고 있다고 말할 수 없고, 따라서 연구의 일반화에도 제한점이 있다.

➕ **덧붙임**
표집방법에 관한 문제는 매년 1문제 이상 반드시 출제되는 영역 중 하나이다. 초창기 시험에서는 확률표집방법과 비확률표집방법의 특징을 비교하는 문제가 출제되었지만 최근 시험에서는 개별 표집방법들을 실제 사례와 연결하는 문제가 자주 출제되고 있다.

관련기출 더 보기

23-02-13 난이도 ★★★

다음의 연구에서 활용한 표집방법에 관한 설명으로 옳은 것은?

> 노인복지관 만족도 조사를 위해 지역 내 전체 노인복지관별 등록자명단에서 등록인원수에 비례해서 난수표를 활용하여 표본을 선정하였다.

① 최종적인 표본 선정은 비확률표집방법을 활용하여 이루어진다.
② 군집표집에 의한 조사에 비해 표집오차를 줄일 수 있다.
③ 표집단계에서의 편향성을 해결하기 위해 분석단계에서 가중치를 활용한다.
④ 표집틀의 부재로 상위군집에서 하위군집으로 이동하여 최종 표본을 추출한다.
⑤ 표본의 집단별 분포를 미리 정하고 할당된 수만큼의 표본을 임의로 선정한다.

답 ②

✔ **응시생들의 선택**

① 12%	② 31%	③ 13%	④ 5%	⑤ 39%

지역 내 전체 노인복지관별 등록자명단에서 등록인원수에 비례하여 표본을 선정했다는 것은 층화된 각 집단에서 등록인원수에 비례하는 비율로 추출한 것이며, 난수표를 활용한 것은 단순무작위를 통한 확률표집방법을 사용한 것이므로 주어진 사례는 층화표집법 중 비례층화표집에 해당한다.

① 난수표를 활용하여 단순무작위를 통한 확률표집방법을 사용하였다.
③ 사례에서는 비례적으로 표집했기 때문에 가중치가 불필요하다. 즉, 표집단계에서의 편향성을 해결하기 위해 분석단계에서 가중치를 활용하는 것은 비례층화표집이 아닌 비비례층화표집에 해당한다. 비비례층화표집은 각 하위집단에서 차등 비율로 표본을 추출하기 때문에 편향성이 발생될 수 있어 분석단계에서 가중치를 활용한다.
④ 지역 내 전체 노인복지관별 등록자명단이라는 표집틀이 존재한다.
⑤ 표본을 임의로 선정하지 않고 난수표를 활용하여 확률적으로 표본을 선정하였다.

난이도 ★★☆

질적 조사에서 일반적으로 사용되는 표본추출방법으로 옳지 않은 것은?

① 이론적(theoretical) 표본추출
② 집락(cluster) 표본추출
③ 눈덩이(snowball) 표본추출
④ 극단적 사례(extreme case) 표본추출
⑤ 최대변이(maximum variation) 표본추출

답 ②

✓ 응시생들의 선택

① 20%	② 43%	③ 18%	④ 10%	⑤ 9%

② 집락 표본추출은 확률표집방법에 해당한다. 질적 조사는 일반적으로 확률표집방법이 아닌 비확률표집방법을 사용하여 연구자가 연구에 필요한 표본을 의도적으로 선택하는 방법을 사용한다. 질적 조사의 표집방법에는 이론적 표본추출, 최대변이 표본추출, 동질적 표본추출, 결정적 사례 표본추출, 극단적 사례 표본추출, 예외사례 표본추출, 눈덩이 표본추출 등이 있다.

난이도 ★★☆

다음 사례에서 설명하는 표본추출방법은?

사회복지사들의 감정노동 정도를 조사하기 위하여 설문조사를 실시하였다. 표본은 전국 사회복지관에 근무하는 사회복지사를 대상으로 연령(30세 미만, 30세 이상 50세 미만, 50세 이상)을 고려하여 연령 집단별 각각 100명씩 총 300명을 임의 추출하였다.

① 비례층화 표본추출
② 할당 표본추출
③ 체계적 표본추출
④ 눈덩이 표본추출
⑤ 집락 표본추출

답 ②

✓ 응시생들의 선택

① 30%	② 47%	③ 10%	④ 2%	⑤ 11%

② 주어진 사례는 연령을 기준으로 범주를 구분하고 각 범주로부터 할당된 수의 표본을 임의적으로 추출하였으므로 할당 표본추출에 해당한다.

난이도 ★★☆

다음에 해당하는 표집방법은?

빈곤노인을 위한 새로운 사회복지서비스 개발을 위해 사회복지관의 노인 사례관리 담당자에게 의뢰하여 자신의 욕구를 잘 표현할 수 있는 빈곤노인을 조사대상으로 선정하였다.

① 층화표집   ② 할당표집
③ 의도적 표집   ④ 우발적 표집
⑤ 체계적 표집

답 ③

✓ 응시생들의 선택

① 4%	② 9%	③ 78%	④ 1%	⑤ 8%

③ 노인 사례관리 담당자에게 의뢰하여 자신의 욕구를 잘 표현할 수 있는 빈곤노인을 조사대상으로 선정하였다고 한 것은 조사대상을 전문가의 판단으로 조사의 목적과 의도에 맞게 선정하였다는 것을 의미하는데 이를 의도적 표집이라고 한다. 유의표집, 판단표집이라고도 한다.

난이도 ★★☆

초·중·고등학생의 행복도를 조사하기 위해 모집단에서 차지하는 비율에 맞춰 조사대상자를 표집하고자 한다. 이때 적절하게 사용할 수 있는 비확률표집방법은?

① 층화(stratified)표집
② 체계(systematic)표집
③ 할당(quota)표집
④ 눈덩이(snowball)표집
⑤ 편의(convenience)표집

답 ③

✓ 응시생들의 선택

① 25%	② 6%	③ 62%	④ 4%	⑤ 3%

① 층화표집: 확률표집방법에 해당하며, 모집단을 먼저 서로 중복되지 않는 여러 개의 층으로 분류한 후, 각 층에서 단순무작위표집에 따라 표본을 추출하는 방법이다.
② 체계표집: 확률표집방법에 해당하며, 표집틀인 모집단 목록에서 일정한 순서에 따라 매 k번째 요소를 표본으로 추출하는 방법이다.
④ 눈덩이표집: 비확률표집방법에 해당하며, 처음에는 연구에 필요한 특성을 갖춘 소수의 표본을 찾고, 그 표본을 통해서 다른 사람을 소개받아 점차로 표본의 수를 늘려가는 방법이다.
⑤ 편의표집: 비확률표집방법에 해당하며, 표본 선정의 편리성에 기준을 두고 조사자 임의대로 확보하기 쉽고 편리한 표집단위를 추출하는 방법이다.

다음 조사에 해당하는 표집방법은?

한국산업인력공단은 2015년 사회복지사 1급 국가시험 합격자 명단에서 수험번호가 가장 앞 쪽인 10명 중 무작위로 첫 번째 요소를 추출하였다. 그 후 첫 번째 요소로부터 매 10번째 요소를 추출하여 합격자들의 특성을 파악하였다.

① 체계적 표집
② 단순무작위표집
③ 층화표집
④ 할당표집
⑤ 다단계 집락표집

답 ①

✔ 응시생들의 선택

① 64%	② 12%	③ 13%	④ 8%	⑤ 3%

① 표집틀인 모집단 목록에서 일정한 순서에 따라 매 k번째 요소를 표본으로 추출하는 방법은 확률표집방법 중 체계적 표집법에 해당한다.

1,000명을 번호 순서대로 배열한 모집단에서 4번이 처음 무작위로 선정되고 9번, 14번, 19번, … 등이 차례로 체계(systematic)표집을 통해 선정되었다. 이 표집에서 표집간격(ㄱ)과 표본 수(ㄴ)가 바르게 짝지어진 것은?

① (ㄱ) 4 (ㄴ) 200
② (ㄱ) 4 (ㄴ) 250
③ (ㄱ) 5 (ㄴ) 200
④ (ㄱ) 5 (ㄴ) 250
⑤ (ㄱ) 10 (ㄴ) 200

답 ③

✔ 응시생들의 선택

① 8%	② 7%	③ 63%	④ 14%	⑤ 8%

③ 표집간격(k)은 모집단 수(N)를 표본 수(n)로 나눈 것이다(k=N/n). 이 문제에서는 4번, 9번, 14번, 19번, … 등을 차례로 표집하고 있기 때문에 표집간격이 5임을 알 수 있다. 따라서 5=1000/n이므로 표본 수(n)는 200이 된다.

'시설보호아동이 경험한 학교생활의 본질과 맥락에 대한 연구'를 진행할 때, 일반적으로 사용되는 표집방법이 아닌 것은?

① 편의(convenience)표집
② 극단적 사례(extreme case)표집
③ 이론적(theoretical) 표집
④ 층화(stratified)표집
⑤ 1사례(one case)표집

답 ④

✔ 응시생들의 선택

① 8%	② 25%	③ 15%	④ 20%	⑤ 31%

④ 질적 연구를 진행할 때 일반적으로 사용되는 표집방법을 고르는 문제이다. 층화표집은 확률표집방법에 해당하며 양적 연구에 주로 활용된다.

➕ 덧붙임

양적 연구와 질적 연구에서 사용하는 표집방법을 구분할 수 있어야 한다. 질적 연구에서 사용하는 표집방법은 주로 비확률표집방법에 해당한다는 것을 기억하자.

다음에 해당하는 표집방법은?

성인의 정치의식을 조사하기 위해 소득을 기준으로 최상, 상, 하, 최하로 구분한 다음, 각각의 계층이 모집단에서 차지하고 있는 비율에 맞추어 1,500명의 표본을 4개의 소득계층별로 무작위 표집하였다.

① 층화(stratified) 표집
② 군집(cluster) 표집
③ 할당(quota) 표집
④ 체계적(systematic) 무작위표집
⑤ 단순(simple) 무작위표집

답 ①

✔ 응시생들의 선택

① 66%	② 8%	③ 7%	④ 18%	⑤ 1%

① 층화표집은 독립변수에 영향을 미칠 것으로 간주되는 주요변수 또는 모집단에서 같은 비율로 표집되지 못할 가능성이 있는 주요 변수의 카테고리별로 모집단을 나누어(층화하여) 각각의 모집단 카테고리별로 무작위 표집을 하는 방법을 말한다.

다음 내용이 **왜 틀렸는지**를 확인해보자

01 `15-02-13` 확률표집은 모집단으로부터 표본으로 추출될 확률을 알 수 없다.

> 확률표집은 모집단으로부터 표본으로 추출될 확률을 알 수 있다. 확률표집은 모집단의 각 표집단위가 모두 추출될 기회를 가지고 있고, 각 단위가 추출될 확률을 정확히 알고 무작위 방법에 기초하여 표집하는 방법이다.

02 `14-02-19` 확률표집방법 중 단순무작위표집법은 주기성(periodicity)이 문제가 될 수 있다.

> 확률표집방법 중 체계적 표집법은 주기성(periodicity)이 문제가 될 수 있다. 체계적 표집법은 표집틀인 모집단 목록에서 일정한 순서에 따라 매 k번째 요소를 표본으로 추출하는 방법이다.

03 층화표집법은 층화를 위한 기준으로 연구목적에 부합하는 변수를 사용하는데, 이렇게 **층화한 하위집단은 이질적인 특성**을 갖는다.

> 층화표집법은 층화를 위한 기준으로 연구목적에 부합하는 변수를 사용하는데, 이렇게 층화한 하위집단은 동질적인 특성을 갖는다.

04 유의표집법은 모집단을 중복되지 않는 집단들로 분리한 후, 각 집단으로부터 체계적으로 표본을 추출하는 방법이다.

> 모집단을 중복되지 않는 집단들로 분리한 후, 각 집단으로부터 체계적으로 표본을 추출하는 방법은 층화표집법이다. 유의표집법은 연구자/전문가의 판단으로 조사의 목적과 의도에 맞는 대상을 표본으로 선정하는 방법이다.

05 일탈적인 대상을 연구하거나 모집단의 구성원을 찾기 어려운 대상을 연구할 때는 **할당표집법**을 주로 사용한다.

> 약물중독, 성매매, 도박 등과 같이 일탈적인 대상을 연구하거나 노숙인, 이주노동자, 불법이민자 등 모집단의 구성원을 찾기 어려운 대상을 연구하는 경우에는 눈덩이표집법을 주로 사용한다.

06 층화표집과 할당표집은 이질적 집단에서 추출한 표본의 표집오차가 작다는 논리에 기초한 표집방법이다.

> 층화표집과 할당표집은 이질적 집단보다 동질적 집단에서 추출한 표본의 표집오차가 작다는 논리에 기초한 표집방법이다.

빈칸에 들어갈 알맞은 말을 채워보자

17-02-19

01 할당표본추출은 (   )(으)로서 모집단의 구성요소들이 표본으로 선정될 확률이 동일하지 않다.

14-02-19

02 모집단을 여러 개의 집단들로 구분하여 이들 집단 중 일부를 선택하고, 선택된 집단 안에서만 표본을 무작위로 추출하는 방법은 (   )이다.

03 (   )은/는 층화표집법과 유사하지만 할당된 표본의 수를 무작위 표집이 아닌 임의표집한다는 점에서 층화표집과 다르다.

04 질적 연구의 표집방법 중 (   )은/는 규칙적인 유형에 맞지 않는 극단적이거나 예외적인 사례를 검토하는 방법이다.

13-02-13

05 1,000명을 번호 순서대로 배열한 모집단에서 4번이 처음 무작위로 선정되고 9번, 14번, 19번 등이 차례로 체계표집을 통해 선정되었다면 이 표집에서 표본 수는 (   )이 된다.

22-02-15

06 눈덩이표집법은 주로 (   )에서 많이 활용된다.

07 모집단에 대한 지식이나 정보가 제한되어 있거나 모집단으로부터 선택될 확률이 미리 알려지지 않은 경우에는 (   )을/를 사용한다.

08 모집단의 각 표집단위가 모두 추출될 기회를 가지고 있고, 각 단위가 추출될 확률을 정확히 알고 무작위 방법에 기초하여 표집하는 것을 (   )(이)라고 한다.

답 **01** 비확률표집방법 **02** 집락표집법 **03** 할당표집법 **04** 예외사례표집법 **05** 200 **06** 질적 연구 **07** 비확률표집방법 **08** 확률표집방법

다음 내용이 옳은지 그른지 판단해보자

20-02-18
01 임의표집은 모집단의 대표성이 높은 표본을 추출한다. ◎ ⊗

18-02-22
02 확률표집은 의식적이거나 무의식적인 편향(bias)을 방지할 수 있다. ◎ ⊗

14-02-19
03 할당표본추출은 연구자의 편향적 선정이 이루어 질 수 있다. ◎ ⊗

12-02-08
04 최대변화량표집은 적은 수의 표본이지만 다양한 속성을 가진 사례들을 골고루 확보하기 위한 방법이다. ◎ ⊗

05 집락표집법은 집락 간의 동질성이 확보되지 않는다면 표집오차가 발생할 가능성이 커진다. ◎ ⊗

06 비확률표집방법은 각 단위가 표본에 포함될 확률을 알 수 없고 표본오차를 산정할 수 없다. ◎ ⊗

07 체계적 표집법은 모집단을 구성하는 요소들이 일정한 순서대로 배열되어 있다면 표본추출 과정에서 체계적인 오류가 발생할 수 있다. ◎ ⊗

09-02-04
08 유의표집은 표본의 대표성을 보장할 수 있다. ◎ ⊗

09 할당표집은 비확률표집이지만 가능한 한 모집단을 대표하는 표본을 얻고자 하는 방법이다. ◎ ⊗

10 집락표집은 하위 집단 각각에서 모두 표본을 추출하지만, 층화표집은 하위 집단들 중 선택된 집단에서만 표본을 추출한다. ◎ ⊗

답 **01** ✕ **02** ○ **03** ○ **04** ○ **05** ○ **06** ○ **07** ○ **08** ✕ **09** ○ **10** ✕

해설 **01** 임의표집은 표본의 대표성 문제와 표집의 편의 문제가 발생할 수 있다.
08 유의표집은 표본의 대표성을 보장할 수 없다.
10 층화표집은 하위 집단 각각에서 모두 표본을 추출하지만, 집락표집은 하위 집단들 중 선택된 집단에서만 표본을 추출한다.

KEYWORD

049

빈출

표본의 크기와 표본오차

강의 QR코드

최근 10년간 **9문항** 출제

1회독 월 일 2회독 월 일 3회독 월 일

복습
1

이론요약

 23회 기출 22회 기출 21회 기출 20회 기출 19회 기출

표본의 크기

기본개념

- 표본의 크기는 조사자가 선택하는 신뢰수준에 따라 달라지는데, **신뢰수준이 높으면 표본의 크기도 커져야 한다.**
- 표본의 크기는 조사문제나 조사가설의 내용에 따라서도 달라지는데, 일반적으로 연구하고자 하는 **주요 변인의 수가 많으면 표본의 크기도 커져야 한다.**

사회복지조사론 pp.184~

- 모집단 요소들이 유사한 속성을 많이 가지고 있다면 표본의 크기는 작아도 되지만 모집단의 이질성이 크다면 표본의 크기는 커야 한다.
- 연구하고자 하는 **변수의 수가 증가할수록 표본의 크기는 더욱 커져야 한다.**
- 실험연구나 사례연구, 또는 다른 질적 연구의 경우 그들이 가지고 있는 속성상 사례 수가 적을 수밖에 없는 반면, 서베이조사에서는 표본의 크기가 대체로 크다.
- 표본 하나에 대한 소요비용이 일정하다고 간주한다면 표본의 크기가 클수록 비용이 증가하게 된다.
- **표본의 크기를 크게 하면 표본오차는 감소하지만, 비표본오차의 발생가능성은 높아진다.**

표본오차

- 표집오차라고도 하며, **모집단 값과 표본의 값 간의 차이**를 말한다.
- 실질적인 의미에서는 모집단 전체의 값을 알 수 없기 때문에 표본으로부터 얻어진 값을 토대로 연구자가 정한 일정한 신뢰수준에서 나타날 수 있는 오차의 범위를 추정하게 된다.
- 표본오차를 추정할 때 영향을 주는 요인은 표본의 크기, 신뢰구간 등이다.

비표본오차

- 비표집오차라고도 한다.
- 표본추출과정에서 유발되는 오차가 아니라 설문지나 조사자료의 작성, 또는 인터뷰과정에서 비롯되는 오류, 분석된 자료의 그릇된 해석, 자료집계나 자료를 분석하는 도중에 발생하는 요인들, 응답자의 불성실한 태도 등에서 야기되는 오차이다.

01 (23-02-14) 표본의 크기와 표본오차는 반비례한다.

02 (22-02-16) 표집오차는 표집방법에 따라 달라질 수 있다.

03 (21-02-19) 표본으로 추출될 기회가 동등하면 표집오차는 감소한다.

04 (20-02-16) 층화를 통해 단순무작위추출의 표집오차를 줄일 수 있다.

05 (19-02-13) 신뢰수준을 높이려면 표본의 크기도 커져야 한다.

06 (17-02-20) 무작위로 추출된 표본의 크기는 표본의 대표성과 관계가 있다.

07 (16-02-09) 동일한 조건이라면 이질적 집단보다 동질적 집단에서 추출한 표본의 표집오차가 작다.

08 (14-02-16) 양적 연구에서 표본의 크기가 클수록 유의미한 결과를 얻는데 유리하다.

09 (13-02-09) 표본크기가 커질수록 모수와 통계치의 유사성이 커진다.

10 (12-02-05) 표집오차(sampling error)는 일반적으로 표본규모가 클수록 감소한다.

11 (10-02-25) 표본의 크기는 조사자가 선택하는 신뢰수준에 따라 달라진다.

12 (09-02-17) 표본의 크기는 모집단의 특성을 추정하는 정확성과 관계가 있다.

13 (07-02-11) 표본의 크기를 결정하는 요인으로는 조사가설의 내용, 조사비용의 한도, 모집단의 동질성, 모집단의 크기 등이 있다.

14 (06-02-28) 표본조사에 있어서 대표성을 높이기 위해서는 표본의 크기를 늘려야 한다.

15 (04-02-18) 표본오차는 표본값과 모수의 차이이다.

16 (03-02-17) 표본의 크기는 표집오차에 직접적으로 영향을 준다.

17 (02-02-17) 신뢰수준과 분석변수의 수는 표본의 크기를 결정하는 데 직접적인 영향을 미친다.

대표기출 확인하기

23-02-14 난이도 ★★★

표본의 크기에 관한 설명으로 옳은 것은?

① 추정치가 모수에 근접할 확률은 표본의 크기에 반비례한다.
② 모집단 내 편차가 클수록 표본의 크기를 늘려야 한다.
③ 조사비용과 시간의 한계는 표본의 크기와 관련이 없다.
④ 표본의 크기와 표본오차는 비례한다.
⑤ 통계분석빙법은 표본의 크기와 관련이 없다.

 알짜확인

• 표본의 크기에 따른 표본오차, 신뢰수준, 신뢰구간의 관계를 파악해야 한다.
• 표본오차와 비표본오차의 특징을 파악해야 한다.

답 ②

✔ **응시생들의 선택**

① 9%	② 73%	③ 1%	④ 15%	⑤ 2%

모집단 내 편차가 크다는 것은 집단을 구성하는 구성원의 차이(이질성)가 크다는 것을 나타내므로 대표성 있고 신뢰도가 높은 결과를 얻기 위해 더 많은 표본이 필요하므로 표본의 크기를 늘려야 한다.

① 추정치가 모수에 근접할 확률은 표본의 크기에 비례한다. 즉, 표본의 크기가 클수록 추정치가 모수에 근접할 확률도 증가한다.
③ 조사비용과 시간의 한계는 표본의 크기와 관련이 있다. 현실적으로 조사비용이 많이 들고 시간 제약이 크면 표본의 크기를 줄이게 된다.
④ 표본의 크기와 표본오차는 반비례한다. 즉, 표본의 크기가 커지면 표본오차는 감소한다.
⑤ 통계분석방법은 표본의 크기에 따라 다르다.

➕ 덧붙임

표본의 크기는 표본의 대표성, 표본오차 등과 밀접한 관련이 있다. 따라서 표본의 크기에 대한 개념뿐만 아니라 표본의 크기에 따른 표본오차와의 관계, 신뢰수준과 신뢰구간의 관계 등에 대한 이해가 필요하다. 최근 시험에서도 표본의 크기, 표본오차 등과 관련된 다양한 개념 및 관계를 종합적으로 묻는 문제가 지속적으로 출제되고 있으므로 이에 대비해야 한다.

관련기출 더 보기

22-02-16 난이도 ★★☆

표집오차(sampling error)에 관한 설명으로 옳지 않은 것은?

① 표본의 선정과정에서 발생하는 오차이다.
② 표집방법에 따라 달라질 수 있다.
③ 동일한 조건이라면 표본크기가 클수록 감소한다.
④ 모집단의 크기와 표본크기의 차이를 말한다.
⑤ 동일한 조건이라면 이질적 집단보다 동질적 집단에서 추출한 표본의 표집오차가 작다.

답 ④

✔ **응시생들의 선택**

① 11%	② 3%	③ 25%	④ 54%	⑤ 7%

④ 표집오차란 모집단 값과 표본의 값 간의 차이를 말한다.

20-02-16 난이도 ★★★

다른 조건이 같다면, 확률표집에서 표집오차 (sampling error)에 관한 설명으로 옳지 않은 것은?

① 표준오차(standard error)가 커지면 표집오차도 커진다.
② 신뢰수준(confidence level)을 높이면 표집오차가 감소한다.
③ 표본의 수가 증가하면 표집오차가 감소한다.
④ 이질적인 모집단보다 동질적인 모집단에서 추출한 표본의 표집오차가 작다.
⑤ 층화를 통해 단순무작위추출의 표집오차를 줄일 수 있다.

답 ②

✔ **응시생들의 선택**

① 28%	② 25%	③ 20%	④ 8%	⑤ 19%

② 신뢰수준을 높게 잡으면 표집오차가 커지고, 표본의 크기가 커지면 표집오차는 작아진다.

표본크기와 표집오차에 관한 설명으로 옳은 것을 모두 고른 것은?

ㄱ. 자료수집 방법은 표본크기와 관련 있다.
ㄴ. 표본크기가 커질수록 모수와 통계치의 유사성이 커진다.
ㄷ. 표집오차가 커질수록 표본이 모집단을 대표하는 정확성이 낮아진다.
ㄹ. 동일한 표집오차를 가정한다면, 분석변수가 많아질수록 표본크기는 커져야 한다.

① ㄱ, ㄴ, ㄷ　　　　② ㄱ, ㄷ
③ ㄴ, ㄹ　　　　　 ④ ㄹ
⑤ ㄱ, ㄴ, ㄷ, ㄹ

답 ⑤

✅ 응시생들의 선택

① 20%	② 12%	③ 10%	④ 20%	⑤ 37%

ㄱ. 실험설계나 사례연구, 혹은 질적 연구의 경우 특징상 표본의 크기가 작을 수 있고, 반면에 서베이조사에서는 표본의 크기가 대체로 큰 편이다.

ㄴ. ㄷ. 표집오차란 표본추출에서 발생하는 모집단의 값(모수)과 표본 값(통계치)의 차이를 의미하며 표본크기가 커질수록 표집오차는 줄어든다. 즉, 모수와 통계치의 유사성이 커진다는 것은 통계치가 모수에 근접할 확률이 높아진다는 것이다. 반대로 표집오차가 커진다는 것은 모수와 통계치의 차이가 커진다는 것이며, 표본이 모집단을 대표하는 정확성이 낮아진다는 것이다.

ㄹ. 표본크기는 분석에 포함되는 변수의 수에 통계분석 방법에서 변수당 요구하는 최소 사례 수를 곱해 결정하는 경우가 많다. 즉, 분석변수가 많아질수록 표본크기는 커져야 한다.

표집오차에 관한 설명으로 옳지 않은 것은?

① 표본의 통계치와 모수 간의 차이를 의미한다.
② 일반적으로 표본규모가 클수록 감소한다.
③ 표본의 선정과정에서 발생하는 오차이다.
④ 모집단의 크기에 비례한다.
⑤ 모집단의 동질성에 영향을 받는다.

답 ④

✅ 응시생들의 선택

① 5%	② 16%	③ 15%	④ 52%	⑤ 12%

④ 표집오차의 크기는 모집단의 크기에 따라 좌우되는 것이 아니라 표본의 크기에 좌우된다. 표집오차는 표본오차라고도 하며 표본의 크기에 반비례하며, 모집단이 동질적일수록 낮다.

표본에 관한 설명으로 옳은 것을 모두 고른 것은?

ㄱ. 표본의 크기는 조사자가 선택하는 신뢰수준에 따라 달라진다.
ㄴ. 표집오차는 모수(parameter)와 표본의 통계치(statistics) 간의 차이를 의미한다.
ㄷ. 다른 조건이 일정할 때, 표본의 크기가 커지면 표준오차는 작아진다.
ㄹ. 신뢰수준을 95%에서 99%로 높이려면 표본의 크기를 줄여야 한다.

① ㄱ, ㄴ, ㄷ　　　　② ㄱ, ㄷ
③ ㄴ, ㄹ　　　　　 ④ ㄹ
⑤ ㄱ, ㄴ, ㄷ, ㄹ

답 ①

✅ 응시생들의 선택

① 65%	② 11%	③ 11%	④ 1%	⑤ 12%

ㄹ. 신뢰수준을 95%에서 99%로 높이려면 표본의 크기가 커져야 한다.

표본의 크기에 관한 설명으로 옳지 않은 것은?

① 표본의 크기는 표집 비용과 시간에 영향을 받는다.
② 한 변수 내의 범주의 수가 많을수록 표본의 크기는 커져야 한다.
③ 표본의 크기가 커질수록 비표집오차는 표집오차처럼 감소한다.
④ 표본의 크기는 모집단의 특성을 추정하는 정확성과 관계가 있다.
⑤ 표본의 크기가 작으면 통계적 검증력이 떨어지고 제2종 오류를 범하기 쉽다.

답 ③

✅ 응시생들의 선택

① 4%	② 2%	③ 82%	④ 4%	⑤ 8%

③ 표본의 크기가 커지면 표집오차는 줄어드는 경향이 있지만 조사기간이 길어지거나 조사인력이 많아지면서 비표집오차는 오히려 증가할 수 있다.

다음 내용이 왜 틀렸는지를 확인해보자

16-02-22

01 95% 신뢰수준은 100번 조사하면 95번 정도는 오차가 허용될 수 있다는 의미이다.

> 신뢰수준은 동일한 조사를 100번 하면 동일한 결과가 나올 확률을 의미한다. 95% 신뢰수준은 동일한 조사를 100번 하면 95번은 동일한 결과가 나올 확률을 의미하며, 5번 정도는 오차가 허용될 수 있다는 의미이다.

02 표본의 크기를 크게 하면 표본오차는 커지지만, 비표본오차의 발생가능성은 낮아진다.

> 표본의 크기를 크게 하면 표본오차는 감소하지만, 비표본오차의 발생가능성은 높아진다.

14-02-16

03 표본의 대표성은 표본오차와 정비례한다.

> 표본의 대표성은 표본오차와 반비례한다.

10-02-25

04 신뢰수준을 95%에서 99%로 높이려면 표본의 크기를 줄여야 한다.

> 신뢰수준을 95%에서 99%로 높이려면 표본의 크기가 커져야 한다.

05 모집단이 이질적인 경우에는 동질적인 경우보다 표본의 크기를 작게 할 수 있다.

> 모집단이 동질적인 경우에는 이질적인 경우보다 표본의 크기를 작게 할 수 있다.

06 연구하고자 하는 변수의 수가 증가할수록 표본의 크기는 작아야 한다.

> 연구하고자 하는 변수의 수가 증가할수록 표본의 크기는 더욱 커져야 한다. 각 변수에 일정 수의 표본이 있어야 그 변수가 통계적으로 유의미하게 분석되고 분석결과를 신뢰할 수 있다.

빈칸에 들어갈 **알맞은 말**을 채워보자

16-02-09

01 표본오차는 모수와 (   ) 간의 차이를 의미한다.

16-02-09

02 (   )은/는 모집단에서 정해진 크기 N의 표본을 무수히 많이 뽑아서 그 표본의 평균값들을 각각 구한 후 그 표본 평균값들 간에 계산한 표준편차를 의미한다.

03 표본오차를 추정할 때 영향을 주는 요인은 표본의 크기, (   ) 등이다.

04 표본추출과정에서 유발되는 오차가 아닌 설문지 작성, 자료분석, 응답자의 불성실한 태도 등에서 야기되는 오차를 (   )(이)라고 한다.

05 표본의 크기는 모집단의 구성요소들이 연구하고자 하는 속성들을 유사하게 가지고 있는 정도인 (   )에 따라 달라진다.

답 **01** 표본의 통계치 **02** 표준오차 **03** 신뢰구간 **04** 비표본오차 **05** 모집단의 동질성

다음 내용이 **옳은지 그른지** 판단해보자

20-02-16

01 층화를 실시하여도 단순무작위추출의 표집오차는 줄일 수 없다.

19-02-13

02 같은 표본추출방법을 사용한다면 표본의 크기가 클수록 대표성은 커진다.

22-02-16

03 동일한 조건이라면 이질적 집단보다 동질적 집단에서 추출한 표본의 표집오차가 작다.

12-02-05

04 표본오차는 모집단의 크기에 반비례한다.

09-02-17

05 표본의 크기가 작으면 통계적 검증력이 떨어지고 제2종 오류를 범하기 쉽다.

답 **01** ✕ **02** ◯ **03** ◯ **04** ✕ **05** ◯

해설 **01** 층화를 통해 단순무작위추출의 표집오차를 줄일 수 있다.
04 표본오차는 모집단의 크기가 아닌 표본의 크기에 반비례한다.

자료수집방법 Ⅰ:
서베이(설문조사)

10

이 장에서는

서베이 방법의 특징, 서베이의 유형 등을 다룬다.

10년간 출제분포도

평균 출제문항수

서베이 방법의 특징

1회독	2회독	3회독
월 일	월 일	월 일

최근 10년간 **8문항** 출제

 **이론요약**

 20회 기출   19회 기출

서베이 방법의 특징

- 대규모 모집단의 특성을 기술하는 데 유용하다.
- 연구결과를 일반화하기가 상대적으로 용이하다.
- 표준화된 설문지를 사용함으로써 객관적으로 측정할 수 있다.
- 외생변수의 통제가 불가능하기 때문에 변수들 간의 인과관계를 규명함에 있어 내적 타당도가 결여될 수 있다.
- 한 시점에서 끝나는 경우가 많아 시계열적인 정보를 얻기 어렵다.

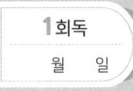

기본개념

사회복지조사론
pp.192~

설문지 질문의 형태

- 개방형 질문: 미리 정해진 응답범주를 제공하는 것이 아니라 응답자의 생각, 느낌, 의견 등을 자유롭게 기록할 수 있는 형태이다. 응답할 수 있는 응답범주를 모두 파악하기 힘든 경우나 응답범주가 너무 많아 열거하기 힘든 경우에 적절하다.
- 폐쇄형 질문: 응답자에게 미리 정해진 응답범주를 제시하여 특정한 응답 범주를 선택하도록 하는 형태이다. 가능한 응답범주가 제한적일 경우에 적절하며, 응답범주는 포괄적이고 상호배타적이어야 한다.

질문 응답범주의 형식

- 찬반형 질문: "예-아니오", "찬성-반대"와 같이 간단한 찬반양론을 묻는 질문에 적당한 형태이다.
- 다항선택형 질문: 여러 개의 응답 범주 중에서 하나 혹은 그 이상의 범주를 선택하도록 하는 질문으로 보통 3~5개의 선택 항목으로 구성된다.
- 서열형 질문: 일련의 응답범주들에 대한 중요성, 선호나 우선순위 등에 따른 순서에 따라 선택하는 질문이다.
- 평정형 질문: 강도를 달리하는 응답범주들 중 하나를 선택하는 것이다.
- 행렬식 질문: 여러 개의 질문들이 동일한 응답 범주를 가지고 있는 경우에 사용한다.

설문지 질문의 구성

- 질문의 내용을 응답자가 정확하게 파악할 수 있도록 작성해야 한다.
- 응답자의 능력과 특성을 고려하여 적절하게 구성해야 한다.
- 추상적으로 질문하기보다는 구체적으로 질문해야 한다.

- 유도질문과 이중질문은 피해야 한다.
- 질문 내에 어떤 가정이나 암시는 피해야 한다.
- 편견을 내포하는 용어나 서술은 피해야 한다.
- 응답 범주에 애매하거나 막연한 내용이 포함되지 않도록 해야 한다.

설문지 질문의 배열
- **흥미롭고 답하기 쉬운 질문을 먼저 배치**해야 한다.
- **민감한 질문이나 개방형 질문은 뒷부분에 배치**해야 한다.
- 질문을 논리적으로 배열해야 한다.
- 응답군이 조성되지 않도록 문항을 적절히 배치해야 한다.
- **신뢰도를 검사하는 질문은 서로 떨어지게 배치**해야 한다.
- **일반적인 것을 먼저 묻고 특수한 것을 뒤에** 물어야 한다.
- 질문지에는 표지, 응답지침 등을 포함해야 한다.

기출문장 CHECK

01 (20-02-20) 표집방법, 표본의 크기, 설문조사의 시기, 측정도구의 신뢰성 등은 설문조사 결과를 해석할 때 유의해야 할 사항에 해당한다.

02 (20-02-21) 질문의 유형과 형태를 결정할 때 조사대상자의 응답능력을 고려할 필요가 있다.

03 (19-02-23) 다항선택식(multiple choice) 질문은 응답범주들 중에서 하나 또는 그 이상을 선택하도록 하는 질문이다.

04 (18-02-20) 명목측정을 위한 질문은 단일차원성의 원칙을 지켜 내용을 구성한다.

05 (16-02-15) 신뢰도 측정을 위해 짝(pair)으로 된 문항들은 가급적 떨어지게 배치한다.

06 (15-02-11) 폐쇄형 질문의 응답범주는 상호배타적이어야 한다.

07 (13-02-20) 응답하기 쉬운 문항일수록 설문지의 앞에 배치하는 것이 좋다.

08 (12-02-18) 심층적이고 질적인 면접은 대부분 개방형 질문으로 구성된다.

09 (10-02-03) 설문지 작성과정 중 사전검사(pretest)를 실시하는 이유는 응답내용 간에 모순 또는 합치되지 않는지를 확인하기 위함이다.

10 (10-02-08) 설문지의 회수율 모니터링은 비응답자들의 추가응답률을 높이는 데 활용된다.

11 (10-02-09) 설문조사는 대단위 모집단의 태도와 성향을 측정할 때 적합한 방법이다.

12 (09-02-30) 질문 문항은 가치중립적인 용어를 사용해야 한다.

13 (08-02-23) 응답의 고정반응을 피하기 위해 질문을 다양화해야 한다.

14 (06-02-19) 설문지 문항은 이중의미를 내포하면 안 된다.

15 (05-02-22) 설문지 작성 시 조사내용을 포함한 항목은 나누고, 항목별 세부문항을 만든다.

16 (04-02-21) 질문은 되도록 짧게 한다.

17 (01-02-09) 이중질문은 하지 않아야 한다.

대표기출 확인하기

19-02-23 난이도 ★★☆

설문지 작성방법에 관한 설명으로 옳은 것은?

① 개방형 질문은 미리 유형화된 응답범주들을 제시해 놓은 질문 유형이다.
② 행렬식(matrix) 질문은 한 주제의 응답에 따라 부가 질문을 연결해서 사용하는 질문이다.
③ 많은 정보가 필요할 경우 이중질문을 사용한다.
④ 신뢰도 측정을 위해 짝(pair)으로 된 문항들을 이어서 배치한다.
⑤ 다항선택식(multiple choice) 질문은 응답범주들 중에서 하나 또는 그 이상을 선택하도록 하는 질문이다.

 알짜확인

• 서베이 방법의 장단점을 이해해야 한다.
• 설문지 질문의 형태와 응답범주 형식의 특성을 파악한다.
• 설문지 질문의 어구구성 및 문항배열의 특성을 파악한다.

답 ⑤

✔ **응시생들의 선택**

① 3%	② 19%	③ 3%	④ 5%	⑤ 70%

① 개방형 질문은 미리 정해진 응답범주를 제공하는 것이 아니라 응답자의 생각, 느낌, 의견 등을 자유롭게 기록할 수 있는 형태이다.
② 행렬식 질문은 여러 개의 질문들이 동일한 응답 범주를 가지고 있는 경우에 사용한다. 질문지를 효율적으로 사용할 수 있고 응답하는 데 걸리는 시간을 줄여주는 장점이 있지만, 유사한 질문들이 인접하여 배치되기 때문에 고정반응이 발생할 수 있는 단점이 있다.
③ 이중질문은 두 가지 이상의 질문을 포함하는 질문으로서 질문의 어구를 구성할 때는 이중질문을 피하는 것이 좋다.
④ 신뢰도 측정을 위해 짝(pair)으로 된 문항들은 서로 떨어지게 배치해야 한다.

➕ **덧붙임**

주로 서베이 방법의 주요 특징을 묻는 문제와 설문지 작성과 관련된 문제가 출제되고 있다. 특히 설문지에서 질문의 어구를 구성하고 문항을 배열할 때 지켜야 할 원칙들은 출제빈도가 매우 높은 영역이다. 설문지 작성에서 유의할 사항, 설문지를 구성하는 질문 유형, 사전검사를 실시하는 이유, 설문조사의 회수율 모니터링 등에 관한 문제가 출제되었다.

관련기출 더 보기

20-02-21 난이도 ★★☆

자료수집방법에 관한 설명으로 옳은 것은?

① 질문의 유형과 형태를 결정할 때 조사대상자의 응답능력을 고려할 필요가 있다.
② 설문문항 작성 시 이중질문을 넣어야 한다.
③ 비참여관찰법은 연구자가 관찰대상과 상호작용을 유지하는 것이 중요하다.
④ 설문지에서 질문 순서는 무작위 배치를 원칙으로 한다.
⑤ 우편조사는 프로빙(probing) 기술이 중요하다.

답 ①

✔ **응시생들의 선택**

① 90%	② 3%	③ 3%	④ 2%	⑤ 2%

② 설문문항 작성 시 이중질문은 피해야 한다.
③ 비참여관찰법은 제3자의 입장으로 관찰하는 것이다.
④ 무작위로 배치된 질문은 주제의 전환이 계속 이루어져 응답을 하는 데 어려움이 생길 수 있다.
⑤ 프로빙 기술, 즉 심층규명(probing)이 중요한 것은 면접조사이다.

18-02-20 난이도 ★★☆

설문지 작성에 관한 내용으로 옳지 않은 것은?

① 개연성 질문(contingency questions)은 사고의 흐름에 따라 배치한다.
② 고정반응(response set)을 예방하기 위해 유사질문들은 분리하여 배치한다.
③ 민감한 주제나 주관식 질문은 설문지의 뒷부분에 배치한다.
④ 명목측정을 위한 질문은 단일차원성의 원칙을 지켜 내용을 구성한다.
⑤ 신뢰도 측정을 위한 질문들을 가능한 서로 가깝게 배치한다.

답 ⑤

✔ **응시생들의 선택**

① 4%	② 3%	③ 1%	④ 4%	⑤ 88%

⑤ 신뢰도를 측정하기 위하여서 한 질문지 내에 표현은 각기 다르지만 동일한 질문 목적을 가진 문항 짝들을 배치하는 경우에는 가능한 서로 멀리 떨어져 있게 하는 것이 좋다.

16-02-15 난이도 ★★☆

설문지 작성에 관한 설명으로 옳은 것은?

① 개방형 질문은 응답률을 높이기 위해 주로 설문지의 앞부분에 배치한다.
② 수반형(contingency) 질문이 많아질수록 응답률은 높아진다.
③ 명확한 응답을 얻기 위해 이중(double-barreled)질문을 사용한다.
④ 문항은 응답자의 특성과 무관하게 작성되어야 한다.
⑤ 신뢰도 측정을 위해 짝(pair)으로 된 문항들은 가급적 떨어지게 배치한다.

답 ⑤

응시생들의 선택

① 11%	② 7%	③ 6%	④ 3%	⑤ 73%

① 개방형 질문은 깊은 생각과 시간을 필요로 하기 때문에 응답하기 어렵다는 생각을 심어주어 질문 전체를 거부할 가능성이 있으므로 설문지 뒷부분에 배치한다.
② 여과형 질문과 수반형 질문이 많아질수록 응답률은 낮아질 가능성이 있다.
③ 이중질문이란 두 가지 이상의 질문을 포함하는 질문으로서 가능하면 피해야 한다.
④ 문항은 응답자의 특성과 관련되게 작성되어야 한다.

13-02-20 난이도 ★★☆

설문지 문항의 작성방법에 관한 설명으로 옳지 않은 것은?

① 이중(double-barreled)질문과 유도질문은 피하는 것이 좋다.
② 신뢰도 측정을 위해 짝(pair)으로 된 문항들은 함께 배치하는 것이 좋다.
③ 응답하기 쉬운 문항일수록 설문지의 앞에 배치하는 것이 좋다.
④ 일반적인 것을 먼저 묻고 특수한 것을 뒤에 묻는 것이 좋다.
⑤ 객관식 문항의 응답 항목은 상호배타적이어야 한다.

답 ②

응시생들의 선택

① 13%	② 54%	③ 3%	④ 7%	⑤ 23%

② 신뢰도를 측정하기 위한 문항들은 되도록 서로 멀리 떨어져 있게 하는 것이 좋다.

12-02-18 난이도 ★★☆

설문지 작성에 관한 설명으로 옳지 않은 것은?

① 폐쇄형 질문의 응답범주는 포괄적(exhaustive)이어야 한다.
② 응답자의 이해능력을 고려하여 설문문항이 작성되어야 한다.
③ 폐쇄형 질문의 응답범주는 상호배타적(mutually exclusive)이지 않아도 된다.
④ 심층적이고 질적인 면접은 대부분 개방형 질문으로 구성된다.
⑤ 이중질문(double-barreled question)은 배제되어야 한다.

답 ③

응시생들의 선택

① 24%	② 1%	③ 69%	④ 4%	⑤ 2%

③ 상호배타적이라는 의미는 응답범주들이 서로 중복되어서는 안 된다는 것이다. 폐쇄형 질문의 응답범주는 상호배타적이어야 한다.

11-02-15 난이도 ★★☆

다음과 같은 유형의 질문은?

> 귀하는 대통령선거에서 투표한 적이 있습니까?
> □ 예 (1~3번 질문에 답해 주십시오)
> □ 아니오 (1~3번 질문을 건너뛰고 4번 질문으로 바로 가십시오)

① 복수응답 유발형 질문
② 행렬식 질문
③ 동일유형 질문
④ 여과형 질문
⑤ 개방형 질문

답 ④

응시생들의 선택

① 10%	② 32%	③ 10%	④ 45%	⑤ 3%

④ 여과형 질문은 응답자의 일부를 구분하기 위해 사용하는 질문이다.

다음 내용이 왜 틀렸는지를 확인해보자

16-02-15

01 개방형 질문은 응답률을 높이기 위해 주로 **설문지의 앞부분에 배치**한다.

> 개방형 질문은 깊은 생각과 시간을 필요로 하기 때문에 응답하기 어렵다는 생각을 심어주어 질문 전체를 거부할 가능성이 있으므로 설문지 뒷부분에 배치한다.

13-02-20

02 특수한 것을 먼저 묻고 일반적인 것을 뒤에 묻는 것이 좋다.

> 일반적인 것을 먼저 묻고 특수한 것을 뒤에 묻는 것이 좋다.

03 사전조사는 본 조사의 핵심문항으로 구성된 **약식 질문지로 수행**한다.

> 사전조사는 약식이 아닌 본래 작성된 질문지를 가지고 소수의 표본을 대상으로 실시한다.

12-02-18

04 설문지 질문을 구성할 때는 응답의 빠른 진행을 위하여 **이중질문을 많이 활용**해야 한다.

> 설문지 질문을 구성할 때는 두 가지 이상의 질문을 포함하는 이중질문을 피해야 한다.

05-02-22

05 설문지는 통계적 편의를 위해 **개방형 질문을 주로 사용**한다.

> 개방형 질문은 선택항목이 없는 형태이므로 통계적 처리에 불편함이 있다.

06 서베이 방법은 **소규모 모집단의 특성을 기술하는 데 유용**하다.

> 서베이 방법은 대규모 모집단의 특성을 기술하는 데 유용하다.

빈칸에 들어갈 알맞은 말을 채워보자

19-02-23
01 (   )은/는 여러 개의 질문들이 동일한 응답 범주를 가지고 있는 경우에 사용한다.

13-02-20
02 객관식 문항의 응답 항목은 (   )이어야 한다.

10-02-02
03 응답이 한쪽으로 치우치지 않는지 확인하기 위해 (   )을/를 실시해야 한다.

09-02-30
04 (   ) 질문형태는 응답해석에 편견이 개입될 수 있다.

05 응답지가 질문내용을 깊이 고려하지 않고 일정한 방향으로 응답해 버리는 것을 (   )(이)라 한다.

답 **01** 행렬식 질문 **02** 상호배타적 **03** 사전검사 **04** 개방형 **05** 응답군

다음 내용이 옳은지 그른지 판단해보자

16-02-15
01 문항은 객관성을 위해 응답자의 특성과 무관하게 작성되어야 한다.

13-02-20
02 응답하기 쉬운 문항일수록 설문지의 앞에 배치하는 것이 좋다.

03 편향적인 질문은 반드시 피해야 한다.

04 평정형 질문은 일련의 응답범주들에 대한 중요성, 선호나 우선순위 등에 따른 순서에 따라 선택하는 질문이다.

05 폐쇄형 질문은 응답자가 질문에 응답하기 꺼려한다.

답 **01** × **02** ○ **03** ○ **04** × **05** ×

해설 **01** 문항은 응답자의 특성과 관련되게 작성되어야 한다.
04 일련의 응답범주들에 대한 중요성, 선호나 우선순위 등에 따른 순서에 따라 선택하는 질문은 서열형 질문이다.
05 폐쇄형 질문은 응답자가 질문에 응답하기 용이하다.

051 서베이의 유형

강의 QR코드

최근 10년간 **8문항** 출제

복습

1 이론요약

23회 기출   22회 기출   21회 기출   19회 기출

우편조사

▶ **장점**
• **비용과 시간을 절약**할 수 있다.
• **익명성을 보장**할 수 있으며, 면접자의 편견을 배제할 수 있다.
• 지리적으로 널리 퍼져 있는 응답자들에게 모두 접근할 수 있다.
• 응답자가 편리할 때 설문지를 완성할 수 있다.

▶ **단점**
• 응답의 융통성이 결여될 수 있다.
• **응답률과 회수율이 낮다.**
• 언어적 행동만 조사가 가능하다.
• **응답자의 환경에 대한 통제가 불가능**하다.
• 복잡한 질문지 구성체제를 사용할 수 없으며, 추가질의가 어렵다.

면접조사

▶ **장점**
• 응답의 융통성이 있으며, 비교적 응답률이 높다.
• **면접상황에 대한 통제가 가능**하며, **비언어적 행위 등 추가적인 정보**를 얻을 수 있다.
• 읽고 쓰는 능력이 부족한 사람들을 대상으로 조사를 실시할 수 있다.
• **복잡한 질문을 사용할 수 있으며, 질문의 순서를 통제**할 수 있다.

▶ **단점**
• **비용이 많이 들며, 면접자에 의한 오류**가 발생할 수 있다.
• 익명성 보장이 미약하므로 민감한 질문에 응답자가 꺼려할 수 있다.
• 응답자가 여러 지역에 퍼져 있는 경우 접근성이 낮다.
• 면접자가 응답자의 응답을 이해하지 못하거나 오기할 가능성이 있다.

기본개념
사회복지조사론
pp.203~

조사유형별 장단점 비교

- 우편설문법은 비언어적 행위의 관찰이 불가능하지만, 대인면접법은 응답자의 비언어적 행위에 대한 관찰을 통해 추가적인 정보를 얻을 수 있다.
- 우편설문법에 비해 대인면접법은 면접을 진행하는 조사원의 선발, 훈련, 관리에 많은 비용이 소요되며 이들에 대한 보수 및 교통비 등으로도 많은 비용이 소요된다.
- 우편설문법은 설문을 보낸 대상자가 응답했는지 아니면 대리인이 응답했는지를 확인할 수 없다. 반면에 대인면접법은 직접 조사자와 대상자가 얼굴을 맞대고 자료를 수집하기 때문에 대리응답의 가능성은 낮다.
- 우편설문법에 비해 대인면접법은 질문과정에서 유연성이 높다. 비구조화면접의 경우 상황에 따라 질문의 순서를 변경할 수 있고, 깊이 있게 파고 들어가는 대화가 가능하며 불명확한 응답의 경우 그 자리에서 확인이 가능하다.
- 우편설문법에 비해 대인면접법은 (종류에 따라 구조화 정도에는 차이가 있지만) 응답환경에 대한 통제와 구조화가 용이하다.
- 자기기입식 설문조사는 대인면접법에 비해 응답자의 익명성이 더 잘 보장되며, 응답자가 응답을 꺼려할 수 있는 민감한 질문에 대한 응답에 있어서도 응답자의 부담을 줄일 수 있다.
- 우편설문법과 인터넷조사는 응답자가 지리적으로 광범위하게 분포되어 있어도 응답이 가능한 장점이 있다.

기출문장 CHECK

01 (23-02-16) 온라인 설문은 표적집단 확인이 대면면접에 비해 제한적이다.

02 (23-02-23) 대면면접법이 우편조사법에 비해 조사자의 편견을 배제하기가 힘들다.

03 (23-02-23) 대면면접법은 복잡한 질문을 사용할 수 있다는 장점이 있다.

04 (22-02-23) 심층면접, 비구조화 면접은 질문 내용 및 방법의 표준화 정도가 낮은 자료수집 유형에 해당한다.

05 (21-02-08) 응답자의 익명성 보장 수준은 면접조사보다 우편설문이 더 높다.

06 (19-02-25) 전화조사는 무작위 표본추출이 가능하다.

07 (18-02-17) 대규모 인원을 대상으로 비용 부담이 가장 작고 절차가 간편한 자료수집방법은 온라인조사이다.

08 (16-02-16) 대인면접에 비해 우편설문은 동일 표집조건 시 비용이 절감된다.

09 (13-02-03) 대인면접법은 비언어적 행위의 관찰이 가능하다.

10 (12-02-16) 어린이나 노인에게는 대면면접조사가 가장 적절하다.

11 (11-02-06) 자기기입식 설문조사에 비해 면접설문조사는 개방형 질문에 유리하다.

12 (10-02-04) 자기기입식 설문조사는 개인의 민감한 문제를 다루는 데 유리하다.

13 (09-02-16) 표준화 면접에는 개방형 및 폐쇄형 질문을 모두 사용할 수 있다.

14 (08-02-24) 인터넷조사는 조사비용이 절감되고 설문조사과정이 신속하다는 장점이 있다.

15 (07-02-22) 우편조사 시 회수율을 높이기 위해서 설문지 반송 기한을 기재한다.

16 (06-02-18) 전자서베이(e-mail survey)는 자료수집이 용이하며, 비용이 절감된다는 장점이 있다.

17 (05-02-21) 비구조화된 면접에 비해 구조화된 면접은 신뢰도를 높일 수 있다.

18 (04-02-20) 우편조사 방법은 접근이 용이하여 넓은 지역을 조사할 수 있다.

19 (03-02-21) 면접조사는 예정된 질문 이외의 질문이 가능하다.

대표기출 확인하기

23-02-23 · 난이도 ★★☆

자료수집방법에 관한 설명으로 옳은 것은?

① 관찰법은 참여자가 면접에 비협조적인 경우에도 활용이 가능하다.
② 우편조사법은 대면면접법에 비해 조사자의 편견을 배제하기 힘들다.
③ 전화면접법은 대면면접법에 비해 익명성 보장이 어렵다.
④ 대면면접법은 복잡한 질문의 사용을 배제해야 한다.
⑤ 대면면접법 중 반구조화된 면접은 질문의 순서, 질문 문항 등을 명확하게 제시해야 한다.

 알짜확인

• 서베이의 유형별 주요 특징을 파악해야 한다.

답 ①

✅ **응시생들의 선택**

① 50%	② 11%	③ 2%	④ 23%	⑤ 14%

② 직접 응답자를 대면하는 대면면접법이 우편조사법에 비해 조사자의 편견을 배제하기가 힘들다.
③ 대면면접법은 응답자를 대면하여 진행하므로 전화면접법에 비해 익명성 보장이 어렵다.
④ 대면면접법은 질문이 모호하거나 복잡할 경우 면접자가 추가적인 설명을 제공하여 보다 적절한 응답이 가능하기 때문에 복잡한 질문을 사용할 수 있다는 장점이 있다.
⑤ 대면면접법 중 질문의 순서, 질문 문항 등을 명확하게 제시해야 하는 것은 구조화된 면접이다. 반구조화된 면접은 일정한 수의 주요한 질문은 구조화 면접으로 실시하고 나머지는 비구조화 면접으로 실시하는 것으로써 어느 정도 융통성을 발휘하며 면접하는 방법이다.

➕ 덧붙임

서베이의 유형과 관련해서 개별 유형의 장단점을 묻는 형태뿐만 아니라 유형 간에 비교하는 형태로도 출제되고 있다. 또한 설문조사의 특징, 면접조사의 특징, 자기기입식 설문조사와 면접법을 비교하는 유형도 출제되고 있다. 설문조사의 유형별 장단점과 면접법의 장단점을 비교해서 이해하는 능력이 요구된다.

관련기출 더 보기

23-02-16 · 난이도 ★★☆

온라인 설문에 관한 설명으로 옳은 것은?

① 표적집단 확인이 대면면접에 비해 제한적이다.
② 인터넷 접근에 상관없이 표집을 광범위하게 할 수 있다.
③ 대면설문보다 비용은 저렴하지만 시간이 더 많이 소요된다.
④ 복잡하거나 문항수가 많은 경우에 적합하다.
⑤ 동일인의 중복응답에 대한 통제가 용이하다.

답 ①

✅ **응시생들의 선택**

① 41%	② 10%	③ 11%	④ 30%	⑤ 8%

② 온라인 설문은 네트워크, 인터넷 등에 접근이 가능해야 이뤄지는 조사이다.
③ 온라인 설문은 대면설문보다 비용적 · 시간적 절감의 효과가 있다.
④ 온라인 설문은 복잡하거나 문항수가 많은 경우에는 적합하지 않다.
⑤ 온라인 설문은 중복응답에 대한 통제가 어려워 이미 응답한 사람이 재응답을 하게 되는 오류가 발생할 수 있다.

21-02-08 · 난이도 ★★☆

피면접자를 직접 대면하는 면접조사가 우편설문에 비해 갖는 장점이 아닌 것은?

① 응답자의 익명성 보장 수준이 높다.
② 보충적 자료수집이 가능하다.
③ 대리 응답의 방지가 가능하다.
④ 높은 응답률을 기대할 수 있다.
⑤ 조사 내용에 대한 심층적 이해가 가능하다.

답 ①

✅ **응시생들의 선택**

① 92%	② 2%	③ 2%	④ 2%	⑤ 2%

① 응답자의 익명성 보장 수준은 면접조사보다 우편설문이 더 높다. 우편설문은 응답자가 자신의 신분이 직접적으로 노출되는 대면 상황이 없기 때문에 익명성이 보장되며 공개하기 어려운 응답도 가능하다.

서베이(survey) 조사에 관한 설명으로 옳은 것을 모두 고른 것은?

> ㄱ. 전화조사는 무작위 표본추출이 가능하다.
> ㄴ. 우편조사는 심층규명이 쉽다.
> ㄷ. 배포조사는 응답 환경을 통제하기 쉽다.
> ㄹ. 면접조사는 우편조사에 비해 비용이 많이 든다.

① ㄱ, ㄴ　　　　　　② ㄱ, ㄹ
③ ㄴ, ㄷ　　　　　　④ ㄱ, ㄷ, ㄹ
⑤ ㄴ, ㄷ, ㄹ

답 ②

✅ **응시생들의 선택**

① 6%	② 77%	③ 1%	④ 14%	⑤ 2%

ㄴ. 심층규명은 면접조사를 진행하는 과정에서 면접원이 의견 교환을 활성화하고 보다 많은 정보를 획득하기 위해 사용하는 기법이다.
ㄷ. 배포조사는 응답자에게 질문지를 배포한 후 진행되기 때문에 응답자의 응답 환경을 일일이 통제하기 어렵다.

서베이(survey)에서 우편설문법과 비교한 대인면접법의 특성으로 옳지 않은 것은?

① 비언어적 행위의 관찰이 가능하다.
② 대리응답의 가능성이 낮다.
③ 질문과정에서의 유연성이 높다.
④ 응답환경을 구조화하기 어렵다.
⑤ 표집조건이 동일하다면 비용이 많이 든다.

답 ④

✅ **응시생들의 선택**

① 1%	② 3%	③ 2%	④ 79%	⑤ 15%

④ 우편설문법에 비해 대인면접법은 (종류에 따라 구조화 정도에는 차이가 있지만) 응답환경에 대한 통제와 구조화가 용이하다. 여기서 구조화란 사전에 미리 규정해놓는 것을 의미한다. 가장 구조화된 형태인 구조화면접의 경우 질문내용과 순서, 응답 장소와 시간, 상황 등을 미리 고정하고 통일하여 모든 응답자들에게 동일하게 적용한다.

우편조사, 전화조사, 대면면접조사에 관한 비교설명으로 옳은 것은?

① 일반적으로 우편조사의 응답률이 가장 높다.
② 우편조사와 전화조사는 자기기입식 자료수집 방법이다.
③ 대면면접조사에서는 추가질문하기가 가장 어렵다.
④ 원거리 응답자에게는 우편조사보다 대면면접조사가 더 적절하다.
⑤ 어린이나 노인에게는 대면면접조사가 가장 적절하다.

답 ⑤

✅ **응시생들의 선택**

① 1%	② 6%	③ 1%	④ 3%	⑤ 89%

① 세 가지 유형 중에서 대면면접조사의 응답률이 가장 높은 편이다.
② 우편조사는 자기기입식 자료수집 방법이지만, 전화조사는 자기기입식 자료수집 방법이 아니다.
③ 우편조사는 추가질문하기가 가장 어렵다.
④ 원거리 응답자에게는 전화조사가 더 적절할 수 있다.

자기기입식 설문조사에 비해 면접설문조사가 갖는 장점을 모두 고른 것은?

> ㄱ. 자료입력이 편리하다.
> ㄴ. 응답의 결측치를 최소화한다.
> ㄷ. 조사대상 1인당 비용이 저렴하다.
> ㄹ. 개방형 질문에 유리하다.

① ㄱ, ㄴ, ㄷ　　　　　② ㄱ, ㄷ
③ ㄴ, ㄹ　　　　　　　④ ㄹ
⑤ ㄱ, ㄴ, ㄷ, ㄹ

답 ③

✅ **응시생들의 선택**

① 6%	② 4%	③ 56%	④ 28%	⑤ 5%

자기기입식 설문조사는 표준화된 설문지를 통해 조사가 이루어지기 때문에 자료입력이 편리하다. 그리고 면접조사에 비해 조사비용이 저렴하다. 그러나 무응답률이 높은 단점이 있다. 반면 면접조사의 경우 응답률이 높다(즉 응답의 결측치가 낮다)는 장점을 갖는다. 또한 자기기입식 설문조사의 경우 개방형 질문이 많으면 대답을 잘 안 하는 경향이 높은데 비해 면접조사에서는 개방형 질문이 유리하다는 장점이 있다.

다음 내용이 왜 틀렸는지를 확인해보자

16-02-16

01 대인면접법에 비해 우편설문은 질문과정에서 유연성이 높다.

> 우편설문에 비해 대인면접법은 질문과정에서 유연성이 높다. 비구조화면접의 경우 상황에 따라 질문의 순서를 변경할 수 있고, 깊이 있게 파고 들어가는 대화가 가능하며 불명확한 응답의 경우 그 자리에서 확인이 가능하다.

02 우편조사는 읽고 쓰는 능력이 부족한 사람들을 대상으로도 조사를 실시할 수 있다.

> 읽고 쓰는 능력이 부족한 사람들을 대상으로 조사를 실시하기에 적합한 방법은 면접조사이다.

13-02-03

03 우편설문법은 비언어적 행위의 관찰이 가능하다는 장점이 있다.

> 비언어적 행위의 관찰이 가능한 것은 대인면접법이다. 우편설문법은 비언어적 행위의 관찰이 불가능하지만, 대인면접법은 응답자의 비언어적 행위에 대한 관찰을 통해 추가적인 정보를 얻을 수 있다.

11-02-06

04 면접설문조사에 비해 자기기입식 설문조사는 개방형 질문에 유리하다.

> 자기기입식 설문조사에 비해 면접설문조사는 개방형 질문에 유리하다. 개방형 질문을 통해 조사자의 의도나 질문형식에 구애받지 않고 응답자가 자유롭게 답할 수 있어 다양한 정보를 얻을 수 있다.

05 연구문제 범위만 정하고 질문의 순서나 내용은 미리 정하지 않은 면접을 표준화 면접이라고 한다.

> 연구문제 범위만 정하고 질문의 순서나 내용은 미리 정하지 않은 면접을 비구조화된 면접이라고 한다. 표준화 면접은 질문 내용과 순서, 표현 등이 자세하고 구체적으로 규정된 면접계획표에 따라 면접을 진행한다.

06 우편설문법과 면접조사는 응답자가 지리적으로 광범위하게 분포되어 있어도 응답이 가능한 장점이 있다.

> 우편설문법과 인터넷조사는 응답자가 지리적으로 광범위하게 분포되어 있어도 응답이 가능한 장점이 있다.

빈칸에 들어갈 알맞은 말을 채워보자

21-02-08

01 우편조사는 응답자가 자신의 신분을 알리지 않아도 되므로 (   )이 보장된다는 장점이 있다.

12-02-16

02 우편조사는 (   ) 자료수집 방법이다.

03 (   )은/는 면접조사를 진행하는 과정에서 면접원이 의견 교환을 활성화하고 보다 많은 정보를 획득하기 위해 사용하는 기법이다.

09-02-16

04 표준화 면접은 비표준화 면접보다 (   )가 높다.

05 구조화된 면접은 내부분의 실문이 (   ) 실문으로 구성된다.

 답   **01** 익명성   **02** 자기기입식   **03** 심층규명   **04** 신뢰도   **05** 폐쇄형

다음 내용이 옳은지 그른지 판단해보자

16-02-16
01 대인면접에 비해 우편설문은 동일 표집조건 시 비용이 절감된다. ◎ ⊗

08-02-24
02 구조화된 면접 시 면접조사표가 질문문항, 질문의 순서, 어조까지 정확히 제시한다. ◎ ⊗

06-02-18
03 전자서베이(e-mail survey)는 자료수집이 용이하며, 비용이 절감된다는 장점이 있다. ◎ ⊗

04 우편조사는 면접조사에 비해 응답률이 높다. ◎ ⊗

05 구조화 면접의 경우 면접자에 의한 오류가 발생할 가능성이 높다. ◎ ⊗

06 우편설문법과 대인면접법은 모두 대리응답의 가능성이 낮다. ◎ ⊗

07 우편조사는 언어적 행동만 조사가 가능하며, 회수율이 낮을 수 있다는 단점이 있다. ◎ ⊗

03-02-21
08 면접조사는 예정된 질문 이외의 질문이 가능하다. ◎ ⊗

답 01○ 02○ 03○ 04× 05× 06× 07○ 08○

해설 **04** 면접조사는 우편조사에 비해 응답률이 높다.
05 비구조화 면접의 경우 면접자에 의한 오류가 발생할 가능성이 높다.
06 대인면접법은 대리응답의 가능성이 낮지만, 우편설문법은 대리인이 응답했는지에 관한 여부를 확인할 수 없다.

자료수집방법 Ⅱ : 관찰과 내용분석법

이 장에서는

관찰법과 내용분석법의 주요 특징을 다룬다.

10년간 출제분포도

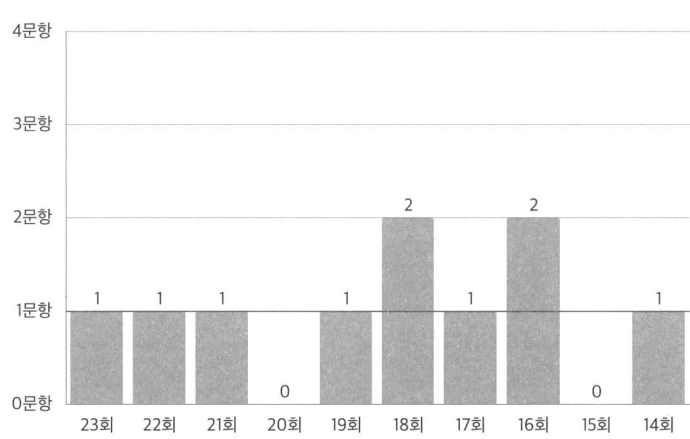

1.0
문항

평균 출제문항수

내용분석법

강의 QR코드

1회독
월 일

2회독
월 일

3회독
월 일

최근 10년간 **8문항** 출제

복습 **1** 이론요약

23회 기출

22회 기출

19회 기출

내용분석법의 특징

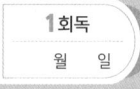
기본개념

사회복지조사론
pp.220~

- 인간과 사회의 의사소통 기록물인 신문, 서적, 잡지, TV, 라디오, 영화, 일기, 녹음테잎, 녹화테잎, 연설, 편지, 일기, 상담기록서 등을 체계적으로 분석하는 방법이다.
- 문헌연구의 일종이며, **의사전달의 내용(메시지)이 분석대상**이다.
- 의사소통의 드러난 내용뿐만 아니라 **숨은 내용도 분석대상**이다.
- 객관성, 체계성, 일반성 등 과학적 연구방법의 요건을 갖춰야 한다.
- 양적인 분석방법과 질적인 분석방법 모두를 사용한다.

내용분석법의 장단점

- 직접적으로 자료를 수집하는 방법에 비해 상대적으로 **시간과 비용이 절감**된다.
- 비관여적 연구방법이기 때문에 **반응성이 생기지 않는다**.
- 조사에 융통성이 있어 자료의 수정이나 반복이 가능하며, 장기간에 걸친 **종단연구가 가능**하다.
- 다른 연구방법과 함께 사용하는 것이 가능하며, 가치, 태도, 성향, 창의성, 인간성 등 다양한 심리적 변수를 효과적으로 측정할 수 있다.
- 기록된 의사전달 자료에만 의존하므로 기록으로 남아 있지 않은 것은 분석하기 어렵다.
- 이미 기록된 자료를 바탕으로 추상적 개념을 측정하고자 하기 때문에 타당도를 확보하기 어렵다.
- 분석하고 싶은 자료에 접근하거나 구하는 것 자체가 어렵다.

내용분석법의 분석단위

- 단어: 가장 작은 분석단위로서, 경계가 명확해서 구분이 쉽지만 표본이 방대하면 양이 많아 다루기 어렵고 맥락에 따라 그 의미가 달라지는 단점이 있다.
- 주제: 문헌기록이 주장하는 내용이거나 도덕적 목적을 말하며, 대량의 자료를 다룰 때 유용한 분석단위가 될 수 있다.
- 인물: 주로 희곡, 소설, 드라마, 영화 등의 자료를 다룰 때 사용된다.
- 문단(문장)과 단락: 형태적으로 구분하기 쉽지만 하나 이상의 주제를 담은 문장이 있을 수 있기 때문에 어느 하나의 범주에 명확하게 속하기 어려운 단점이 있다.
- 사항(항목, 품목): 어떤 의사소통 전체의 단위로서, 책 한 권, 수필 한 편, 드라마 한 편, 논문 한 편 등으로 사용할 수 있다.
- 공간 또는 시간: 인쇄물의 지면이나 방송의 시간 등의 자료를 다룰 때 사용된다.

01 (23-02-25) 내용분석은 2차적 자료를 분석하고, 내러티브 탐구는 1차적 자료를 분석한다.

02 (22-02-19) 내용분석은 숨은 내용(latent content)의 분석이 가능하다.

03 (19-02-15) 내용분석(content analysis)은 연구대상자의 반응성을 배제할 수 있다.

04 (18-02-13) 내용분석은 양적 조사와 질적 조사에 공통으로 사용할 수 있다.

05 (17-02-10) 내용분석법은 무작위표본추출, 층화표본추출, 체계적 표본추출, 군집표본추출을 사용할 수 있다.

06 (16-02-18) 주제보다 단어를 기록단위로 할 때 자료수집양이 많다.

07 (14-02-24) 내용분석을 해야 할 사례수가 많으면 표본추출하여 줄일 수 있다.

08 (13-02-17) 하나의 단락 안에 두 개 이상의 주제가 들어 있는 경우 주제를 기록단위로 한다.

09 (12-02-02) 내용분석법은 인간의 모든 형태의 의사소통기록물을 활용할 수 있다.

10 (11-02-17) 내용분석법은 필요한 경우 재분석이 가능하다.

11 (09-02-02) 내용분석은 비용과 시간을 절감할 수 있다.

12 (08-02-26) 내용분석은 직접 조사가 어려울 때 사용하기 용이하다.

13 (07-02-29) 내용분석은 비관여적인 조사방법이다.

14 (06-02-20) 내용분석기법은 질적 내용을 양적 자료로 전환한다.

15 (04-02-23) 내용분석은 시간과 비용면에서 경제적이다.

16 (03-02-23) 서적, 신문, 잡지, 라디오, 텔레비젼, 영화, 편지, 일기, 상담기록서 등 다양한 자료들이 대상이 된다.

대표기출 확인하기

22-02-19 　　　　난이도 ★★☆

내용분석에 관한 설명으로 옳지 않은 것은?

① 반응적(reactive) 연구방법이다.
② 서베이(survey) 조사에서 사용하는 표본 추출방법을 사용할 수 있다.
③ 연구과정에서 실수를 하더라도 재조사가 가능하다.
④ 숨은 내용(latent content)의 분석이 가능하다.
⑤ 양적 분석과 질적 분석 모두 적용 가능하다.

 알짜확인

• 내용분석법의 주요 특징을 파악해야 한다.

답 ①

✔ 응시생들의 선택

① 56%	② 16%	③ 12%	④ 10%	⑤ 6%

① 내용분석법은 인간과 사회의 의사소통 기록물을 체계적으로 분석하는 방법으로서 비반응성/비반응적/비관여적 연구방법에 해당한다. 즉, 연구조사자가 연구대상의 반응에 영향을 미치는 조사방법이 아니기 때문에 반응성이 생기지 않는다.

➕ 덧붙임

내용분석과 관련해서는 내용분석의 장단점을 묻는 문제와 내용분석 연구의 사례를 제시한 후 해당 연구 방법의 특징을 묻는 문제가 주로 출제되고 있다. 비반응성 연구로 분류할 수 있는 내용분석의 특징과 장단점을 기억해둘 필요가 있다.

관련기출 더 보기

19-02-15 　　　　난이도 ★★★

내용분석(content analysis)에 관한 설명으로 옳지 않은 것을 모두 고른 것은?

> ㄱ. 기존자료에 의존하기 때문에 연구의 범위가 무제한적이다.
> ㄴ. 선정편향(selection bias)이 발생할 수 있다.
> ㄷ. 연구대상자의 반응성을 배제할 수 있다.
> ㄹ. 기존자료를 활용하는 질적 조사이기 때문에 가설검증은 필요하지 않다.

① ㄴ
② ㄱ, ㄴ
③ ㄱ, ㄹ
④ ㄷ, ㄹ
⑤ ㄱ, ㄴ, ㄹ

답 ③

✔ 응시생들의 선택

① 11%	② 9%	③ 40%	④ 25%	⑤ 15%

ㄱ. 기존자료에 의존하기 때문에 연구의 범위가 제한적이다.
ㄹ. 내용분석법은 질적인 내용을 양적인 자료로 전환하는 과정이기 때문에 가설검증이 필요할 수도 있다.

18-02-13 　　　　난이도 ★★☆

내용분석에 관한 설명으로 옳지 않은 것은?

① 역사적 분석과 같은 시계열 분석에 어려움이 있다.
② 인간의 의사소통 기록을 체계적으로 분석한다.
③ 분석상의 실수를 언제라도 수정할 수 있다.
④ 양적 조사와 질적 조사에 공통으로 사용할 수 있다.
⑤ 기존 자료를 활용하여 타당도 확보가 어렵다.

답 ①

✔ 응시생들의 선택

① 39%	② 5%	③ 14%	④ 5%	⑤ 37%

① 내용분석법은 역사적 분석과 같은 시계열 분석 등 장기간에 걸친 종단연구가 가능하다.

지난 20년 동안 A신문의 사회면 기사를 자료로 노인에 대한 인식변화를 알아보기 위해 진행한 연구에 관한 설명으로 옳은 것을 모두 고른 것은?

> ㄱ. 범주항목들은 신문기사 자료로부터 도출된다.
> ㄴ. 주제보다 단어를 기록단위로 할 때 자료수집 양이 많다.
> ㄷ. 맥락단위는 기록단위보다 더 큰 단위여야 한다.
> ㄹ. 이 연구에서는 양적 분석방법을 사용할 수 없다.

① ㄱ, ㄴ
② ㄱ, ㄷ
③ ㄱ, ㄴ, ㄷ
④ ㄱ, ㄴ, ㄹ
⑤ ㄴ, ㄷ, ㄹ

답 ③

✅ **응시생들의 선택**

① 20%	② 9%	③ 62%	④ 8%	⑤ 1%

ㄹ. 내용분석은 양적 분석방법과 질적 분성방법 모두를 사용한다. 내용분석에서는 메시지의 잠재적인 내용에 대한 분석이 이뤄지기 때문에 양적인 정보만을 기술하고 분석하는 것은 진정한 의미의 내용분석이라 보기 어렵고, 자료의 질적인 내용에 대한 분석방법도 함께 사용하는 경향이 있다.

다음과 같은 조사방법의 특징으로 옳은 것은?

> 보편적 복지에 대한 한국사회의 인식변화를 알아보고자 과거 10년간 한국의 주요 일간지 보도자료를 분석하고자 한다.

① 표집(sampling)이 불가능하다.
② 수량분석이 불가능하다.
③ 보도자료 문장에 나타나지 않는 숨은 내용(latent content)은 코딩할 수 없다.
④ 인간의 모든 형태의 의사소통기록물을 활용할 수 있다.
⑤ 사전조사가 따로 필요치 않다.

답 ④

✅ **응시생들의 선택**

① 3%	② 3%	③ 46%	④ 28%	⑤ 20%

① 내용분석에서도 다른 자료수집 방법에서 활용되는 표집방법이 적용될 수 있다.
② 내용분석은 기본적으로 질적인 자료를 양적인 자료로 전환하는 방법으로 수량분석이 가능하다.
③ 문장에 나타나 있기 때문에 분명하게 파악할 수 있는 내용뿐만 아니라 저변에 깔려 있는 숨은 내용도 분석대상으로 코딩할 수 있다.
⑤ 조사자가 관심을 갖고 있는 연구주제에 관한 자료를 파악하기 위해 이러한 예비조사가 필요할 수 있다.

장애인에 대한 인식의 변화를 알아보기 위해 지난 20년간 개봉된 영화 중 장애인이 등장하는 영화를 분석하기로 하였다. 이 연구에 관한 설명으로 옳지 않은 것은?

① 연구 모집단을 규정하고 표본추출의 틀(sampling frame)을 구해야 한다.
② 사례수가 많으면 표본추출하여 줄일 수 있다.
③ '장애인에 대한 인식'의 조작적 정의가 필요하다.
④ 이 조사에서 표본추출의 단위는 사람이다.
⑤ 장애인에 대한 인식에서 현재적 내용과 잠재적 내용을 구분하여 분석할 수 있다.

답 ④

✅ **응시생들의 선택**

① 10%	② 10%	③ 8%	④ 61%	⑤ 11%

④ 이 조사에서 표본추출의 단위는 사람이 아닌 (장애인이 등장하는) 영화이다.

사회복지사 1급 국가시험이 1회부터 10회까지 아동 관련 이슈를 얼마나 다루었는지를 분석할 때 사용된 연구빙법에 관한 실명으로 옳시 않은 것은?

① 분석대상에 영향을 미치지 않는다.
② 필요한 경우 재분석이 가능하다.
③ 직접조사보다 경제적이다.
④ 양적 내용을 질적 자료로 전환한다.
⑤ 다양한 기록자료 유형을 분석할 수 있다.

답 ④

✅ **응시생들의 선택**

① 10%	② 2%	③ 5%	④ 65%	⑤ 17%

④ 내용분석은 비관여적인 연구이므로 연구가 분석대상에 영향을 미치지 않으며, 필요한 경우 재분석이 가능하다는 장점이 있다. 직접적으로 자료를 수집하여 분석하는 조사보다 비용이나 시간 면에서 경제적이며, 다양한 기록자료 유형을 분석할 수 있다. 내용분석에서는 질적 자료를 양적 자료로 전환하여 분석한다.

다음 내용이 왜 틀렸는지를 확인해보자

18-02-13

01 내용분석 연구에서는 양적 분석방법을 사용할 수 없다.

내용분석은 양적 분석방법과 질적 분성방법 모두를 사용한다.

13-02-17

02 주제를 기록단위로 할 때가 단어를 기록단위로 할 때보다 자료수집 양이 많다.

단어를 기록단위로 할 때가 주제를 기록단위로 할 때보다 자료수집 양이 더 많다.

12-02-02

03 내용분석은 의사소통의 드러난 내용만이 분석대상이 된다.

내용분석은 의사소통의 드러난 내용뿐만 아니라 숨은 내용도 분석대상이 된다.

04 내용분석은 장기간에 걸친 종단연구는 불가능하다.

내용분석은 장기간에 걸친 종단연구가 가능하다.

11-02-17

05 내용분석법은 양적인 내용을 질적 자료로 전환하는 방법이다.

내용분석법은 질적인 내용을 양적 자료로 전환하는 방법이다. 연구목적에 따라 변수를 측정할 수 있도록 의사전달의 내용을 객관적이며 계량적으로 전환하는 연구방법이다.

06 주제는 분석단위 중 가장 작은 분석단위로서, 경계가 명확해서 구분이 쉽다는 장점이 있지만, 표본이 방대하면 양이 많아 다루기 어려울 수 있다.

단어는 분석단위 중 가장 작은 분석단위로서, 경계가 명확해서 구분이 쉽다는 장점이 있지만, 표본이 방대하면 양이 많아 다루기 어려울 수 있다.

07 내용분석법은 기록되지 않은 자료를 분석하는 데 적합한 방법이다.

> 내용분석법은 기록된 의사전달 자료에만 의존하므로 기록으로 남아 있지 않은 것은 분석하기 어렵다.

빈칸에 들어갈 알맞은 말을 채워보자

13-02-17

01 (   )은/는 연구문제와 관련해서 내용 범주에 넣어서 집계하고, 기술적 또는 설명적으로 진술할 수 있는 의사소통의 단위를 말한다.

02 (   )(이)란 분석대상 자료들을 분류하고 범주화하는 것을 의미한다.

03 내용분석은 자료의 수정이나 반복이 가능하여 (   )이 있다.

07-02-29

04 내용분석은 반응성이 생기지 않는 (   ) 조사방법이다.

05 내용분석법은 의사전달의 (   )이 주요 분석대상이다.

답 **01** 분석단위 **02** 코딩 **03** 융통성 **04** 비관여적 **05** 내용(메시지)

다음 내용이 옳은지 그른지 판단해보자

01 내용분석은 기존자료에 의존하기 때문에 연구의 범위가 제한이 없다. ◎ ✕

02 내용분석은 분석하고 싶은 자료를 구하는 것 자체가 어려운 경우가 있다. ◎ ✕

03 내용분석의 맥락단위는 기록단위보다 더 작은 단위여야 한다. ◎ ✕

04 분석범주는 연구목적에 적합해야 하고, 포괄적이어야 하며, 상호배타적이어야 한다. ◎ ✕

05 내용분석법은 이미 기록된 자료를 바탕으로 추상적 개념을 측정하고자 하기 때문에 타당도를 확보하기 어려운 점도 있다. ◎ ✕

06 내용분석의 타당도는 측정에서 타당도의 개념과 마찬가지로 내용타당도, 기준관련 타당도, 개념타당도 등이 모두 사용될 수 있다. ◎ ✕

답 **01** ✕ **02** ◎ **03** ✕ **04** ◎ **05** ◎ **06** ◎

해설 **01** 내용분석은 기존자료에 의존하기 때문에 연구의 범위가 제한적이다.
03 내용분석의 맥락단위는 기록단위보다 더 큰 단위여야 한다.

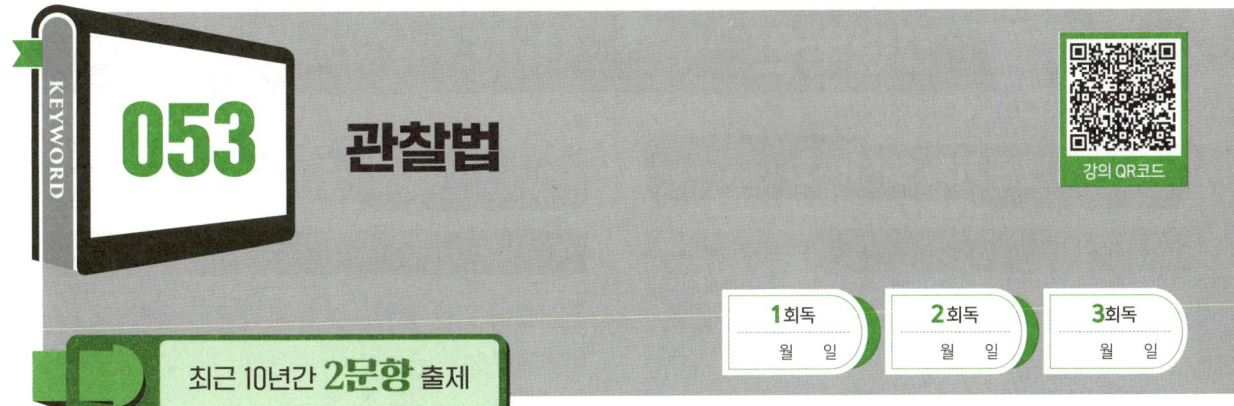

최근 10년간 **2문항** 출제

복습 1 이론요약

21회 기출

관찰법의 장단점

• <u>비언어적 행동에 관한 자료수집이 용이</u>하다.
• 자연스러운 상황에서 장기간에 걸친 자료수집이 가능하다.
• 조사대상자의 행동이 발생하는 현장에서 **즉각적으로 자료를 수집**할 수 있다.
• 자연적 환경에서 조사하기 때문에 외생변수를 통제하기가 현실적으로 어렵다.
• 계량화의 어려움이 있으며, 계량화를 하더라도 빈도나 백분율 정도만이 가능하다.
• <u>관찰자의 주관이나 편견이 개입</u>될 수 있다.

기본개념

사회복지조사론
pp.214~

관찰법의 유형

• 조직적 관찰과 비조직적 관찰: 관찰법의 통제 또는 구조화, 체계화 여부
• 자연적 관찰과 인위적 관찰: 상황이 인공적인지 여부
• 직접 관찰과 간접 관찰: 관찰시기가 행동발생과 일치하는지 여부
• 공개적 관찰과 비공개적 관찰: 응답자가 관찰 사실을 아는지 여부
• 인간 관찰과 기계 관찰: 관찰도구가 인간인가, 기계인가 여부

기출문장 CHECK

01 (21-02-11) 관찰법은 관찰을 통해 자료를 수집하므로 드러나지 않는 내면적 의식의 파악이 어렵다.

02 (16-02-17) 관찰법은 행위가 일어나는 현장에서 즉시 자료수집이 가능하다.

03 (09-02-26) 관찰은 비언어적 행위에 대한 자료수집이 용이하다.

04 (07-02-24) 관찰은 조사반응성에 의해 피관찰자의 행위에 왜곡이 있을 수 있다.

05 (06-02-21) 관찰은 장기간 종단분석이 가능하다.

06 (04-02-22) 관찰자의 타당성을 높이기 위해 유사한 내용은 동일한 용어로 처리하도록 한다.

기출확인

대표기출 확인하기

21-02-11 난이도 ★★★

관찰을 통한 자료수집에 관한 설명으로 옳은 것은?

① 피관찰자에 의해 자료가 생성된다.
② 비언어적 상황의 자료수집이 용이하다.
③ 자료수집 상황에 대한 통제가 용이하다.
④ 내면적 의식의 파악이 용이하다.
⑤ 수집된 자료를 객관화하는 최적의 방법이다.

 알짜확인

• 관찰법의 주요 특징을 파악해야 한다.

답 ②

✅ **응시생들의 선택**

① 4%	② 81%	③ 5%	④ 5%	⑤ 5%

① 피관찰자를 관찰하는 관찰자에 의해 자료가 생성된다.
③ 자료수집 상황에 대한 통제가 어렵다.
④ 관찰을 통해 자료를 수집하므로 드러나지 않는 내면적 의식의 파악이 어렵다.
⑤ 관찰자의 추리나 주관이 개입될 가능성이 높기 때문에 수집된 자료를 객관화하는 최적의 방법이라고 볼 수 없다.

➕ **덧붙임**

관찰법의 특징 혹은 관찰법의 장단점을 묻는 문제가 주로 출제되고 있다. 관찰법의 특징을 묻는 문제라고 해도 실제 지문들은 장단점으로 제시되는 경우가 대부분이다. 따라서 관찰법의 장점과 단점을 꼭 숙지하자.

관련기출 더 보기

16-02-17 난이도 ★★★

관찰법에 관한 설명으로 옳지 않은 것은?

① 행위가 일어나는 현장에서 즉시 자료수집이 가능하다.
② 관찰자의 주관성이 개입될 수 있다.
③ 비언어적 상황에 대한 자료수집이 가능하다.
④ 서베이에 비해 자료의 계량화가 쉽다.
⑤ 질적 연구나 탐색적 연구에 사용하기 용이하다.

답 ④

✅ **응시생들의 선택**

① 1%	② 1%	③ 1%	④ 95%	⑤ 2%

④ 관찰법은 관찰자의 비계량된 인식의 형태를 취하기 때문에 어떤 특성을 미리 열거하고 측정할 정도를 미리 준비하기보다는 사건이 발생될 때 단순히 관찰하고 기록한다. 따라서 계량화를 하는 데 있어서 어려움이 있다.

09-02-26 난이도 ★★★

자료수집방법으로서 관찰에 관한 설명으로 옳은 것은?

① 관찰 신뢰도는 관찰자의 역량과 관련이 없다.
② 관찰 가능한 지표는 언어적 행위에만 국한된다.
③ 관찰은 면접조사보다 조사환경의 인위성이 크다.
④ 관찰은 자연적 환경에서 외생변수의 통제가 용이하다.
⑤ 관찰은 응답과정에서 발생할 수 있는 오류를 줄일 수 있다.

답 ⑤

✅ **응시생들의 선택**

① 2%	② 3%	③ 7%	④ 4%	⑤ 84%

① 관찰의 신뢰도는 관찰대상, 관찰기구, 관찰자의 역량과 관련 있다.
② 관찰은 비언어적 행위에 대한 자료수집이 용이하다.
③ 관찰은 조사의 현장성 및 즉시성이 있어서 응답자의 행위가 일어나는 현장에서 즉시 사실을 포착할 수 있다.
④ 관찰은 자연적 환경에서 조사하기 때문에 외생변수를 통제하기가 현실적으로 어렵다.

다음 내용이 왜 틀렸는지를 확인해보자

`09-02-26`

01 관찰은 자연적 환경에서 외생변수의 통제가 용이하다.

> 관찰은 자연적 환경에서 조사하기 때문에 외생변수를 통제하기가 현실적으로 어렵다.

`07-02-24`

02 관찰법은 관찰내용을 수량화하여 일반화하는 것이 용이하다.

> 관찰법은 관찰내용의 수량화가 어렵기 때문에 관찰결과를 일반화시키기가 어렵다.

03 음료수 선호도 조사를 하기 위해 일반 슈퍼에서 불특정 소비자의 음료수 구매를 관찰하는 것은 인위적 관찰에 해당한다.

> 음료수 선호도 조사를 하기 위해 일반 슈퍼에서 불특정 소비자의 음료수 구매를 관찰하는 것은 자연적 관찰에 해당한다.

04 관찰법의 신뢰도와 타당도를 높이기 위해서는 하나의 관찰대상을 한 명의 관찰자가 여러 번 관찰한 후 결과를 비교하여 편견을 제거한다.

> 관찰법의 신뢰도와 타당도를 높이기 위해서는 하나의 관찰대상을 여러 명의 관찰자가 동시 관찰한 후 결과를 비교하여 편견을 제거한다.

05 관찰은 익명성이 확실하게 보장된다는 장점이 있다.

> 관찰은 관찰자와 관찰대상 간의 신분 노출로 인해서 익명성이 보장되기 어려운 경우가 많다.

빈칸에 들어갈 알맞은 말을 채워보자

01 (   )은/는 관찰자가 관찰대상자의 활동에 참여하여 관찰하는 방법이다.

`04-02-22`
02 관찰조사의 (   )을/를 높이기 위해서는 사실과 해석을 구분하여 기록하도록 한다.

03 일상적인 환경에서 일어나는 자연적 행동을 관찰하는 방법을 (   )(이)라 한다.

답 **01** 참여관찰 **02** 타당성 **03** 자연적 관찰

다음 내용이 옳은지 그른지 판단해보자

`16-02-17`
01 관찰법은 서베이에 비해 자료의 계량화가 쉽다.

02 관찰법은 관찰자가 직접적인 자료수집의 도구가 된다.

03 관찰법은 관찰자 개인의 주관성이 개입될 수 있다.

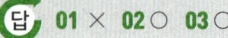 **답** **01** × **02** ○ **03** ○

해설 **01** 관찰법은 관찰자의 비계량화된 인식의 형태를 취하기 때문에 계량화를 하는 데 있어서 어려움이 있다.

욕구조사와 평가조사

이 장에서는

욕구조사와 평가조사의 주요 특징을 다룬다.

10년간 출제분포도

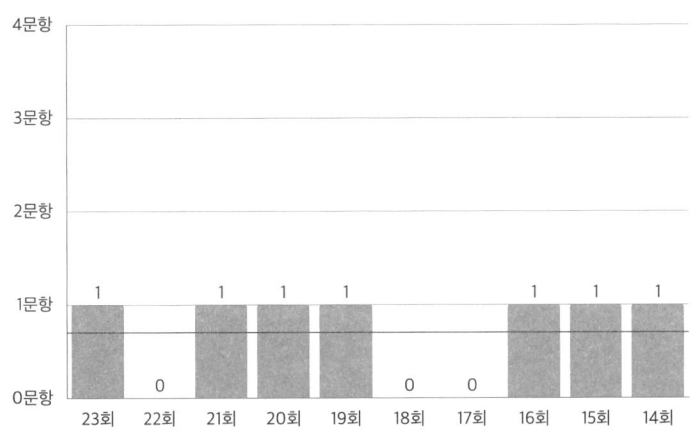

0.7
문항

평균 출제문항수

KEYWORD

054 욕구조사

최근 10년간 **6문항** 출제

강의 QR코드

1회독	2회독	3회독
월 일	월 일	월 일

복습 **1** 이론요약

23회 기출 21회 기출 19회 기출

직접적인 자료수집방법

- **표적인구 조사방법**: 프로그램 제공을 통해 문제해결의 대상으로 삼는 **표적집단에 설문조사를 실시하여 욕구와 서비스 이용상태를 파악하는 기법**이다.
- **델파이기법**: **전문가들에게 우편으로 의견이나 정보를 수집**하여 분석한 결과를 다시 응답자들에게 보내 의견을 묻는 식으로 만족스러운 결과를 얻을 때까지 계속하는 방법이다.
- **초점집단기법**: 조사대상 집단 중에서 **중요한 정보를 얻을 수 있는 사람을 추출**하여 심층적으로 면접하는 방법이다.
- **포럼(지역사회 공개토론회)**: **지역사회의 사람들이 함께 모여** 자신들의 욕구에 대해 자유롭게 의견을 교환하고 상호작용을 할 수 있는 토론회를 통해 욕구를 조사하는 방법이다.
- **주요 정보제공자 조사**: 지역사정을 잘 알고 그들을 대변할 수 있는 **주요 정보제공자들을 대상**으로 하는 조사를 말한다.
- **명목집단기법**: 소수의 그룹이 공동의 문제나 질문에 대해 우선 각자 나름대로 제안이나 해결책을 제시하고 나중에 **그들의 제안을 공유하는 기법**이다.

기본개념

사회복지조사론
pp.233~

간접적인 자료수집방법

- **사회지표분석**: 정부기관이나 연구기관의 관련 전문가가 정기적 또는 비정기적으로 발표한 자료를 활용하여 지역사회의 욕구를 파악하는 방법이다.
- **행정자료 조사**: 지역사회의 사회복지기관이나 협회, 연구소 등 사회단체에서 행정 및 관리를 위해 수집한 자료를 분석하여 욕구를 파악하는 방법이다.

01 (23-02-20) 델파이기법은 익명으로 진행되기 때문에 참가자의 영향력을 줄일 수 있다.

02 (21-02-10) 델파이조사는 반대 의견에 대한 패널 참가자들의 감정적 충돌을 줄일 수 있다.

03 (19-02-22) 초점집단(focus group) 조사는 연구자의 개입에 의해 편향이 발생할 수 있다.

04 (16-02-19) 델파이기법은 전문가들에게 우편으로 의견이나 정보를 수집하여 분석한 결과를 다시 응답자들에게 보내 의견을 묻는 식으로 만족스러운 결과를 얻을 때까지 계속하는 방법이다.

05 (15-02-15) 욕구조사를 위한 자료수집을 위해 정부기관에서 발표하는 사회지표를 활용한다.

06 (14-02-22) 델파이조사는 연구자가 사전에 결정한 방향으로 패널의 의견이 유도될 위험이 있다.

07 (13-02-19) 초점집단조사의 자료수집 과정에서는 연구자의 주관적 개입이 가능하다.

08 (11-02-30) 지역의 일반주민을 대상으로 자료를 수집하는 방법은 지역사회 서베이, 공청회가 포함된다.

09 (10-02-02) 주요 정부제공자(key informants)를 활용한 욕구조사는 비용이 적게 든다.

10 (10-02-06) 지역사회 공개토론회는 관심 있는 사람들만 참석하는 자기선택으로 인해 표본의 편의현상이 나타난다.

11 (09-02-06) 사회지표조사는 지역사회 주민욕구의 장기적 변화를 파악하기 쉽다.

12 (07-02-30) 브래드쇼가 분류한 욕구 중 상대적 욕구는 사회지표를 통해 확인할 수 있다.

13 (06-02-22) 지역사회 욕구조사 방법 중 소수의 사람을 통하여 자료를 획득하는 방법은 초점집단조사이다.

14 (03-02-24) 욕구조사의 자료수집방법에는 주요 정보제공자, 델파이기법, 지역사회 서베이, 사회지표조사 등이 있다.

대표기출 확인하기

23-02-20
난이도 ★★☆

델파이기법에 관한 설명으로 옳지 않은 것은?

① 참여자의 다양한 아이디어를 수집할 수 있다.
② 기명으로 진행되기 때문에 참여자들의 책임성을 높일 수 있다.
③ 결과 도출을 위해 반복해서 진행할 수 있다.
④ 비대면을 원칙으로 한다.
⑤ 전문가들의 합의점을 찾는 데 목표를 둔다.

 알짜확인

• 욕구조사의 자료수집방법별 주요 특징을 파악해야 한다.

답 ②

응시생들의 선택

| ① 15% | ② 65% | ③ 3% | ④ 10% | ⑤ 7% |

② 델파이기법은 전문가들에게 우편으로 의견이나 정보를 수집하여 분석한 결과를 다시 응답자들에게 보내 의견을 묻는 식으로 만족스러운 결과를 얻을 때까지 반복해서 진행하는 방법이다. 익명으로 진행되기 때문에 참가자의 영향력을 줄일 수 있다.

덧붙임

욕구조사의 다양한 방법들을 비교하거나 개별 방법들에 대한 특징을 묻는 유형이 주로 출제되고 있다. 각각의 자료수집방법의 장단점과 특징들을 비교해보면서 상황에 따라 적절한 자료수집방법을 연결시켜보는 연습이 필요하다. 사회복지조사론 외에도 <지역사회복지론>이나 <사회복지행정론>에서도 출제되는 내용이니만큼 확실히 정리해둘 필요가 있다.

관련기출 더 보기

21-02-10
난이도 ★☆☆

델파이조사에 관한 설명으로 옳지 않은 것은?

① 전문가 패널을 대상으로 견해를 파악한다.
② 되풀이 되는 조사과정을 통해 합의를 도출한다.
③ 반대 의견에 대한 패널 참가자들의 감정적 충돌을 줄일 수 있다.
④ 패널 참가자의 익명성 보장에 어려움이 있다.
⑤ 조사자료의 정리에 연구자의 편향이 발생할 수 있다.

답 ④

응시생들의 선택

| ① 1% | ② 4% | ③ 14% | ④ 71% | ⑤ 10% |

④ 델파이조사는 전문가들에게 우편으로 의견이나 정보를 수집하여 분석한 결과를 다시 응답자들에게 보내 의견을 묻는 식으로 만족스러운 결과를 얻을 때까지 계속하는 방법이다. 어떤 불확실한 사항에 대한 전문가들의 합의를 얻으려고 할 때 적용될 수 있다. 델파이조사는 익명성이 보장되어 참가자의 영향력을 줄일 수 있다.

19-02-22
난이도 ★☆☆

초점집단(focus group) 조사에 관한 설명으로 옳지 않은 것은?

① 집단을 활용한 자료수집방법이다.
② 익명의 전문가들을 패널로 활용한다.
③ 욕구조사에서 활용된다.
④ 직접적인 자료수집 방법이다.
⑤ 연구자의 개입에 의해 편향이 발생할 수 있다.

답 ②

응시생들의 선택

| ① 3% | ② 70% | ③ 9% | ④ 5% | ⑤ 13% |

② 익명의 전문가들을 패널로 활용하는 것은 델파이기법이다. 초점집단 조사는 조사대상 집단 중에서 중요한 정보를 얻을 수 있는 사람을 추출하여 심층적으로 면접하는 방법이다. 지역의 집단들을 대표해서 그들의 문제나 관심 또는 욕구를 가장 잘 나타낼 수 있는 대표들을 선출하여 하나의 초점집단을 형성한다.

욕구조사의 방법으로 각각 바르게 짝지어진 것은?

> ㉠ 기존자료를 활용하는 방법
> ㉡ 전문가를 대상으로 직접 수집하는 방법
> ㉢ 지역의 일반주민을 대상으로 직접 수집하는 방법

① ㉠: 사회지표조사 ㉡: 델파이조사 ㉢: 지역사회 서베이
② ㉠: 서비스이용기록분석 ㉡: 주요 정보제공자 조사 ㉢: 이차적 자료분석
③ ㉠: 델파이조사 ㉡: 주요 정보제공자 조사 ㉢: 공청회
④ ㉠: 서비스이용기록분석 ㉡: 지역사회 서베이 ㉢: 이차적 자료분석
⑤ ㉠: 델파이조사 ㉡: 공청회 ㉢: 사회지표조사

답 ①

✅ **응시생들의 선택**

① 87%	② 6%	③ 5%	④ 1%	⑤ 1%

① 기존자료를 활용하는 조사로는 사회지표조사, 서비스이용기록분석, 이차적 자료분석이 포함된다. 전문가를 대상으로 직접 수집하는 방법은 델파이조사이다. 지역의 일반주민을 대상으로 자료를 수집하는 것은 지역사회 서베이, 공청회가 포함된다. 주요 정보제공자 조사는 해당 지역사회복지단체의 간부, 인접 직종의 전문직 종사자, 지역유지, 정치적 지도자, 행정관료 등 지역사회문제에 대해 직접적으로 잘 알고 있다고 생각되는 사람들을 조사하는 것이다.

대규모 설문조사와 비교하여 주요 정보제공자 (key informants)를 활용한 욕구조사에 관한 설명으로 옳지 않은 것은?

① 표본추출이 용이하다.
② 표본의 대표성이 높다.
③ 비용이 적게 든다.
④ 양적 정보뿐만 아니라 질적 정보도 파악할 수 있다.
⑤ 정보제공자들이 가지고 있는 정보의 양과 질에 의존하게 된다.

답 ②

✅ **응시생들의 선택**

① 7%	② 37%	③ 6%	④ 43%	⑤ 7%

② 주요 정보제공자 조사의 단점은 의도적 표집으로 표본의 편의현상이 나타날 수 있다. 따라서 대규모 설문조사와 비교하여 주요 정보제공자 조사는 표본의 대표성이 낮다.

욕구조사에서 지역사회 공개토론회의 특징으로 옳은 것을 모두 고른 것은?

> ㄱ. 모든 지역주민이 동등하게 의견을 제시할 기회를 갖는다.
> ㄴ. 표본의 대표성이 높다.
> ㄷ. 현실적 실행가능성이 낮다.
> ㄹ. 이익집단의 영향을 배제할 수 없다.

① ㄱ, ㄴ, ㄷ
② ㄱ, ㄷ
③ ㄴ, ㄹ
④ ㄹ
⑤ ㄱ, ㄴ, ㄷ, ㄹ

답 ④

✅ **응시생들의 선택**

① 14%	② 18%	③ 16%	④ 19%	⑤ 33%

ㄱ. 표현력이 부족한 사람들과 소수집단의 문제는 반영되지 못할 위험성이 있다.
ㄴ. 관심 있는 사람들만 참석하는 자기선택으로 인해 표본의 편의현상이 나타난다.
ㄷ. 비용·시간 측면에서 매우 효율적이고 현실적 실행가능성이 높다.

욕구조사의 유형에 관한 설명으로 옳지 않은 것은?

① 지역주민서베이는 수요자 중심의 욕구사정에 적합하다.
② 지역자원재고조사는 지역사회 서비스 자원에 대한 정보 획득이 용이하다.
③ 사회지표조사는 지역사회 주민욕구의 장기적 변화를 파악하기 쉽다.
④ 지역사회포럼은 조사대상자를 상대로 개별적으로 자료를 수집하는 데 유리하다.
⑤ 주요 정보제공자(key informant) 조사는 정보제공자의 편향성이 나타날 수 있다.

답 ④

✅ **응시생들의 선택**

① 2%	② 3%	③ 6%	④ 87%	⑤ 2%

④ 지역사회포럼은 지역사회 주민들이 자신의 욕구나 문제를 잘 알고 있다는 것을 전제로 하여, 조사자가 주민들을 한 자리에 참여시켜 공개적인 모임을 통하여 욕구나 문제를 관찰하고 파악하는 방법이다.

다음 내용이 왜 틀렸는지를 확인해보자

16-02-19

01 델파이기법은 <u>대면집단의 상호작용</u>을 중요시한다.

> 델파이기법은 익명 집단이 서로 대면하지 않고 상호작용한다.

02 명목집단기법에서는 참가자들이 서로를 전혀 모르지만, 델파이기법에서는 참가자들이 서로 누구인지 알 수 있다는 차이점이 있다.

> 델파이기법에서는 참가자들이 서로를 전혀 모르지만, 명목집단기법에서는 참가자들이 서로 누구인지 알 수 있다.

10-02-02

03 <u>초점집단기법</u>은 정보제공자들이 가지고 있는 정보의 양과 질에 의존하게 된다.

> 주요 정보제공자 조사는 정보제공자들이 가지고 있는 정보의 양과 질에 의존하게 된다.

10-02-06

04 지역사회 공개토론회는 <u>모든 지역주민이 동등하게 의견을 제시할 기회를 갖으며, 표본의 대표성이 높다.</u>

> 지역사회 공개토론회는 모든 지역주민이 동등하게 의견을 제시할 기회를 갖지 못하며, 표본의 대표성이 낮다.

06-02-22

05 초점집단기법은 <u>대규모 집단을 통하여 자료를 획득</u>하는 방법이다.

> 초점집단기법은 조사대상 집단 중에서 중요한 정보를 얻을 수 있는 사람을 추출하여 소규모로 진행된다.

06 델파이기법은 <u>창의적인 의견들을 수렴하는 데 가장 효과적인 방법</u>이다.

> 극단적인 판단은 의견일치를 위해 제외되는 경향이 있어 창의적인 의견들이 손상될 수 있다는 단점이 있다.

빈칸에 들어갈 알맞은 말을 채워보자

14-02-22
01 ( )은/는 전문가 패널의 의견을 수렴하는 방법으로 활용된다.

02 ( )(으)로부터 얻은 정보는 해당 지역의 조사대상 집단들의 특정한 실태를 파악하고 변화 후의 차이를 확인하는 데 유용하다.

03 ( )은/는 서비스를 직접 제공하는 사람을 만나 조사하는 방법으로 전문적인 욕구를 바탕으로 욕구조사를 할 수 있다.

10-02-06
04 ( )은/는 현실적 실행가능성이 높지만 이익집단의 영향을 배제할 수 없다.

05 ( )은/는 조사대상 집단 중에서 중요한 정보를 얻을 수 있는 사람을 추출하여 심층적으로 면접하는 방법이다.

 01 델파이조사 **02** 사회지표분석 **03** 프로그램 운영자 조사 **04** 지역사회 공개토론회 **05** 초점집단기법

다음 내용이 옳은지 그른지 판단해보자

21-02-10
01 델파이기법은 익명이므로 참가자의 영향력을 줄일 수 있다. ◎ⓧ

02 표적인구 조사방법은 시간적·비용적 측면에서 경제적이지 못하다. ◎ⓧ

13-02-19
03 초점집단조사는 내용타당도를 높이는 목적으로 사용될 수 있다. ◎ⓧ

04 지역사회 공개토론회는 토론과정을 적절히 통제하지 않을 경우 도출되는 의견이 방만하거나 지엽적일 수 있다. ◎ⓧ

05 주요 정보제공자 조사는 표본추출이 어렵다. ◎ⓧ

 **01** ○ **02** ○ **03** ○ **04** ○ **05** ×

(해설) **05** 주요 정보제공자 조사는 표본을 쉽게 선정할 수 있어 표본추출이 용이하다.

KEYWORD

055

평가조사

강의 QR코드

1회독
월   일

2회독
월   일

3회독
월   일

최근 10년간 **2문항** 출제

복습
1

이론요약

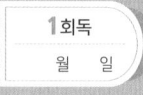
20회 기출

평가조사의 의미

기본개념

사회복지조사론
pp.240~

- 프로그램 평가조사는 프로그램의 효과성, 효율성, 적절성, 만족도 등을 체계적으로 분석하여 결정권자로 하여금 합리적인 결정을 내릴 수 있도록 정보를 산출하는 사회적 과정이다.
- 평가조사의 대상은 프로그램의 효과성, 프로그램의 운영과정, 프로그램의 효율성, 프로그램의 내용, 프로그램 운영자의 전문성 등이다.

평가조사의 목적

- 프로그램 과정상 환류(feedback)적 목적
- 이론 형성
- 설계적 목적
- 서비스 전달체계의 개선
- 기관운영의 책임성을 이행
- 프로그램 진행과정의 개선
- 합리적인 자원배분

프로그램 평가조사의 중요성

- 사회복지 분야의 책임성 요구
- 내부적으로 효과적이고 효율적인 기관 운영
- 수혜자 중심적 프로그램 운영
- 객관적 이론의 정립
- 사회복지 기관의 정체성 확립
- 전문성 형성
- 운영방향의 일관성

평가조사의 종류

▶ 목적에 따른 분류

- 형성평가: **프로그램 운영 도중에** 프로그램의 개선과 발전을 위해 이뤄지는 평가이다
- 총괄평가: 프로그램의 지속, 중단, 확대 등에 관한 **총괄적인 의사결정을 해야 할 때** 실시한다.
- 통합평가: 형성평가와 총괄평가를 합쳐 놓은 평가이다.

▶ 평가대상에 따른 분류

- 프로그램 평가: 프로그램의 효과성, 효율성, 영향, 질, 클라이언트 만족도 등에 관심을 두고 평가가 이뤄진다.

- 기관평가: 기관의 프로그램을 평가하고 서비스 전달의 진행상황을 확인한다.

▶ **평가규범에 따른 분류**
- 효과성 평가: 프로그램의 **목적달성 정도**를 평가한다.
- 효율성 평가: 투입과 산출을 비교 평가, 즉 **비용최소화와 산출극대화**를 평가한다.
- 공평성 평가: 프로그램의 효과와 비용이 사회집단 간에 **공평하게 배분되었는지** 평가한다.

▶ **평가주체에 따른 분류**
- 자체평가: 프로그램 담당자 스스로 행하는 평가이다.
- 내부평가: 프로그램을 직접 담당하지 않는 기관 내부자에 의해 이뤄지는 평가이다.
- 외부평가: 프로그램을 담당하는 기관의 외부자에 의해 이뤄지는 평가이다.

프로그램 평가의 기준
- 노력성: 프로그램 활동의 양을 기준으로 한다.
- 효과성: 프로그램 목표의 달성 정도를 기준으로 한다.
- 효율성: 투입 대비 산출 정도를 기준으로 한다.
- 서비스의 질: 프로그램의 전문성을 기준으로 한다.
- 과정: 프로그램 결과의 경로를 기준으로 한다.
- 영향: 사회문제나 이용자 변화에 미친 영향을 기준으로 한다.
- 형평성: 프로그램 배분의 공평성을 기준으로 한다.

기출문장 CHECK

01 (20-02-04) 평가연구는 질적 연구방법을 적용할 수 있다.

02 (15-02-03) 프로그램 평가연구에서 결과를 해석할 때 정치적 관점이 개입될 수 있다.

03 (10-02-07) 외부평가자와 비교하여 내부평가자를 활용할 때 현실적인 제약요건들을 융통성 있게 감안하여 평가할 수 있다는 장점이 있다.

04 (09-02-18) 실행오류는 매개변수 변화가 의도한 대로 발생하지 않는 경우를 말한다.

05 (09-02-25) 비용편익(cost-benefit)평가는 프로그램에 드는 비용과 성과를 모두 화폐적 단위로 나타냄으로써 효율성을 평가하는 방법이다.

06 (08-02-28) 메타평가는 기존의 평가에서 발견했던 사실을 재분석하는 평가에 대한 평가이다.

07 (07-02-21) 총괄평가는 프로그램의 종료 후에 실시하며, 프로그램의 지속, 중단, 확대 등에 관한 총괄적인 의사결정을 하기 위해 진행하는 평가이다.

08 (06-02-23) 만족도에 대한 평가는 주관적일 가능성이 크다.

09 (05-02-26) 성과평가는 프로그램의 전반적인 영향을 평가하는 방법으로서 목표지향적인 평가에 적합하다.

10 (04-02-24) 형성평가는 프로그램 운영 도중에 프로그램의 개선과 발전을 위해 이뤄지는 평가이다.

11 (03-02-26) 프로그램 평가의 기준으로서 통합성은 서로 연관된 서비스를 통합해서 제공하고 있는 정도를 말한다.

대표기출 확인하기

20-02-04
난이도 ★★★

평가연구에 관한 설명으로 옳지 않은 것은?

① 보고서의 형식은 의뢰기관의 요청에 따를 수 있다.
② 목표달성에 대한 해석이 다양한 이해관계에 영향을 받을 수 있다.
③ 질적 연구방법을 적용할 수 있다.
④ 프로그램의 실행과정도 평가할 수 있다.
⑤ 과학적 객관성을 저해하더라도 의뢰기관의 요구를 수용하여 평가결과를 조정할 수 있다.

 알짜확인

• 평가조사의 종류별 주요 특징을 파악해야 한다.
• 평가조사의 주요 내용을 이해해야 한다.

답 ⑤

✅ **응시생들의 선택**

① 1%	② 1%	③ 3%	④ 3%	⑤ 92%

⑤ 과학은 이해관계, 선입견이나 편견의 영향을 최소화할 수 있도록 객관성을 추구하는 것을 강조하기 때문에 평가결과 역시 객관적으로 해석되어야 한다. 의뢰기관의 요구에 따라 자료를 가감, 조작한다거나 연구자의 의도와 다른 결과가 나왔다고 해서 이 부분을 고의적으로 제외하고 결과를 발표해서는 안 된다. 또한 긍정적인 결과뿐만 아니라 부정적인 결과도 보고해야 한다.

➕ **덧붙임**

최근 시험에서는 자주 출제되지는 않고 있지만 평가조사의 다양한 유형에 따른 특징을 이해할 필요가 있다. 주로 제시된 사례에 적합한 평가유형을 고르는 형태의 문제가 꾸준히 출제되고 있으므로 각 유형을 비교해보는 연습이 필요할 것이다. 특히, 효과성 평가와 효율성 평가의 개념은 많이 헷갈리는 내용이기 때문에 명확하게 개념을 정리해야 한다.

관련기출 더 보기

09-02-25
난이도 ★★★

A복지관에서는 전년 대비 예산축소로 인해 현재 운영하고 있는 서로 다른 프로그램들의 비용과 성과를 화폐 가치기준으로 평가하여 차등 지원하였다. 이때 사용된 평가방법은?

① 메타(meta)평가
② 형성(formative)평가
③ 비용편익(cost-benefit)평가
④ 비용성과(cost-outcome)평가
⑤ 비용효과(cost-effectiveness)평가

답 ③

✅ **응시생들의 선택**

① 1%	② 3%	③ 82%	④ 6%	⑤ 8%

③ 프로그램에 드는 비용과 성과를 모두 화폐적 단위로 나타냄으로써 효율성을 평가하는 방법이다.

08-02-28
난이도 ★★☆

제3평가자가 여러 복지관에서 완성한 자체평가서들을 신뢰도, 타당도, 유용성, 비용 측면에서 다시 점검하는 것은?

① 총괄평가
② 형성평가
③ 효율성평가
④ 효과성평가
⑤ 메타평가

답 ⑤

✅ **응시생들의 선택**

① 5%	② 8%	③ 12%	④ 10%	⑤ 65%

⑤ 메타평가는 평가를 잘 했는지에 대한 평가, 즉 평가에 대한 평가이다. 평가계획서나 평가결과를 다른 평가자에 의해 점검받는 것으로써 평가의 신뢰도, 타당도, 유용도, 평가의 방식, 보고의 문제, 적정성, 평가비용 등을 평가한다.

다음 내용이 왜 틀렸는지를 확인해보자

01 형성평가는 프로그램의 지속, 중단, 확대 등에 관한 총괄적인 의사결정을 해야 할 때 실시한다.

> 프로그램의 지속, 중단, 확대 등에 관한 총괄적인 의사결정을 해야 할 때 실시하는 것은 총괄평가이다.

`09-02-18`

02 실행오류는 프로그램 개입이 매개변수들의 변화는 초래하였지만, 개입 목표의 성과지표는 변화하지 않는 경우를 말한다.

> 프로그램 개입이 매개변수들의 변화는 초래하였지만, 개입 목표의 성과지표는 변화하지 않는 경우를 이론적 오류라고 한다. 실행오류는 매개변수 변화가 의도한 대로 발생하지 않는 경우를 말한다.

`08-02-28`

03 제3평가자가 여러 복지관에서 완성한 자체 평가서들을 다시 점검하는 것은 적합성 평가이다.

> 제3평가자가 여러 복지관에서 완성한 자체 평가서들을 다시 점검하는 것은 메타평가이다. 메타평가는 평가를 잘 했는지에 대한 평가, 즉 평가에 대한 평가이다.

04 비용–효과분석은 모든 비용과 편익을 화폐로 환산함으로써 서로 다른 목표를 갖는 프로그램까지도 비교할 수 있다.

> 모든 비용과 편익을 화폐로 환산함으로써 서로 다른 목표를 갖는 프로그램까지도 비교할 수 있는 것은 비용–편익분석이다. 비용–효과분석은 단지 비용 측면만을 금전적 가치로 분석하고 편익(성과)에 대해서는 화폐단위 환산을 하지 않는 분석방법이다.

05 내부평가는 외부평가에 비해 객관적이고 독립적이다.

> 내부평가는 프로그램을 직접 담당하지 않는 기관 내부자에 의해 이뤄지는 평가이고, 외부평가는 프로그램을 담당하는 기관의 외부자에 의해 이뤄지는 평가이다. 내부평가는 외부평가에 비해 객관적이지 못하거나 독립적이지 못할 수 있다.

빈칸에 들어갈 알맞은 말을 채워보자

09-02-18
01 프로그램 평가에서 기대한 효과성이 나타나지 않는 오류는 크게 (　　　　　　)와/과 실행오류로 나뉜다.

02 (　　　　　　)은/는 프로그램 운영 도중에 프로그램의 개선과 발전을 위해 이뤄지는 평가이다.

03 프로그램 평가의 기준 중 (　　　　　　)은/는 목적달성 정도를 나타내는 평가기준으로서 프로그램의 성공 여부로 나타난다.

답 **01** 이론적 오류 **02** 형성평가 **03** 효과성

다음 내용이 옳은지 그른지 판단해보자

01 공평성 평가는 투입과 산출을 비교 평가, 즉 비용최소화와 산출극대화를 평가한다.

02 적절성은 현실적으로 적합한 양과 질의 범위 내에서 프로그램이 계획되고 운영되는가를 기준으로 평가한다.

03-02-26
03 프로그램 평가 기준으로 형평성은 동일한 접근기회와 균등한 배분이 이루어지는 것을 말한다.

 답 **01** ✕ **02** ○ **03** ○

해설 **01** 효율성 평가는 투입과 산출을 비교 평가, 즉 비용최소화와 산출극대화를 평가한다.

질적 연구방법론

질적 연구의 특성 및 질적 연구의 유형별 주요 특징을 다룬다.

평균 출제문항수

질적 연구의 특성

1회독	2회독	3회독
월 일	월 일	월 일

최근 10년간 **9문항** 출제

이론요약

질적 연구의 특징

- **귀납적 방법을 주로 활용**하지만, 연역적 방법을 배제하는 것은 아니다.
- 양적 연구에 비해 자료수집 및 **분석과정이 유연하고 융통성**이 있다.
- **연구자 자신을 자료수집의 중요한 도구**로 활용한다.
- 주로 **기술적이고 탐색적인 연구에 활용**된다.
- 조사대상자의 삶의 현장에서 이루어지는 구체적인 삶에 대한 심층적인 이해와 파악을 추구한다.
- 조사대상이 되는 **표본의 수가 양적 연구에 비해 적다.**
- 질적 연구는 연구 과정에서 잠정적인 가설들이 형성되는 것이 일반적이다.
- 정밀한 표본추출과 표준화된 측정에 기초한 연구보다 일반화 가능성이 적다.

기본개념

사회복지조사론
pp.252~

질적 연구가 적절한 사례

- 잘 알려지지 않은 주제에 대한 탐색적 접근을 하고자 하는 경우
- 자연스러운 상황에서 생생한 경험에 대한 이해와 그 의미를 분석하고자 하는 경우
- 다양한 유형의 행위, 지위나 역할과 관련된 행위, 사회적 관계, 소규모 집단, 생활양식이나 하위 문화 등의 주제를 연구하는 경우

질적 연구의 엄격성

- 연구자와 연구대상자 간의 장기간에 걸친 관계형성은 연구대상자의 반응성과 연구자의 편견을 줄이는 데 도움이 될 수도 있다. 하지만, 연구자의 지나친 몰입으로 인해 관찰과 해석에 있어서 문제가 생길 수도 있다.
- 다른 동료연구자들의 점검을 통해 자료수집과 해석에 있어서 편견이나 문제점을 점검한다.
- 연구자가 연구대상자에게 관찰결과와 해석의 정확성에 대해 확인할 수 있도록 한다.
- 연구자의 해석에 적합하지 않은 예외사례를 충분히 찾아보도록 한다.
- 연구자뿐만 아니라 다른 사람들이 연구결과를 살펴볼 수 있도록 자료수집 및 분석의 과정을 모두 기록하고 공개한다.

다원측정/삼각측정/다원화/다각화(triangulation)

- **질적 연구의 신뢰도와 타당도를 확보하기 위한 전략 중에 하나**이다. 측정오류를 최소화하고 조사자나 조사대상자의

편견과 오류를 수정, 완화하고 자료수집의 객관성을 높이기 위한 방법이다.

- 대표적인 유형으로 이론의 다원화(하나의 자료를 해석하기 위해 다양한 이론과 복수의 관점을 활용, 대조적인 이론적 지향을 가진 동료 연구자가 자료를 분석), 연구방법의 다원화(한 연구에서 여러 가지 연구방법을 함께 활용), 관찰자 다원화(한 연구에서 여러 명의 관찰자가 관찰), 자료의 다원화[다양한 출처의 자료(면접, 문헌자료, 관찰자료 등)를 활용], 학제 간 다원화(다른 학문영역에 있는 연구자들과 공동으로 연구)가 있다.

질적 연구에 관한 쟁점

- 질적 연구와 양적 연구의 병행에 관한 쟁점: 양자를 상호보완적으로 사용하여 질적 연구의 단점인 객관성을 보완할 수 있다. 양자를 동시에 사용하는 것이 바람직하다는 의견이 있지만 실질적으로 두 접근은 각기 서로 다른 가정에 근거를 두고 있기 때문에 동시에 사용하는 것은 쉽지 않다.
- 질적 연구의 과학성에 관한 쟁점: 과학적이라고 반드시 연역적이고 가설검증적인 연구만 의미하는 것은 아니다. 질적 연구에 있어서 과학적인 연구란, 엄격하고 체계적인 경험적 탐구를 의미하며 현실에 기반한 이론을 추구하는 것이다.
- 질적 연구의 일반화 가능성에 관한 쟁점: 질적 연구는 연구결과를 일반적으로 적용하기보다는 그 연구결과가 다른 상황과 대상에 어느 정도 일반화될 수 있는지에 초점을 둔다.
- 질적 연구에서 연구자의 주관성 배제에 관한 쟁점: 질적 연구의 목적은 주관적인 것을 객관적으로 연구하는 깃이다. 질적 연구자는 주관성에 대한 반성을 포함하는 세부적인 현장기록을 통해 편견 개입의 가능성을 줄여야 한다.
- 관찰자 효과의 제거에 관한 쟁점: 연구자의 존재가 연구 대상자의 행동에 변화를 일으키는 일종의 반응성이다. 질적 연구자들은 자연스럽고 비강요적이며, 비심판적인 태도로 대상자와 상호작용을 하고자 노력하지만 영향력을 모두 제거할 수는 없기 때문에 순수하게 '자연 상태로의 연구'란 사실상 어렵다.
- 질적 연구의 신뢰성 확보에 관한 쟁점: 질적 연구자들이 주장하는 신뢰성은 양적 연구자들이 주장하는 관찰결과의 일관성이 아니라 연구자가 기록하는 내용과 실제로 일어나는 상황 간에 일치되는 정도, 즉 자료의 정확성과 포괄성을 신뢰성으로 간주한다.

01 (22-02-21) 질적 연구는 관찰로부터 이론을 도출하는 귀납적 방법을 활용한다.

02 (21-02-20) 질적 연구의 엄격성을 높이기 위해서는 연구자의 해석에 적합하지 않은 예외 사례를 충분히 찾아본다.

03 (19-02-03) 양적 조사는 가설검증을 지향하고, 질적 조사는 탐색, 발견을 지향한다.

04 (19-02-21) 질적 조사의 엄격성(rigor)을 높이는 방법에는 장기간 관찰, 부정적 사례(negative cases) 분석, 다각화(triangulation) 등이 있다.

05 (18-02-14) 질적 연구는 풍부하고 자세한 사실의 발견이 가능하다.

06 (17-02-11) 실천, 이야기, 생활방식, 하위문화 등이 질적 조사의 주제가 된다.

07 (15-02-05) 질적 연구는 소수의 사례를 깊이 있게 관찰할 수 있다.

08 (14-02-09) 질적 연구의 엄격성(rigor)을 높이기 위해서 해석에 적합하지 않은 부정적인 사례(negative case)를 찾아야 한다.

09 (12-02-07) 질적 연구는 연구자 자신이 도구가 된다.

10 (11-02-19) 질적 연구는 자료의 수집과 분석이 단계상 분명히 구분되지 않을 수 있다.

11 (08-02-30) 질적 연구결과와 양적 연구결과는 서로 보완적인 관계를 갖는다.

12 (07-02-27) 질적 조사의 엄밀성을 높이기 위해 다각적 접근방법을 활용한다.

13 (06-02-24) 질적 연구는 현상학적 인식론에 기반한다.

14 (05-02-24) 가정폭력 피해 여성에 대한 심층면접, 거리 노숙인에 대한 관찰참여 연구, 장수마을에서의 생활경험 등의 연구는 질적 조사에 적합하다.

15 (03-02-25) 질적 연구는 복잡한 사회적 현상이나 문제를 단순화시키지 않고 가능한 '있는 그대로' 개방적인 체계에서 파악한다.

16 (02-02-19) 질적 연구방법은 일반화가 어렵다.

대표기출 확인하기

질적 연구에 관한 설명으로 옳은 것은?

① 변수 중심의 분석이 이루어진다.
② 논리실증주의적 관점을 견지한다.
③ 인간행동의 규칙성과 보편성을 중시한다.
④ 모집단을 대표할 수 있는 표본을 추출한다.
⑤ 관찰로부터 이론을 도출하는 귀납적 방법을 활용한다.

 알짜확인

• 질적 연구의 주요 특성을 파악해야 한다.
• 질적 연구의 엄격성에 대해 이해해야 한다.

답 ⑤

✔ **응시생들의 선택**

① 5%	② 5%	③ 6%	④ 5%	⑤ 79%

⑤ 질적 연구는 귀납적 방법을 주로 활용한다. 양적 연구에 비해 연구과정이 덜 구조화되어 있고, 과정에 보다 많은 관심을 두며, 주로 탐색적인 연구에 활용된다. 대상자의 삶의 현장에서 이루어지는 구체적인 일상에 대한 심층적인 이해와 파악을 추구하며, 심층적이고 풍부한 사실의 발견, 상황이나 맥락을 중요시한다. 해석주의 관점을 견지하며, 연구자가 의도적으로 표본을 추출하기 때문에 대상자가 소규모일 경우가 많다. ①~④는 모두 양적 연구에 관한 설명이다.

➕ **덧붙임**

질적 연구방법의 주요 특징을 묻는 문제, 질적 연구방법과 양적 연구방법의 특징을 비교하는 문제, 질적 연구의 조사도구에 관한 문제, 질적 연구의 엄격성에 관한 문제, 질적 연구의 표본추출방법에 관한 문제, 질적 연구에 적합한 연구주제를 찾는 문제 등 다양한 유형으로 출제되고 있다.

관련기출 더 보기

「마을만들기 사업 참여경험에 관한 연구」의 엄격성을 높이는 방법으로 옳은 것을 모두 고른 것은?

ㄱ. 삼각측정(triangulation)
ㄴ. 예외 사례 표본추출
ㄷ. 장기적 관찰
ㄹ. 연구윤리 강화

① ㄱ, ㄴ   ② ㄷ, ㄹ
③ ㄱ, ㄴ, ㄷ   ④ ㄱ, ㄴ, ㄹ
⑤ ㄱ, ㄴ, ㄷ, ㄹ

답 ⑤

✔ **응시생들의 선택**

① 4%	② 6%	③ 13%	④ 12%	⑤ 65%

질적 연구의 엄격성을 높이는 방법

• 연구자와 연구대상자가 장기간에 걸쳐 긍정적 관계를 형성한다.
• 다른 동료연구자들을 통해 자료수집과 해석에 있어서 편견이나 문제점이 있는지 점검받는다.
• 연구자가 연구대상자에게 관찰결과와 해석의 정확성에 대해 확인할 수 있도록 한다.
• 연구자의 해석에 적합하지 않은 예외사례를 충분히 찾아본다.
• 연구자뿐만 아니라 다른 사람들이 연구결과를 살펴볼 수 있도록 자료수집 및 분석의 과정을 기록하고 공개한다.
• 다원측정/산가측정/다원하/다각화(triangulation)와 같은 신뢰도와 타당도를 확보하기 위한 전략을 사용한다.

양적 조사와 질적 조사의 비교로 옳지 않은 것은?

① 질적 조사에 비하여 양적 조사의 표본크기가 상대적으로 크다.
② 질적 조사에 비하여 양적 조사에서는 귀납법을 주로 사용한다.
③ 양적 조사에 비하여 질적 조사는 사회 현상의 주관적 의미에 관심을 갖는다.
④ 양적 조사는 가설검증을 지향하고, 질적 조사는 탐색, 발견을 지향한다.
⑤ 양적 조사에 비하여 질적 조사는 조사결과의 일반화가 어렵다.

답 ②

✅ 응시생들의 선택

① 4%	② 78%	③ 4%	④ 9%	⑤ 5%

② 귀납법은 개별적인 사실들로부터 일반적인 원리나 이론으로 전개해 나가는 논리적 과정으로서 주로 질적 조사에서 사용한다.

질적 연구에 관한 설명으로 옳지 않은 것은?

① 풍부하고 자세한 사실의 발견이 가능하다.
② 문제에 대한 통찰력을 제공한다.
③ 연구참여자의 상황적 맥락 안에서 이루어진다.
④ 다른 연구자들이 재연하기 용이하다.
⑤ 현상에 대해 심층적으로 기술한다.

답 ④

✅ 응시생들의 선택

① 8%	② 4%	③ 6%	④ 79%	⑤ 3%

④ 질적 연구는 잘 알려지지 않은 주제에 대한 탐색적 접근을 하고자 하는 경우에 활용되며, 양적 연구에 비해 비교적 적은 표본의 수를 대상으로 연구자 자신이 자료수집의 중요한 도구가 되어 연구문제에 대한 심층적 이해와 파악을 추구한다. 따라서 다른 연구자들이 이와 유사하거나 똑같은 연구를 재연하기가 쉽지 않다.

질적 조사의 자료수집에 관한 설명으로 옳은 것은?

① 심층면접은 주요 자료수집 방법 중 하나이다.
② 연구자는 자료수집과정에서 배제되는 것이 원칙이다.
③ 완전관찰자로서의 연구자는 먼저 자료제공자들과 라포형성이 요청된다.
④ 가설설정은 자료수집을 위해 필수적 요건이다.
⑤ 표준화된 측정도구를 갖추어야 자료수집이 가능하다.

답 ①

✅ 응시생들의 선택

① 77%	② 3%	③ 8%	④ 7%	⑤ 5%

② 질적 연구에서 연구자는 자료수집의 중요한 도구로 활용되며, 연구자의 관찰과 통찰 등을 통해 자료를 수집하고 분석한다.
③ 완전관찰자는 비관여적이며, 제3자의 입장에서 관찰한다.
④ 가설설정이 자료수집을 위해 필수적 요건인 것은 양적 조사이다.
⑤ 표준화된 측정도구를 갖추어야 자료수집이 가능한 것은 양적 조사이다.

질적 조사에 관한 설명으로 옳지 않은 것은?

① 실천, 이야기, 생활방식, 하위문화 등이 질적 조사의 주제가 된다.
② 자연주의는 질적 조사의 오랜 전통이다.
③ 확률표본추출방법이 사용될 수 있다.
④ 일반화 가능성이 양적 조사보다 높다.
⑤ 현장연구라고 명명되기도 한다.

답 ④

✅ 응시생들의 선택

① 2%	② 8%	③ 16%	④ 71%	⑤ 3%

④ 일반화 가능성은 양적 조사가 질적 조사보다 높다.

난이도 ★★★

양적 연구와 비교한 질적 연구의 특성으로 옳지 않은 것은?

① 연구자의 역할이 더 중요하다.
② 소수의 사례를 깊이 있게 관찰할 수 있다.
③ 연구결과의 일반화가 목표가 아니다.
④ 일반적으로 신뢰도가 더 높다.
⑤ 귀납적 추론의 경향이 더 강하다.

답 ④

✔ 응시생들의 선택

① 4%	② 1%	③ 17%	④ 69%	⑤ 9%

④ 질적 연구는 양적 연구에 비해 신뢰도가 낮을 수밖에 없다.

난이도 ★★★

'연장입양아동이 주관적으로 경험한 입양됨의 의미'와 같은 연구주제를 다룰 때 주로 사용되는 연구방법에 관한 설명으로 옳지 않은 것은?

① 초기의 분석틀을 도중에 변경할 수 있다.
② 개방형 질문과 구조화 면접으로 심층정보를 얻는다.
③ 연구도구로서 연구자가 가진 자질이 중요하다.
④ 자료의 수집과 분석이 단계상 분명히 구분되지 않을 수 있다.
⑤ 연구자의 주관성이 개입될 수 있다.

답 ②

✔ 응시생들의 선택

① 41%	② 32%	③ 7%	④ 15%	⑤ 5%

② 질적 연구에서는 개방형 질문과 비구조화 면접을 통해 심층정보를 얻는다. 구조화 면접은 질문의 내용과 말 표현, 순서 등이 미리 고정되어 있으며, 모든 응답자들에게 똑같이 이를 적용해야 한다. 깊이 있는 탐색적 조사를 시도하는 질적 연구들에서는 이처럼 엄격히 구조화된 면접조사 방법이 오히려 부적절할 수 있다.

난이도 ★★★

질적 연구의 엄격성(rigor)을 높이는 전략을 모두 고른 것은?

ㄱ. 장기저 관여(prolonged engagement)를 위한 노력
ㄴ. 연구자의 원주민화(going native)를 경계하는 노력
ㄷ. 해석에 적합하지 않은 부정적인 사례(negative case) 찾기
ㄹ. 내부자적(emic) 시각을 유지하기 위해 완전관찰자 역할 지향

① ㄱ, ㄴ, ㄷ   ② ㄱ, ㄷ
③ ㄴ, ㄹ   ④ ㄹ
⑤ ㄱ, ㄴ, ㄷ, ㄹ

답 ①

✔ 응시생들의 선택

① 38%	② 17%	③ 18%	④ 5%	⑤ 22%

ㄹ. 내부자적 시각을 유지하기 위해서는 완전관찰자의 역할이 아닌 완전참여자의 역할을 지향해야 할 것이다.

난이도 ★★★

다음 중 질적 조사를 하기에 적당한 것은?

ㄱ. 가정폭력 피해 여성에 대한 심층면접
ㄴ. 거리 노숙인에 대한 관찰참여 연구
ㄷ. 장수마을에서의 생활경험
ㄹ. 노인의 장기요양 욕구에 대한 전국조사

① ㄱ, ㄴ, ㄷ   ② ㄱ, ㄷ
③ ㄴ, ㄹ   ④ ㄹ
⑤ ㄱ, ㄴ, ㄷ, ㄹ

답 ①

✔ 응시생들의 선택

① 33%	② 12%	③ 5%	④ 2%	⑤ 48%

질적 연구는 주로 서술적이고 탐색적인 연구에 활용되며, 조사대상자의 삶의 현장에서 이루어지는 구체적인 일상의 삶에 대한 심층적인 이해와 파악을 추구한다. 또한 연구대상자가 소규모일 경우가 많다. (ㄹ) 노인의 장기요양 욕구에 대한 전국조사는 연구대상자가 대규모이며, 통계적이고 양적인 조사에 해당한다.

다음 내용이 왜 틀렸는지를 확인해보자

19-02-21

01 질적 조사의 엄격성을 높이기 위해서는 관찰 기간이 짧아야 한다.

> 질적 조사의 엄격성을 높이기 위해서는 연구대상자를 장기간 충분히 관찰하여야 한다.

17-02-06

02 질적 연구에서 연구자는 자료수집과정에서 배제되는 것이 원칙이다.

> 질적 연구에서 연구자는 자료수집의 중요한 도구로 활용되며, 연구자의 관찰과 통찰 등을 통해 자료를 수집하고 분석한다.

03 질적 연구는 주로 실증주의적 인식론에 기반을 두고 있다면, 양적 연구는 현상학적 인식론에 기반을 두고 있다.

> 양적 연구는 주로 실증주의적 인식론에 기반을 두고 있다면, 질적 연구는 현상학적 인식론에 기반을 두고 있다.

13-02-23

04 질적 연구방법은 선(先)이론 후(後)조사의 방법을 활용한다.

> 양적 연구방법은 일반적으로 이론에서 출발하여 가설을 구체화하고, 경험적인 검증 과정을 거치는 연역적 방법을 선호한다. 반면에 질적 연구방법은 관찰에서 출발하여 유형화와 잠정적인 결론으로 이어지는 귀납적 방법을 선호한다.

05 질적 연구는 정밀한 표본추출과 표준화된 측정에 기초한 연구보다 일반화 가능성이 높다.

> 질적 연구는 정밀한 표본추출과 표준화된 측정에 기초한 연구보다 일반화 가능성이 낮다.

04-02-25

06 질적 연구를 수행할 때 연구자와 대상은 중도에 변경하여도 연구의 결과에는 큰 영향을 미치지 않는다.

> 질적 연구에서 연구자는 대상과 긴밀한 관계를 유지하면서 주관적으로 수행하므로 대체해서는 안 된다.

빈칸에 들어갈 알맞은 말을 채워보자

21-02-20
01 (   )은/는 질적 연구에서 측정오류를 최소화하고, 조사자나 조사대상자의 편견과 오류를 수정, 완화하며 자료수집의 객관성을 높이기 위한 방법이다.

19-02-03
02 (   )은/는 개별적인 사실들로부터 일반적인 원리나 이론으로 전개해 나가는 논리적 과정으로서 주로 질적 조사에서 사용한다.

15-02-09
03 자료 수집원을 다양화하여 질적 연구의 (   )을/를 높일 수 있다.

04 질적 연구는 주로 기술적이고 (   )인 연구에 활용된다.

05 질적 연구는 양적 연구에 비해 연구과정이 덜 구조화되어 있으므로 자료수집 및 분석과정에 (   )이 있다.

답 **01** 다각화/다원측정/삼각측정 **02** 귀납법 **03** 엄격성 **04** 탐색적 **05** 융통성

다음 내용이 옳은지 그른지 판단해보자

01 `18-02-14` 질적 연구는 다른 연구자들이 재연하기가 쉽지 않다. ◎ ⊗

02 `17-02-11` 실천, 이야기, 생활방식, 하위문화 등이 질적 조사의 주제가 된다. ◎ ⊗

03 `15-02-05` 양적 연구에 비하여 질적 연구가 일반적으로 신뢰도가 더 높다. ◎ ⊗

04 질적 연구는 연구 과정에서 잠정적인 가설들이 형성되는 것이 일반적이다. ◎ ⊗

05 자연스러운 상황에서 생생한 경험에 대한 이해와 그 의미를 분석하고자 하는 경우에는 질적 연구가 적합하다. ◎ ⊗

06 `11-02-19` 질적 연구는 연구자의 주관성이 개입될 수 없기 때문에 객관적인 결과를 도출할 수 있다. ◎ ⊗

07 질적 연구는 상대적으로 비용이 적게 들 수 있지만, 장기간에 걸친 연구는 많은 시간과 비용을 필요로 한다. ◎ ⊗

08 `04-02-25` 질적 연구는 관찰자에 따라 사물이 서로 다르게 인식된다고 전제한다. ◎ ⊗

09 질적 연구는 엄격한 인과관계를 규명하기보다는 복합적인 상호작용의 규명에 초점을 둔다. ◎ ⊗

10 질적 연구의 엄격성을 위해서는 다른 동료연구자들의 점검을 통해 자료수집과 해석에 있어서 편견이나 문제점을 점검해야 한다. ◎ ⊗

답 01○ 02○ 03× 04○ 05○ 06× 07○ 08○ 09○ 10○

해설 03 질적 연구에 비하여 양적 연구가 일반적으로 신뢰도가 더 높다.
06 질적 연구는 연구자의 주관성이 개입될 확률이 높다.

KEYWORD

057

질적 연구의 유형과 방법

강의 QR코드

1회독
월 일

2회독
월 일

3회독
월 일

최근 10년간 **12문항** 출제

복습
1 **이론요약**

23회 기출 22회 기출 21회 기출 20회 기출 19회 기출

질적 연구의 유형

기본개념

사회복지조사론
pp.253~

- 근거이론(현실기반이론): 조사과정을 통해 체계적으로 수정되고 분석된 자료를 상호 비교함으로써 이론을 추출해내는 방법이다. **기존에 이론적 기반이 갖추어지지 않은 분야를 연구하는 데 적합**하다.
- 민속지학(문화기술지): 어떤 문화 속에서 생활하는 사람들의 관점에서 문화를 연구하는 방법이다. **연구자가 오랜 기간 대상자와 함께 생활하면서 관찰대상자의 관점으로 문화를 이해**한다.
- 현상학적 연구: 어떤 경험이 그 경험을 한 사람에게 주는 의미가 무엇인지를 탐구하는 방법이다. **사물이나 현상의 본질보다는 경험이 드러내는 본질을 탐구**한다.
- 참여행동연구: **대상자들에게 연구의 목적과 절차에 대한 통제권이 주어진 사회조사의 한 접근 방법**이다. 연구자는 대상자가 자신의 이익을 위해 효과적으로 일할 수 있는 기회를 제공한다.
- 내러티브 탐구: 한 명 이상의 개인을 면접하거나 관련 문서들을 활용하여 자료를 수집하고 **개인의 인생 이야기에 대한 내러티브를 전개해 나가는 질적 탐구전략**이다.

근거이론의 자료분석

- 개방코딩: 확보된 자료를 전사한 후, 각 의미 단위마다 속성과 차원에 따라 '명명'하는 과정이다.
- 축코딩: 개방코딩을 통하여 도출된 각 범주와 하위 범주들 간의 관계를 연결시키고, 범주를 속성과 차원의 수준으로 계속 발전시키며, 범주의 관련성을 패러다임 모형으로 파악하는 것이다.
- 선택코딩: 코딩의 마지막 단계로서 모든 범주의 유형을 통합시키고 정교화하여 이후 새로운 이론을 생성하고, 이를 도식화하기 위한 과정이다.

질적 연구의 방법

▶ 참여관찰
- 자료가 연구자에 의해 직접 구해지므로 연구대상자의 보고능력이나 의지에 방해받지 않는다.
- 어린이와 같이 언어구사력이 떨어지는 집단에 효과적이다.
- 조사연구설계를 수정할 수 있어서 연구에 유연성이 있다.

- 비용적인 측면에서 경제적이다.
- 관찰자의 선입견이 개입될 수 있으며, 관찰자 효과가 나타날 수 있다.
- 연구대상이 소수의 개인이나 집단 등으로 제한되며, 대규모 집단은 어렵다.

완전 참여자 (complete participant)	• 관찰자는 대상자와 자연스럽게 생활하고 상호작용한다. • 연구대상자들은 완전 참여자의 신분과 목적을 모른다.
관찰 참여자 (participant-as-observer)	• 연구자는 조사대상 집단의 일원으로 참여하여 활동한다. • 연구대상자들에게 참여자의 신분과 목적을 알린다.
참여 관찰자 (observer-as-participant)	• 연구대상자들에게 참여자의 신분과 목적을 알린다. • 조사집단에 완전히 참여하지는 않는다.
완전 관찰자 (complete observer)	• 완전관찰자는 사회과정의 일부가 되지 않으면서 사회과정을 관찰한다. • 연구조사자가 비관여적이므로 관찰자효과를 일으킬 가능성은 적지만, 연구대상의 완전한 이해의 가능성도 낮다.

▶ 심층면접
- 응답의 이유, 의견, 가치, 동기, 경험 등 언어적인 표현뿐만 아니라 몸짓, 표정 등 비언어적 반응까지 관찰이 가능하다.
- 개인면접과 달리 면접시간이 많이 걸리고 내용도 깊어져 매우 상세한 정보를 얻을 수 있다.
- 무작위 표집방법을 사용하지 않고 표본의 수도 작기 때문에 면접의 결과를 일반화시키는 데 무리가 있고, 조사과정에서 면접원의 편견의 개입 등이 문제가 된다.
- 유형: 비공식 대화면접, 면접지침 접근법, 표준화 개방형 면접

혼합연구방법론(mixed methodology)
- 혼합연구방법은 질적 연구와 양적 연구를 결합하거나 연합하여 탐구하는 접근방법이다.
- 양적 연구의 결과에서 질적 연구가 시작될 수도 있고, 질적 연구의 결과에서 양적 연구가 시작될 수도 있다. 연구자에 따라 어떤 연구방법에 더 비중을 두는 가에는 차이가 있을 수 있다.
- 양적 연구는 주로 실증주의 패러다임에 토대를 두고, 질적 연구는 주로 해석주의 패러다임에 토대를 두는데, 혼합연구방법은 다양한 연구 패러다임을 수용할 수 있어야 한다.

01 (23-02-24) 근거이론 연구, 참여행동 연구, 민속학적 연구, 현상학적 연구는 모두 질적 연구방법에 해당한다.

02 (22-02-25) 완전 참여자(complete participant)는 관찰대상의 승인을 받지 않고 관찰한다는 점에서 연구윤리 문제가 제기될 수 있다.

03 (21-02-12) 참여행동연구는 사회변화와 임파워먼트에 초점을 둔다.

04 (20-02-01) 문화기술지연구, 심층사례연구, 근거이론연구, 내러티브연구는 질적 연구의 유형에 해당한다.

05 (20-02-25) 근거이론의 분석방법에서 축코딩은 발견된 범주를 가지고 중심현상을 중심으로 인과적 조건을 만든다.

06 (19-02-19) 축코딩은 수집된 자료에서 나타난 범주들 간의 관계를 파악하기 위해 범주들을 특정한 구조적 틀에 맞추어 연결하는 과정이다.

07 (18-02-15) 혼합연구방법(mixed methodology)은 질적 연구방법으로 발견한 연구주제를 양적 연구방법을 이용하여 탐구하기도 한다.

08 (18-02-25) 현상학은 사물이나 현상의 본질을 탐구한다기보다는 사물이나 현상에 내안 경험의 본질을 탐구하는 것이다.

09 (17-02-06) 심층면접은 질적 조사의 주요 자료수집 방법 중 하나이다.

10 (16-02-24) 혼합연구방법론(mixed methodology)은 질적 연구의 결과에 기반하여 양적 연구를 시작할 수 있다.

11 (15-02-09) 현상학은 개인의 주관적인 경험의 본질과 의미에 초점을 둔다.

12 (11-02-22) 참여행동연구(participatory action research)에서 연구대상자는 자신의 문제와 해결책을 스스로 정의한다.

13 (10-02-05) 현장연구조사(field research)는 연구대상자를 자연적 상황에서 탐구할 수 있다.

14 (09-02-29) 근거이론(grounded theory) 접근을 채택한 연구는 자료분석을 통해 이론을 도출하는 데 관심을 갖는다.

15 (06-02-24) 질적 연구는 현상학적 인식론에 기반한다.

대표기출 확인하기

21-02-12 　　　　난이도 ★★☆

다음의 연구에서 활용한 질적 연구방법에 관한 설명으로 옳은 것은?

> A사회복지사는 가정 밖 청소년들의 범죄피해와 정신건강의 문제를 당사자의 관점에서 이해하고 주체적으로 해결하기 위해 연구를 시작하였다. 연구에 참여한 가정 밖 청소년들은 A사회복지사와 함께 범죄피해와 정신건강과 관련된 사회구조적인 문제를 해결하기 위한 다양한 방안들을 스스로 만들고 수행하였다.

① 개방코딩－축코딩－선택코딩의 방법을 활용한다.
② 범죄피해와 정신건강을 설명하는 이론 개발에 초점을 둔다.
③ 단일사례에 대한 깊이 있는 분석에 초점을 둔다.
④ 관찰대상의 개인적 설화를 만드는 것에 초점을 둔다.
⑤ 사회변화와 임파워먼트에 초점을 둔다.

▶ 알짜확인

• 질적 연구의 유형별 특징을 파악해야 한다.
• 질적 연구의 주요 연구 방법을 파악해야 한다.

답 ⑤

✅ 응시생들의 선택

① 11%	② 6%	③ 15%	④ 5%	⑤ 63%

⑤ 주어진 사례는 참여행동연구에 해당한다. 참여행동연구에서 연구자의 기능은 연구대상자가 자신의 이익을 위해 효과적으로 일할 수 있는 기회를 제공하는 것이다. 즉, 소외계층 참여자들은 그들의 문제를 정의하고 필요한 해결책을 찾으며, 그들의 목적을 실현시키는 데 도움이 될 만한 연구가 어떻게 설계되어야 하는지를 이끌어간다. 연구자와 연구대상자가 함께 집합적으로 토론과 상호작용을 통해 문제를 분석해나가는 교육과정이기도 하며, 급진적인 변화와 연구대상자의 임파워먼트를 목적으로 추구하기도 한다.

➕ 덧붙임

최근 시험에서 질적 연구의 유형에 관한 문제가 빠짐없이 출제되고 있다. 특히 근거이론의 자료분석방법인 개방코딩, 축코딩, 선택코딩에 관한 내용이 자주 다뤄지고 있다. 질적 연구방법과 양적 연구방법을 통합하는 혼합연구방법에 관한 문제도 단독 문제로 종종 출제된다.

관련기출 더 보기

23-02-24 　　　　난이도 ★★☆

다음의 사회복지 연구방법에서 성격이 다른 것은?

① 근거이론(grounded theory) 연구
② 참여행동(participatory action) 연구
③ 서베이(survey) 연구
④ 민속학적(ethnographic) 연구
⑤ 현상학적(phenomenological) 연구

답 ③

✅ 응시생들의 선택

① 10%	② 10%	③ 66%	④ 11%	⑤ 3%

③ 서베이 연구는 모집단의 특성을 파악하기 위해 일정 수의 표본을 추출하여 설문조사를 실시하는 양적 연구방법에 해당한다. ① 근거이론 연구, ② 참여행동 연구, ④ 민속학적 연구, ⑤ 현상학적 연구는 모두 질적 연구방법에 해당한다.

22-02-25 　　　　난이도 ★★☆

완전 참여자(complete participant)에 관한 설명으로 옳은 것은?

① 연구대상이 관찰된다는 사실을 알기에 자연적인 상태에서의 관찰이 불가능하다.
② 관찰대상과 상호작용 없이 연구대상을 관찰할 수 있다.
③ 관찰대상의 승인을 받고 관찰대상과 어울리면서도 객관성을 유지할 수 있다.
④ 관찰대상의 승인을 받지 않고 관찰한다는 점에서 연구윤리 문제가 제기될 수 있다.
⑤ 관찰 상황을 인위적으로 통제한 상황에서 관찰을 진행할 수 있다.

답 ④

✅ 응시생들의 선택

① 14%	② 7%	③ 25%	④ 48%	⑤ 6%

④ 완전 참여자는 연구대상자(관찰대상)의 승인 없이 활동에 완전히 참여하여 연구대상자와 자연스럽게 생활하고 상호작용하는 것이기에 연구의 윤리적 문제가 제기될 수 있다.

다음 중 질적 연구와 가장 거리가 먼 것은?

① 문화기술지(ethnography)연구
② 심층사례연구
③ 사회지표조사
④ 근거이론연구
⑤ 내러티브(narrative)연구

답 ③

✔ 응시생들의 선택

① 7%	② 6%	③ 70%	④ 11%	⑤ 6%

③ 사회지표조사는 정부기관이나 연구기관의 관련 전문가가 정기적 또는 비정기적으로 발표한 2차 자료를 활용하여 조사하는 방법이다.

근거이론의 분석방법에서 축코딩(axial coding)에 관한 설명으로 옳은 것은?

① 추상회시킨 구절에 번호를 부여한다.
② 개념으로 도출된 내용을 가지고 하위범주를 만든다.
③ 발견된 범주의 속성과 차원을 고려하여 유형화를 시도한다.
④ 이론개발을 위해 핵심범주를 중심으로 다른 범주와의 통합과 정교화를 만드는 과정을 진행한다.
⑤ 발견된 범주를 가지고 중심현상을 중심으로 인과적 조건을 만든다.

답 ⑤

✔ 응시생들의 선택

① 7%	② 21%	③ 22%	④ 28%	⑤ 22%

⑤ 축코딩은 개방코딩을 통하여 도출된 각 범주와 하위 범주들 간의 관계를 연결시키고, 범주를 속성과 차원의 수준으로 계속 발전시키며, 범주의 관련성을 패러다임 모형으로 파악하는 과정이다. 연구자는 중심현상, 인과적 조건, 상호작용 전략을 확인 · 구체화하고, 맥락적 조건, 중재적 조건을 확인하며 이 현상의 결과를 묘사한다.

질적 연구방법과 적절한 연구 주제가 바르게 연결된 것을 모두 고른 것은?

ㄱ. 현상학 – 늙어간다는 것이 어떤 의미인지를 이해할 수 있다.
ㄴ. 참여행동연구 – 이혼 가족이 경험한 가족해체 사례를 심층적으로 이해할 수 있다.
ㄷ. 근거이론 – 지속적 비교 기법을 통해 노인의 재취업경험을 이론화할 수 있다.
ㄹ. 생애사 – 위안부 피해자 할머니 삶의 중요한 사건을 이해할 수 있다.

① ㄱ, ㄴ　　　　　　② ㄴ, ㄷ
③ ㄷ, ㄹ　　　　　　④ ㄱ, ㄷ, ㄹ
⑤ ㄱ, ㄴ, ㄷ, ㄹ

답 ④

✔ 응시생들의 선택

① 7%	② 5%	③ 7%	④ 32%	⑤ 49%

ㄱ. 현상학은 사물이나 현상의 본질을 탐구한다기보다는 사물이나 현상에 대한 경험의 본질을 탐구하는 것이다. 따라서 늙어간다는 것이 어떤 의미인지를 이해할 수 있다.
ㄷ. 근거이론은 조사과정을 통해 체계적으로 수정되고 분석된 자료를 상호 비교 검토함으로써 이론을 추출해내는 방법으로서 지속적 비교 기법을 통해 노인의 재취업경험을 이론화할 수 있다.
ㄹ. 생애사는 특정 개인의 생애에 대해 탐구하는 방법으로서 위안부 피해자 할머니 삶의 중요한 사건을 이해할 수 있다.

질적 조사로 보기 어려운 것은?

① 근거이론연구
② 문화기술지연구
③ 솔로몬설계연구
④ 내러티브연구
⑤ 현상학적 연구

답 ③

✔ 응시생들의 선택

① 14%	② 9%	③ 62%	④ 7%	⑤ 8%

③ 질적 조사의 유형에는 근거이론(현실기반이론)연구, 민속지학(문화기술지)연구, 현상학적 연구, 참여행동연구, 내러티브연구 등이 있다.

혼합연구방법론(mixed methodology)에 관한 설명으로 옳지 않은 것은?

① 질적 연구 결과와 양적 연구 결과는 일치해야 한다.
② 양적 연구와 질적 연구에 대한 전문적 지식이 모두 필요하다.
③ 연구에 따라 양적 연구와 질적 연구의 상대적 비중이 상이할 수 있다.
④ 질적 연구의 결과에 기반하여 양적 연구를 시작할 수 있다.
⑤ 상충되는 패러다임들도 수용할 수 있어야 한다.

답 ①

✓ 응시생들의 선택

① 68%	② 2%	③ 3%	④ 22%	⑤ 5%

① 질적 연구결과와 양적 연구결과는 경우에 따라 상반될 수도 있다.

질적 연구방법에 관한 설명으로 옳지 않은 것은?

① 근거이론의 목적은 사람, 사건 및 현상에 대한 이론의 생성이다.
② 문화기술지(ethnography)는 특정 문화를 이해하기 위한 방법, 과정 및 결과이다.
③ 현상학은 개인의 주관적인 경험의 본질과 의미에 초점을 둔다.
④ 자료 수집원을 다양화하여 연구의 엄격성을 높일 수 있다.
⑤ 부정적 사례(negative case)의 목적은 연구자가 편견에 빠지지 않게 동료집단이 감시기제로서의 역할을 하는 것이다.

답 ⑤

✓ 응시생들의 선택

① 9%	② 4%	③ 11%	④ 23%	⑤ 53%

⑤ 부정적 사례 분석은 연구조사자가 반대적인 증거(연구조사자의 해석에 적합하지 않은 예외사례 찾기)를 충분히 찾아보는 것으로, 질적 연구의 신뢰성을 검증하기 위해 사용한다.

다음은 어떤 연구에 관한 설명인가?

- 연구자가 연구대상자보다 우위에 있다는 암묵적 가정에 도전한다.
- 연구대상자는 자신의 문제와 해결책을 스스로 정의한다.
- 연구대상자는 연구설계에 주도적 역할을 수행한다.

① 현상학(phenomenology)
② 문화기술지(ethnography)
③ 근거이론(grounded theory)
④ 참여행동연구(participatory action research)
⑤ 내러티브탐구(narrative inquiry)

답 ④

✓ 응시생들의 선택

① 21%	② 2%	③ 14%	④ 53%	⑤ 11%

④ 참여행동연구에서는 연구대상자들이 보통 소외계층인 경우가 많고 연구자는 이들이 자신들의 이익을 위해 효과적으로 일할 수 있는 기회를 제공하는 역할을 수행한다. 연구대상자들이 그들의 문제를 정의하고 필요한 해결책을 찾으며, 그들의 목적을 실현시키는 데 도움이 될 만한 연구가 어떻게 설계되어야 하는지를 이끌어간다. 이 연구는 조사연구가 단순히 지식생산의 수단만이 아니라 "교육과 의식개발, 그리고 그런 의식을 행동으로 옮기는 수단"으로 기능해야 한다는 신념을 토대로 한다.

근거이론(grounded theory) 접근을 채택한 연구에 관한 설명으로 옳지 않은 것은?

① 조사과정에서 조사자의 관점이 중요시된다.
② 자료 분석을 통해 이론을 도출하는데 관심을 갖는다.
③ 연구결과의 일반화를 극대화하기 위해 확률표집이 선호된다.
④ 비구조화된 인터뷰와 관찰을 사용하므로 자료의 체계화가 중요하다.
⑤ 조사연구의 상황에서 조사자와 조사대상자 간 상호작용이 반영될 수 있다.

답 ③

✓ 응시생들의 선택

① 4%	② 6%	③ 70%	④ 11%	⑤ 9%

③ 근거이론은 질적 연구의 한 방법으로 비확률표집을 선호한다.

다음 내용이 왜 틀렸는지를 확인해보자

19-02-19

01 개방코딩은 수집된 자료에서 나타난 범주들 간의 관계를 파악하기 위해 범주들을 특정한 구조적 틀에 맞추어 연결하는 과정이다.

> 축코딩에 관한 내용이다. 축코딩은 범주를 하위범주와 연결시키는 과정이다. 축코딩 단계에서는 패러다임을 구성하고, 구조를 만들며, 과정을 발견한다.

17-02-14

02 근거이론연구, 문화기술지연구, 솔로몬설계연구 등은 질적 조사에 해당한다.

> 솔로몬설계연구는 질적 조사에 해당하지 않는다. 질적 조사의 유형에는 근거이론연구, 민속지학(문화기술지)연구, 현상학적 연구, 참여행동연구, 내러티브연구 등이 있다.

03 민속지학은 귀납적인 과정을 거쳐 현실적인 자료에 근거하여 개발된 이론으로서 현실기반이론 또는 기초이론이라 한다.

> 귀납적인 과정을 거쳐 현실적인 자료에 근거하여 개발된 이론으로서 현실기반이론 또는 기초이론이라 하는 것은 근거이론이다.

04 참여관찰은 정교하고 객관적이므로 일반화 가능성이 높다.

> 참여관찰은 주관성이 많이 개입되고, 일반화 가능성이 낮을 수 있으므로 결론이 제한적이다. 또한 연구대상이 소수의 개인이나 집단 등으로 제한되며, 관찰자의 선입견이 개입될 수 있어 관찰자 효과가 나타날 수 있다.

15-02-09

05 개인의 주관적인 경험의 본질과 의미에 초점을 두는 연구를 수행할 때는 질적 연구의 유형 중 문화기술지 방법을 사용하는 것이 가장 적절하다.

> 개인의 주관적인 경험의 본질과 의미에 초점을 두는 연구를 수행할 때는 현상학 방법을 사용하는 것이 가장 적절하다. 문화기술지 방법은 어떤 문화 속에서 생활하는 사람들의 관점에서 문화를 연구할 때 적절한 방법이다.

06 참여관찰자의 유형 중 **완전 참여자**(complete participant)는 관찰자 효과를 일으킬 가능성이 적지만, 연구대상의 완전한 이해의 가능성도 낮다.

> 완전 관찰자(complete observer)는 연구조사자가 비관여적이므로 관찰자 효과를 일으킬 가능성은 적지만, 연구대상의 완전한 이해의 가능성도 낮다.

빈칸에 들어갈 알맞은 말을 채워보자

21-02-12

01 (   )은/는 연구대상자들에게 연구의 목적과 절차에 대한 통제권이 주어진 사회조사의 한 접근방법이다.

18-02-15

02 (   )은/는 질적 연구와 양적 연구를 결합하거나 연합하여 탐구하는 접근방법이다.

03 (   )은/는 개인의 인생을 탐색하는 데 초점을 두는 질적 탐구전략으로, 그들이 의식하지 못하는 더 깊은 이야기들을 통해 그 안에 살고 있음을 인식시키는 방법이다.

04 근거이론의 자료분석 방법 중 (   )은/는 코딩의 마지막 단계로서 모든 범주의 유형을 통합시키고 정교화하여 이후 새로운 이론을 생성하고, 이를 도식화하기 위한 과정이다.

17-02-06

05 자료수집방법으로서 (   )은/는 개인면접과 달리 면접시간이 많이 걸리고 내용도 깊어져 매우 상세한 정보를 얻을 수 있다.

답 **01** 참여행동연구 **02** 혼합연구방법 **03** 내러티브 탐구 **04** 선택코딩 **05** 심층면접

다음 내용이 옳은지 그른지 판단해보자

01 `18-02-15`
혼합연구방법은 질적 연구방법으로 발견한 연구주제를 양적 연구방법을 이용하여 탐구하기도 한다.

02 양적 연구와 질적 연구를 통합한 혼합연구는 다원측정(triangulation)이 불가능하다.

03 `17-02-11`
질적 조사는 확률표본추출방법을 사용할 수 없다.

04 질적 연구에서 활용되는 면접은 개방형인 경우가 많다.

05 참여관찰은 어린이와 같이 언어구사력이 떨어지는 집단에는 비효과적이다.

06 `15-02-09`
근거이론의 목적은 사람, 사건 및 현상에 대한 이론의 생성이다.

07 `09-02-29`
근거이론 접근을 채택한 연구는 비구조화된 인터뷰와 관찰을 사용하므로 자료의 체계화가 중요하다.

08 `07-02-28`
질적 연구방법은 구조화된 면접을 많이 활용한다.

09 자료분석 시 범하기 쉬운 오류 중 원주민화(going native)는 연구자가 대상자와 동일시하여 정체성과 분석감을 상실하는 것이다.

10 근거이론 연구에서 많이 활용하는 이론적 표집은 이론적으로 의미를 부여할 수 있는 표본을 구성하는 데 초점을 둔다.

답 01 ○ 02 × 03 × 04 ○ 05 × 06 ○ 07 ○ 08 × 09 ○ 10 ○

해설 **02** 다원측정은 복수의 관점을 활용하여 조사대상의 의미를 명확히 파악하는 방법으로서 혼합연구에서도 다원측정이 가능하다.
03 질적 조사도 확률표본추출방법이 사용될 수 있다.
05 참여관찰은 어린이와 같이 언어구사력이 떨어지는 집단에 효과적이다.
08 질적 연구에서는 사회현상에 대해 주관적이고 해석적인 접근방법을 사용하므로 틀에 짜인 구조화된 면접은 적절하지 않다.